人間瓷話

中国古陶瓷的文化解读

彭善国 著

上海古籍出版社

教育部人文社会科学重点研究基地重大项目
（编号：22JJD780007）
吉林大学考古学院"十四五"标志性成果支持计划资助

目录

引言　1

壹　辨名实

碎佩丛铃满烟雨
——唐宋时期的击瓯与水盏　3

湘瓷泛轻花
——关于"湘瓷"的解读　11

真实还是传奇
——渤海国"紫瓷盆"问题　17

雨过青天云破处
——"柴窑"的传奇　25

颜色比琼玖
——"青白瓷"名称问题刍议　36

定州花瓷琢红玉
——定州红瓷还是其他　46

汝州瓷冶灰久寒
——汝瓷札记三则　54

累墙瓷隐鳞
　　——说北宋宜阳窑　　　　　　　　　　　　63

定器、兔毫与青花
　　——说《水浒传》中的瓷器　　　　　　　73

贰 论器形

到头须扑破
　　——中国古代的陶瓷扑满　　　　　　　81

圆池类璧水
　　——说隋唐时期的陶瓷辟雍砚　　　　　85

吟来携笔砚
　　——洛阳白居易宅院遗址出土砚台考述　　104

渤海国的陶腰鼓
　　——兼谈唐代陶瓷腰鼓　　　　　　　117

耀州烧瓷扑不朽
　　——说宋代耀州窑青瓷狮盖香炉　　　126

马家处鼎同青瑶
　　——宋元龙泉窑青瓷香炉纵论　　　　133

四时畋猎是生涯
　　——陶瓷器与辽代社会生活　　　　　151

叁 说纹饰

拍手问谁能笑我
——中国古代瓷器上的寒山、拾得　　　　　　　　　　179

殷勤谢红叶
——说新安沉船元代釉里红"红叶题诗"瓷盘　　　　　196

"鹦鹉啄金桃"与"饮中八仙歌"
——瓷器上的杜甫诗意　　　　　　　　　　　　　　203

柴进簪花入禁院
——古代瓷器上的水浒故事一则　　　　　　　　　　216

折花寿王母，嬴女解相怜
——古代瓷器上的毛女形象　　　　　　　　　　　　222

加鞭赶上了翠眉娘
——瓷器上的明代戏曲《霞笺记》　　　　　　　　　233

后记　　　　　　　　　　　　　　　　　　　　　　241

引 言

瓷器是古代中国的伟大发明之一。不过，古人似乎并没有把这项发明太当回事儿，他们留下的文字记载，和瓷器相关的可真不多——胼手胝足的制瓷工匠没功夫记录它，文人墨客没兴趣记录它——以至于瓷器出现的时间等陶瓷史上的重大问题，往往要靠考古工作者依据出土文物来解决。

记载的稀少，使得存世文献愈加可贵；记载的片鳞半爪，又给了后人的解读以相当模糊的空间。大文豪苏东坡的《试院煎茶》诗，记了一句"定州花瓷琢红玉"，留下一桩陶瓷史的公案：到底是定窑白瓷呢，红瓷呢，还是可作别的解读呢？又比如，北宋晚期享誉禅林的诗僧惠洪，在他的一首诗中说"点茶三昧须饶汝"，今人有把"饶汝"解释为景德镇瓷器和汝窑瓷器的。这是文本的误读，还是北宋汝瓷文献的新发现呢？与后周世宗柴荣联系在一起的谜一样的柴窑，是否会有在开封的蛛丝马迹呢？

"帘卷西风，人比黄花瘦"，李清照的《醉花阴·薄雾浓云愁永昼》，是广为传颂的名作。词句中"玉枕纱厨，半夜凉初透"的玉枕，经常被指为景德镇窑烧造的青白瓷枕。其实宋代既有真正的玉质枕头，烧造瓷枕的窑场也不止景德镇一处——说不定易安居士的枕头，是"巩人作枕坚且青"的"碧瓷枕"呢。说《醉花阴》里的枕头就是青白瓷，大概是视一般为特殊，把宋人的文学化描述，当作了具体的事物。

长沙窑的高温釉上彩瓷,是唐代瓷器装饰的一朵奇葩,它上面的花花草草,唐人有没有记录过呢?刘言史《与孟郊洛北野泉上煎茶》诗中写到"湘瓷泛轻花",既有湘瓷又有花,不由得让人把它和长沙窑彩瓷作联系。然而在唐人语境里,"轻花"是指煎茶时茶汤表面的浮沫——飘飘然像轻盈的枣花一样,故云轻花——它和瓷器的花纹风马牛不相及。

当然,古人关于瓷器的记载,有不少还是相当明确而靠谱的。司马光在叠石溪的瓷窑畔购买别墅,他的好友范镇作诗描绘瓷窑生产的场景,"累墙瓷隐辚""钧盘疾甚车"等句,生动再现了北宋熙宁年间河南宜阳窑的窑业盛况。南宋刘学箕雅好盆栽石菖蒲,他所使用的"鄱阳白瓷方斛",则是时人称呼景德镇产品为"白瓷"的一个证据。

陶瓷器的功能总是与时俱进,不断拓展。普通饮食盛贮之外,可作文具,可演奏音乐,可用来焚香祷祝,不一而足,甚至还可以拿来作储钱罐。考古学家从唐洛阳城履道坊白居易的宅第,发掘出土了几方陶瓷砚台,他们认为这是香山居士翰墨生涯的写照。然而根据考古类型学编年,白居易宅出土的圆形多足辟雍砚,在8世纪初即退出历史舞台,远早于白居易(772~846年)生活的年代。可见拿名人来比附具体的文物,还需要慎重地辨证。陶瓷乐器中最有名的当属腰鼓,名相宋璟就很擅长演奏河南鲁山窑烧造的花瓷腰鼓,他还和唐玄宗交流过鼓艺。击瓯的技艺,被写进唐人传奇,其声音被温庭筠赞誉为"碎佩丛铃满烟雨",似"惊沙叫雁、高柳鸣蝉"。不过,邢窑、越窑似乎并不专门生产用来"击瓯"的瓷器,我们也很难从出土文物中把它们甄别出来,因为这只是饮食器具功能的巧妙转换,而非创造出一种新的乐器。

在中晚唐长沙窑的一件执壶上,制作它的工匠,忽然心血来潮,用铁彩写下"君生我未生,我生君已老。君恨我生迟,我恨君生早"四句话。打这时开始,瓷器就从实用的坛坛罐罐,升华为人们可以之寄寓情思的道具。当元代景德镇的窑工,在青白瓷器上用釉里红书写"流水何太急,深宫尽日闲"的句子时,我们真要感佩他们对文学典故的认知水平。当我们看到瓷器上的毛女从避世的仙人、寒山、拾得从禅门散圣,到明清时期沦为祝寿祈福的角色,不禁会感叹世俗改变神祇的力量。康熙时期"青云居玩"主人绘制青花笔筒上的《霞笺记》场景之前,一定读过或看过这部戏曲,如同"红叶传媒"的美好寄托一样,吸引他的肯定不是戏曲所本的明代传奇《心坚金石传》中动人心魄的悲剧,而是该曲汇人生四大乐事于一身的大团圆结局。

壹

辨名实

碎佩丛铃满烟雨
——唐宋时期的击瓯与水盏

> 佶栗金虬石潭古,勺陂潋滟幽修语。
> 湘君宝马上神云,碎佩丛铃满烟雨。
> （唐）温庭筠《郭处士击瓯歌》

江思清先生（1902～1960年）是中国古陶瓷研究史上不能忽略的一位学者。早在1936年,他编著的《景德镇瓷业史》即由中华书局刊行,比颇具影响的吴仁敬、辛安潮《中国陶瓷史》[①]还早了一年。三联书店1959年出版的《景德镇陶瓷史稿》,署名为江西省轻工业厅陶瓷研究所,实际主要执笔者为江思清先生。先生还致力于古代陶瓷文化的普及与传播,他编写的《中国瓷器传说——窑变观音》[②],收录了"琉璃瓦""可器""百垃碎""风火仙""窑变观音""文王鼎""青瓷易经""太平窑""白围裙""击瓯楼"等十个小故事,娓娓道来,生动有趣。其中讲述唐代爱情悲剧故事的《击瓯楼》,还曾被编绘为连环画,1982年由宁夏人民出版社出版。

《击瓯楼》故事由唐代著名传奇小说《非烟传》（一作《飞烟传》）铺陈改编,《非烟传》晚唐皇甫枚撰,收入《太平广记·杂传记八》。书中

[①] 吴仁敬、辛安潮:《中国陶瓷史》,商务印书馆,1937年。
[②] 江思清:《中国瓷器传说——窑变观音》,作家出版社,1958年。

记载:"临淮武公业,咸通中,任河南府功曹参军。爱妾曰非烟,姓步氏,容止纤丽,若不胜绮罗;善秦声,好文笔,尤工击瓯,其韵与丝竹合,公业甚嬖之。"[1]步非烟与士子赵象发生恋情,后为奴婢告发,非烟被武公业鞭打致死,赵象变服易名,远窜江浙之间。

步非烟擅长击瓯,韵律可与丝竹相合,显然是指奏乐而言。《说文解字》记:"瓯,小盆也。"[2]唐人语境中,"瓯"为常见的饮食器具,"越瓯犀液发茶香"[3]"碧瓯浮花酌春茗"[4]是说喝茶;"瓦瓶盛酒瓷瓯酌"[5]"瓦瓯斟酒暮山青"[6]是指喝酒;"白瓯贮香粳"[7]"次举粥一瓯"[8]意为盛饭。《隋书》卷七十八记载乐户万宝常通过敲击食器获得音乐的旋律,"宫商毕备,谐于丝竹,大为时人所赏"[9]。而唐人击瓯的具体细节,以成书于唐末的段安节《乐府杂录》记载最详:"武宗朝,郭道源后为凤翔府天兴县丞,充太常寺调音律官,善击瓯。率以邢瓯、越瓯共十二只,旋加减水于其中,以箸击之,其音妙于方响也。"[10]

这里的邢瓯、越瓯,系指邢窑、越窑产品。唐代瓷器生产,越

---

[1] (宋)李昉:《太平广记》卷四百九十一《杂传记八》,中华书局,1961年,第4033页。
[2] (汉)许慎撰,(宋)徐铉校定:《说文解字》卷十三《瓦部》,中华书局,2013年,第269页。
[3] (唐)韩偓:《横塘》,《全唐诗》卷六百八十三,上海古籍出版社,1986年,第1719页。
[4] (唐)萧祜:《游石堂观》,《全唐诗》卷三百一十八,第792页。
[5] (唐)杜荀鹤:《登灵山水阁贻钓者》,《全唐诗》卷六九二,第1747页。
[6] (唐)崔道融:《钓鱼》,《全唐诗》卷七百一十四,第1800页。
[7] (唐)李颀:《赠张旭》,《全唐诗》卷一百三十二,第307页。
[8] (唐)白居易:《新沐浴》,《全唐诗》卷四百五十九,第1164页。
[9] (唐)魏徵等撰:《隋书》卷七十八《艺术》,中华书局,1973年,第1784页。
[10] (唐)段安节撰,亓娟莉校注:《乐府杂录校注》,上海古籍出版社,2015年,第111页。

窑、邢窑分列南北之冠。陆羽《茶经》赞美越窑青瓷"类玉、类冰",称颂邢窑白瓷"类银、类雪"[1]。"天下无贵贱通用之"的"内丘白瓷瓯"[2],"夺得千峰翠色来"[3]的越窑青瓷,除了充供饮食器具之外,还因其优良的瓷质,经过乐工的巧思转变了功能,成为"妙于方响"的乐器。

不过,现今的考古工作者,并不使用"瓯"来命名出土的唐代瓷器,而是根据具体形制,称之为"碗""盏""杯"等。我们迄今也无法明确指出哪些"碗""盏"或"杯"可专门用来"击瓯",因为这只是饮食器具功能的巧妙转换,而非创造出一种新的专门乐器。

唐代文献中记载的击瓯名手,步非烟、郭道源外,还有吴缤、天得、马处士。步非烟仅见唐人传奇,或是出于虚构,其他人应是真实存在。吴缤,《乐府杂录》有载:"咸通中,有吴缤亦精于此(击瓯)。"[4]温庭筠本人精通音律,"能逐弦吹之音"[5],"善鼓琴吹笛","有弦即弹,有孔即吹"[6],其《郭处士击瓯歌》属于音乐家之间的同行评价,诗中描述郭道源击瓯之妙音,"小响丁当逐雪消""碎佩丛铃满烟雨",竟然可以让人遥想"三十六宫花离离,软风吹春星斗稀"[7]。天得是李姓户曹(唐代掌管户籍

---

[1] (唐)陆羽等著,宋一明译注:《茶经(外三种)》,上海古籍出版社,2016年,第30页。
[2] (唐)李肇:《唐国史补》卷下,古典文学出版社,1957年,第60页。
[3] (唐)陆龟蒙:《秘色越器》,《全唐诗》卷六百二十九,第1585页。
[4] 《乐府杂录校注》,第111页。
[5] (后晋)刘昫等撰:《旧唐书》卷一百九十下《温庭筠传》,中华书局,1975年,第5079页。
[6] 《北梦琐言》:"吴兴沈徽,乃温庭筠诸甥也。尝言其舅善鼓琴吹笛,亦云有弦即弹,有孔即吹。"(宋)孙光宪著,林艾园校点:《北梦琐言》卷二十,上海古籍出版社,1981年,第137页。
[7] (唐)温庭筠著,(清)曾益等笺注:《温飞卿诗集笺注》卷一,上海古籍出版社,1980年,第5页。

等的官职）的小妓，善击越器："越器敲来曲调成，腕头匀滑自轻清。随风摇曳有余韵，测水浅深多泛声。"①这里的"测水浅深多泛声"，与《乐府杂录》"旋加减水于其中"契合，"越器敲来"是击瓯无疑。而"清同野客敲越瓯，丁当急响涵清秋"②的诗句，则意味着还有一些擅长击瓯者并没有留下名字。

马处士击瓯，因张曙作《击瓯赋》而闻名。《击瓯赋》篇首叙说："器之为质兮白而贞，水之为性兮柔而清。水投器而有象，器藉水而成声。"马处士利用白瓷瓯注水敲击，其音"似惊沙叫雁、高柳鸣蝉"，"妙动元枢"，"羞杀兮钿筝金铎"。温庭筠的诗，张曙的赋，可称唐代文人吟咏击瓯这一瓷器与音乐结合的妙技的双璧。

关于张曙的《击瓯赋》，南宋人史绳祖《学斋占毕》记其流传情况及内容甚详：

> 唐末张曙，中和（881～885年）间举进士，避难到巴州，宴于郡楼，坐中作《击瓯赋》，极精工，郡楼由赋显名，后人遂命之曰"击瓯楼"，而此赋亦不传。如姚铉编《唐文粹》及蜀本《唐三百家文粹》《唐七十家大全集》及国初馆阁所编《文苑英华》，唐人花木音乐赋各有十余卷，而此两赋俱不在。惟击瓯则巴州郡楼，尚有碑刻。曾祖作巴倅时，曾以墨本藏之家，今兵火后，碑亦坏矣，恐其岁久，则此赋亦泯没无考，故全录之，尚几有传。如广平《梅花赋》，则平生访寻终不得见，

---

① （唐）方干：《李户曹小妓天得善击越器以成曲章》，《全唐诗》卷六百五十一，第1644页。
② （唐）僧鸾：《赠李粲秀才》，《全唐诗》卷八百二十三，第2019页。

是可惜也,俟更博访之。今先录张之赋于后云。[1]

《学斋占毕》所录《击瓯赋》序,清楚地说明了张曙撰写此赋的时间和缘起:"今余不时也,甲辰(884年),窜身巴南……一日登郡东楼,下临巴江,馔酒簌乐,以相为娱。言间有马处士末至,善击瓯者。请即清宴,爰骋妙绝。处士审音以知声,余审乐以知化。斯可以抑扬淫放,顿挫匏竹,运动节奏,出鬼入神。太守请余赋之。"巴州(今四川省巴中市巴州区)郡之东楼,因马处士击瓯、张曙作赋而闻名,此楼也被后人称为"击瓯楼"了。

唐以后的文献,也有将张曙《击瓯赋》误作《击瓯楼赋》的。南宋王象之《舆地纪胜》"景物下"条记:"击瓯楼,在郡治渌净亭东。张署(曙)有《击瓯楼赋》并序,署(曙)诸父祎从僖宗入蜀,故署(曙)避难于此。"[2]孙光宪(901~968年)《北梦琐言》记:"唐右补阙张曙,吏部侍郎袭之子,祎之侄。文章秀丽,精神敏俊,甚有时称……曙有《击瓯赋》。"[3]孙光宪五代北宋初人,去张曙时代不远,他的记载应该是可靠的。《击瓯赋》何时刻碑不得而知,《学斋占毕》记"曾祖作巴倅时,曾有墨本藏之家"。史绳祖墓志载其曾祖为史彭永,而史彭永北宋时担任过巴州别驾,曾作《巴南十七景》赋[4],对于巴州碑记显然相当熟悉,有拓本《击瓯赋》传家亦在情理之中。可见至迟北宋时,《击瓯赋》

---

[1] 史绳祖《宋史》无传,其墓在浙江衢州,1974年被盗掘,根据墓志知史绳祖生于1191年,卒于1274年。衢州市文管会:《浙江衢州市南宋墓出土器物》,《考古》1983年第11期。《学斋占毕》收入《钦定四库全书》子部杂家类。
[2] (宋)王象之编著,赵一生点校:《舆地纪胜》卷一百八十七《利[州]路·巴州》,浙江古籍出版社,2012年,第3850页。
[3] 《北梦琐言》卷四,第31页。
[4] (宋)王象之:《舆地碑记目》卷四《巴州碑记》(《钦定四库全书》史部目录类)。

碑即已存在，南宋郑樵（1104~1162年）《通志》亦加以著录①。此碑现不存，或早已毁于蒙古侵宋。

将《击瓯赋》误作《击瓯楼赋》或是情有可原的笔误（也可能是刊刻之讹），但认为击瓯楼为马处士所建则失于考据。这个误读大概始于清代乾隆年间朱琰《陶说》："又有马处士者，善此技，建击瓯楼，张曙有赋。"②《陶说》是著名的陶瓷专书，影响深远，民国吴仁敬、辛安潮《中国陶瓷史》，今人漆德三《陶瓷与音乐》③等均沿袭了这一误读。更有甚者说郭道源在家园中建了幢"击瓯楼"④，或说唐宋瓯乐悄然进入皇室贵府之厅堂，有的还专门建造击瓯楼⑤云云，这些提法就未免荒唐无稽了。

前述文献记载的唐代击瓯，郭道源在武宗朝（840~846年）；吴缤在咸通中（860~874年）；记载李户曹小妓天得善击越器的方干，生活于唐宣宗至僖宗朝；步非烟的传奇，亦在咸通年间；马处士击瓯的年代最为明确，为884年。这些击瓯的人与事，均集中于9世纪中叶前后的晚唐时期。《新唐书》记："咸通间，诸王多习音声、倡优杂戏。"⑥韦庄的诗中写道："咸通时代物情奢，欢杀金张许史家。破产竞留天上乐，铸山争买洞中花。诸郎宴罢银灯合，仙子游回璧月斜。人

---

① （宋）郑樵：《通志》卷七十三《金石略》（《文渊阁四库全书》本）。
② （清）朱琰：《陶说》卷五《说器中》，《生活与博物丛书·器物珍玩编》，上海古籍出版社，1993年，第80页。
③ 漆德三：《陶瓷与音乐》，江西高校出版社，2015年，第67页。
④ 孟天雄、章秦娟：《陶瓷漫话》，湖南人民出版社，1978年，第106页。张海国：《中国古陶瓷珍赏》，上海科学技术文献出版社，2002年，第130页。
⑤ 方愚东编著：《中国·上林湖青瓷》，新华出版社，2009年，第190页。
⑥ （宋）欧阳修、宋祁等撰：《新唐书》卷二十二《礼乐志十二》，中华书局，1978年，第478页。

意似知今日事，急催弦管送年华。"①晚唐时代游宴奢靡的风尚、伎乐文化的繁荣，或是击瓯这种别出心裁的创新演奏形式得以孕育和产生的温床。

晚唐时期的击瓯，自北宋晚期开始直至清代被称为"水盏"。"水盏"一词，最早见于1100年成书②的陈旸《乐书》："近世民间用九瓯盛水击之，谓之水盏。合五声四清之音。"③《乐书》引用了段安节《乐府杂录》郭道源击瓯事，但又记水盏"其制盖始于李琬"。唐代南卓《羯鼓录》④、宋代王谠《唐语林》⑤（卷六引张敦素《夷坚录》）载李琬擅击羯鼓，但未记其击瓯之事，陈旸此说或另有所本，或仅系推测。明清文献中关于水盏之制始于李琬的说法，均源于陈旸《乐书》。

不过，宋代仍有"击瓯"这一称法。梅尧臣（1002～1060年）曾作《击瓯赋》⑥，赋中提到"本埏埴"，"坚白播于陶钧"，表明瓯仍为瓷质。梅尧臣激赏击瓯"冰质莹然，水声修然，度曲泠然，入耳浏然"，"清越出金石之间"，但与其意见相左的人辩称击瓯"曾何参于乐录之目"，则验证了《乐书》水盏"特世俗之乐，非雅调也"的看法。这种世俗之乐、民间之乐的演奏情景，在南宋耐得翁《都城纪胜》里记载颇详："小乐器只一二人合动也，如双韵合阮咸，嵇琴合箫管，琴合葫芦。琴单拨十四弦，吹赚动鼓板，渤海乐一拍子，至于拍番鼓子、敲水盏、锣板和鼓儿，皆是也。今街市有乐人三五为队，专赴春场，看潮，赏芙蓉，及

---

① （唐）韦庄：《咸通》，《全唐诗》卷六百九十六，第1756页。
② 苗建华：《陈旸〈乐书〉成书年代考》，《音乐研究》1992年第3期。
③ （宋）陈旸：《乐书》卷一百三十七（《钦定四库全书》本）。
④ （唐）南卓：《羯鼓录》，古典文学出版社，1957年，第8页。
⑤ （宋）王谠：《唐语林》，卷六引唐代张敦素《夷坚录》，古典文学出版社，1957年，第197页。
⑥ （宋）梅尧臣：《击瓯赋》，《宛陵集》卷六十（《四部备要》集部）。

酒坐祗应,与钱亦不多,谓之荒鼓板。"①

  宋代水盏是何材质?目前并不清楚。元代的水盏②有铜制的,见于《元史》:"水盏,制以铜,凡十有二,击以铁筹。"③与《乐书》记载的"九瓯"相比,增加了3件。1982年福建建瓯南垵村发现一处铜器窖藏,出土的32件铜器中有12件铜盏④,可能就是《元史》中所记的水盏实物。

---

① (宋)耐得翁撰:《都城纪胜》,上海古籍出版社,1987年。(宋)吴自牧《梦粱录》卷二十记载近同,浙江人民出版社,1984年,第192页。
② 《新编古今事文类聚》也称为"水盏子"。(宋)祝穆、(元)富大用辑:《新编古今事文类聚》续集卷二十三《乐器部》,书目文献出版社,1991年。
③ (明)宋濂等撰:《元史》卷七十一《礼乐志五》,中华书局,1976年,第1773页。
④ 现藏福建省博物馆。刘东升等编著:《中国乐器图志》,轻工业出版社,1987年,第113页。林更生:《福建建瓯出土的铜茶盏》,《农业考古》2007年第2期。

湘瓷泛轻花
——关于"湘瓷"的解读

> 宛如摘山时，自歠指下春。
>
> 湘瓷泛轻花，涤尽昏渴神。
>
> （唐）刘言史《与孟郊洛北野泉上煎茶》

一

刘言史（约742～813年）是中唐诗坛上的重要人物，晚唐人评价其"歌诗千首，其美丽恢赡，自（李）贺外世莫得比"[①]。但他的诗歌，流传下来的只有很少一部分。《全唐诗》存其79首诗，其中《与孟郊洛北野泉上煎茶》提到了"湘瓷"[②]，这是中唐时期湖南陶瓷弥足珍贵的文献记载，全诗内容如下：

粉细越笋芽，野煎寒溪滨。恐乖灵草性，触事皆手亲。敲石取鲜火，撇泉避腥鳞。荧荧爨风铛，拾得坠巢薪。洁色既爽别，浮氲亦殷勤。以兹委曲静，求得正味真。宛如摘山时，自歠（即饮）指下春。湘瓷泛轻花，涤尽昏渴神。此游

[①]（唐）皮日休：《皮子文薮》卷四《刘枣强碑》（《四部丛刊》集部）。
[②]《全唐诗》卷四六八，上海古籍出版社，1986年，第1187页。

惬醒趣，可以话高人。

孟郊是唐代著名诗人，贞元十六或十七年（800或801年），其在洛阳应铨选；806或807年，始定居洛阳立德坊[①]。据此，刘言史写作这首诗的年代，当在800~813年间。

茶圣陆羽（733~804年）在《茶经》里写道："碗，越州上，鼎州次，婺州次，岳州次，寿州、洪州次……越州瓷、岳瓷皆青，青则益茶，茶作白红之色。"[②] 刘言史与陆羽约生活于同一时代，都曾游历过潇湘（刘言史有《潇湘游》一诗），他们对于茶具的推崇应有共识。《与孟郊洛北野泉上煎茶》中的"湘瓷"，当指岳州窑瓷器。

湖南制瓷手工业，始于东汉晚期。湘江下游以湘阴为中心的青瓷生产，自东汉晚期一直持续到中唐时期；约在8世纪末9世纪初，瓷业中心向南移动到长沙市望城区石渚河两岸，除素面青瓷外，还大量生产高温釉上彩瓷。古陶瓷研究者往往把湘阴一带的窑群统称为湘阴窑，把望城一带的窑群统称为长沙窑，也有学者将湘阴窑和长沙窑归为岳州窑具有承继关系的两个发展阶段[③]。刘言史、陆羽时代的人，对此大概不会区分得如此清楚，他们心目中的"岳州窑"与"湘瓷"是一回事。

二

民国时期湖南人黄矞所编《瓷史》，曾将诗中的"湘瓷泛轻花"解

[①] （唐）孟郊著，华忱之、喻学才校注：《孟郊诗集校注》附录《孟郊年谱》，人民文学出版社，1995年，第563、571页。
[②] （唐）陆羽著，宋一明译注：《茶经译注》，上海古籍出版社，2016年，第30页。
[③] 周世荣：《长沙唐墓出土瓷器研究》，《考古学报》1982年第4期。李梅田：《岳州瓷与岳州窑研究》，《故宫博物院院刊》2019年第9期。

释为花瓷：

> 湘州花瓷别无载记，仅见于唐诗人刘言史诗中称"湘瓷泛轻花"，谓之湘瓷，必产湘中，犹之邢州瓷为邢瓷，越州瓷为越瓷也。虽未详何色，以"泛轻花"三字度之，则知非雕花乃浮绘之花也。按陆羽《茶经》品瓷碗，谓越州上，鼎州次，婺州次，岳州次，寿州次，洪州又次。岳州即湘也，其品既在寿州、洪州上，则亦当时之珍品，故诗人咏之。[①]

自考古发现长沙窑烧造各种花草纹样的高温釉上彩瓷以来，不少研究者更将此作为长沙窑彩瓷的文献证据[②]，但这无疑是个误解。

"轻花"与瓷器花纹其实没有关系，瓷器的花纹，无论胎装饰还是彩装饰，"轻"都不是恰当的形容词，古代文献里也找不到用"轻"来描述瓷器花纹的记载。陆羽《茶经》记载：

> 凡酌，置诸碗，令沫饽均。沫饽，汤之华也。华之薄者曰沫，厚者曰饽，细轻者曰花，如枣花漂漂然于环池之上。又如回潭曲渚，青萍之始生；又如晴天爽朗，有浮云鳞然。其沫者，若绿钱浮于水渭，又如菊英堕于镈俎之中。饽者以

---

① 黄矞编，孙彦点校整理：《瓷史》，《古瓷鉴定指南》三编，北京燕山出版社，1993年，第104页。
② 齐东方：《隋唐考古》，文物出版社，2002年，第144页。萧湘著，长沙市博物馆编：《中华彩瓷第一窑——唐代长沙铜官窑实录》，岳麓书社，2011年，第32页。戴洪文：《千年古瓷 中国代码》，辽宁人民出版社，2008年，第37页。曾玲玲：《瓷话中国 走向世界的中国外销瓷》，商务印书馆，2014年，第66页。罗平章、罗石俊：《品茗有美器湘瓷泛轻花——长沙窑茶具探究》，《东方收藏》2015年第10期。

滓煮之。及沸则重华累沫，皤皤然若积雪耳。"①

据此可知"轻花"是指煎茶时茶汤表面的浮沫。颜真卿与陆士修等《五言月夜啜茶联句》："泛花邀坐客，代饮引情言。"②郑愚《茶诗》："嫩芽香且灵，吾谓草中英。夜臼和烟捣，寒炉对雪烹。惟忧碧粉散，尝见绿花生。最是堪珍重，能令睡思清。"③李群玉《答友人寄新茗》："满火芳香碾曲尘，吴瓯湘水绿花新。愧君千里分滋味，寄与春风酒渴人。"④这里的"泛花""绿花"都是唐人对茶汤浮沫的表述。铜官窑址调查采集的长沙窑瓷器上，发现过釉上彩"泛花泛蚁"题字⑤。"泛蚁"是指酒花，元稹《饮致用神曲酒三十韵》："但令长泛蚁，无复恨漂萍。"⑥而"泛花"正可谓"湘瓷泛轻花"诗句的实物映照。

三

唐代以后的文献，也有一些关于"湘瓷"的记载。南宋周南（1159～1213年）《山家》诗："小麦连湖熟，黄梅作弹飞。穿林青粿过，触柁白鱼肥。子男输绢急，姑妇插秧归。枳花茶似雪，留客共湘瓷。"⑦这首纪实即景诗中的"湘瓷"，显然不是指五代之后停烧的岳州窑产品，是否为宋元时期衡阳窑产品有待研究。

---

① 《茶经译注·五之煮》，第39页。
② 《全唐诗》卷七八八，第1939页。
③ 《全唐诗》卷五九七，第1518页。
④ 《全唐诗》卷五七〇，第1456页。
⑤ 长沙市文化局文物组：《唐代长沙铜官窑址调查》，《考古学报》1980年第1期。
⑥ 《全唐诗》卷四〇八，第1007页。
⑦ （宋）周南：《山房集》卷一（《涵芬楼秘笈》本）。

清代乾嘉及道光时期的诗文中，有多处提及"湘瓷"。沈初（1729～1799年）《瓶中芍药歌》："珍重湘瓷贮水宽，风日不到炉烟寒。"[①]王芑孙（1755～1818年）《茉莉花词十首》："雪乳芽云月一衣，点茶休下水晶盐。湘瓷小瀹清凉散，未许风尘俗客沾。"《比切四首》："湘瓷花影忽交加，片石疏丛养白沙。"《睿亲王招集射圃赋得荷净纳凉时得荷字十韵有序》："傍几湘瓷稳，登盘雪藕多。"[②]吴仰贤（1821～1887年）《杂咏群花》："棐几湘瓷清供好，一丛绿玉辟尘篸。"[③]这一时期景德镇瓷器一枝独秀，湖南瓷业默默无闻，诗文中的"湘瓷"不会是湖南瓷器产品。唐英（1682～1756年）《陶成纪事碑记》："仿米色宋釉，系从景德镇东二十里外，地名湘湖，有故宋窑址，觅得瓦砾，因仿其色泽款式。粉青色宋釉，其款式色泽同米色宋釉，一处觅得。"[④]乾嘉时人蓝浦《景德镇陶录》卷十记："刘言史咏茶诗云，湘瓷浮轻花。此湘瓷不知即岳州器欤？抑为本镇附纪之湘湖窑器欤？当俟考定。"[⑤]蓝浦指出湘瓷为岳州窑瓷器是正确的，但不会是中唐时期窑业未兴的景德镇湘湖。《景德镇陶录》卷五又记："镇东南二十里外有湘湖市，宋时亦陶，土塌埴，其体亦薄，有米色、粉青二色。蒋《记》云'器雅而泽'，在当时不足珍。然唐公《陶成纪事》则曰：'厂仿米色、粉青宋釉二种，得于湘湖故窑款

[①] （清）沈初：《兰韵堂诗集》卷三，《四库未收书辑刊》第10辑第23册，北京出版社，1997年。
[②] （清）王芑孙、王义胜：《渊雅堂全集·编年诗稿》卷一、卷二、卷六，广陵书社，2017年。
[③] （清）吴仰贤：《小匏庵诗存》卷三（《续修四库全书》集部）。
[④] 熊寥、熊微编著：《中国陶瓷古籍集成》，上海文化出版社，2006年，第297页。
[⑤] （清）蓝浦：《景德镇陶录》卷十《陶录余论》，《生活与博物丛书·器物珍玩编》，上海古籍出版社，1993年，第148页。

色。'盖其地村市尚寥落有存窑址,自明已圮。"①由此看来,清人诗句中的"湘瓷",或指清代景德镇御窑厂生产的米色、粉青釉瓷器,因仿自宋代湘湖故窑,故有"湘瓷"之称。

---

① (清)蓝浦:《景德镇陶录》卷五《景德镇历代窑考》,《生活与博物丛书·器物珍玩编》,第123页。

真实还是传奇
——渤海国"紫瓷盆"问题

> 内外通莹,其色纯紫,厚可寸余,举之则若鸿毛。
>
> (唐)苏鹗《杜阳杂编》

唐代渤海国之"紫瓷盆",见于唐人苏鹗《杜阳杂编》:

武宗皇帝会昌元年,夫余国(夫余国见《汉·东夷传》)贡火玉三斗及松风石。……上好神仙术,遂起望仙台以崇朝礼。复修降真台,舂百宝屑以涂其地,瑶楹金棋,银槛玉砌,晶荧炫耀,看之不定。内设玳瑁帐、火齐床,焚龙火香,荐无忧酒。此皆他国所献也,亡其国名。上每斋戒沐浴,召道士赵归真已下共探希夷之理。由是室内生灵芝二株,皆如红玉。又渤海贡马脑柜、紫瓷盆。……紫瓷盆量容半斛,内外通莹,其色纯紫,厚可寸余,举之则若鸿毛。上嘉其光洁,遂处于仙台秘府,以和药饵。后王才人掷玉环,误缺其半菽,上犹叹息久之。传于濮州刺史杨坦。[①]

---

① (唐)苏鹗撰,阳羡生校点:《杜阳杂编》卷下,《历代笔记小说大观·开元天宝遗事(外七种)》,上海古籍出版社,2012年,第126页。

研究者经常援引这段记载，证明渤海国陶瓷工艺的发展水平以及唐武宗会昌元年（841年）渤海与唐朝的朝贡关系[1]。揆诸《杜阳杂编》此段记载的细节以及考古所见9世纪唐、渤海陶瓷生产的情况，渤海国"紫瓷盆"，应是苏鹗铺陈缛艳的小说家言，是其虚构的灵异物品的传奇之一，不宜作为真实可靠的史料看待。

一、《杜阳杂编》记载的虚与实

1.《杜阳杂编》其书

按苏鹗《杜阳杂编》自序，是书于唐僖宗乾符三年（876年）秋八月编次，所记之事"自代宗广德元年癸卯，迄懿宗咸通癸巳，合一百一十载"[2]。历代关于该书的评价，以四库馆臣最具代表性。《钦定四库全书总目·子部·小说家类三》云：

> 其中述奇技宝物，类涉不经。大抵祖述王嘉之《拾遗》、郭子横之《洞冥》，虽必举所闻之人以实之，殆亦俗语之为丹青也。所称某物为某年某国所贡者……《唐书·外国传》皆无此名，诸帝本纪亦无其事。即如夫余国，久并于渤海大氏，

---

[1] 如［日］津田左右吉著，陈清泉译：《渤海史考》，台湾商务印书馆，1970年，第87页。李殿福、孙玉良：《渤海国》，文物出版社，1987年，第91页。张泽咸：《唐代工商业》，中国社会科学出版社，1995年，第139页。王承礼：《中国东北的渤海国与东北亚》，吉林文史出版社，2000年，第122、190页。朱国忱、朱威：《渤海遗迹》，文物出版社，2002年，第207页。
[2] 现存各版本《杜阳杂编》，仅中国国家图书馆藏清黄廷鉴抄本收录有苏鹗自序。有关《杜阳杂编》版本情况以及历代对于该书史料价值的评价，参蔡雅萍：《〈杜阳杂编〉研究》，台湾大学硕士学位论文，2016年，第17、5～8页。

而云武宗会昌元年夫余来贡；罽宾地接葱岭，《汉书》《唐书》均有明文，而云在西海，尤舛迕之显然者矣。

国外汉学家 E. H. Schafer 也曾指出：

> 如果我们将唐代的可靠文献中的朝贡记录加以考查的话，就会发现在这些文献中并没有记载《杜阳杂编》中描述的任何一种贡物，甚至连那些"现实中存在的国家"的贡物也不见于正史记载。……苏鹗本人的作用仅仅是用一些诡怪灵异、赏心悦目的物品填充了这个没落时代在实际进口物品方面的空白。……这些记载只能用作怀古感今的好素材，而不能作为经济学家研究工作的依据。①

四库馆臣的质疑当然具有合理性。如夫余国早在494年即为勿吉所逐，亡入高句丽②，无论如何也不会穿越至841年来唐朝贡。夫余故地7世纪末已为渤海国统治范围，将两者并列实属无稽。

2. 武宗好道术与筑望仙台

唐武宗崇尚道教，史有明载。《旧唐书·武宗本纪》："帝在藩时，颇好道术修摄之事。""帝志学神仙，师归真。""帝重方士，颇服食修摄，亲受法箓。"受道士赵归真蛊惑，武宗于会昌五年（845年）春正月敕造

---

① E. H. Schafer. *The Golden Peaches Of Samarkand: A Study of Tang Exotics*. The University of California Press，1963，pp.37-39. 中译本见［美］谢弗著，吴玉贵译：《唐代的外来文明》，中国社会科学出版社，1995 年，第 61～66 页。
② 李健才：《夫余的疆域与王城》，《东北史地考略》，吉林文史出版社，1986 年，第 21 页。

望仙台。望仙台的位置,《旧唐书·武宗本纪》[1]《孙樵集》[2]《册府元龟》[3]等均记在长安城南郊坛;《剧谈录》云在"禁中"[4];《东观奏记》[5]《唐会要》[6]则说在大明宫。王才人是唐武宗爱宠,《资治通鉴》卷二四八:"王才人宠冠后庭,上(唐武宗)欲立以为后。李德裕以才人寒族,且无子,恐不厌天下之望,乃止。"武宗崩,王才人即自缢。王才人掷玉环事,仅见于《杜阳杂编》的演绎。

3. 濮州刺史杨坦

苏鹗常把《杜阳杂编》中的奇异事物,归诸某人的口耳相传。渤海"紫瓷盆",即自注"传于濮州刺史杨坦"。今人郁贤皓广搜文献及金石碑刻,辑唐高祖武德三年(620年)至昭宗景福元年(892年)历任濮州刺史,得46名[7],其中并无杨坦其人。

4. 会昌年间的渤海朝贡

唐武宗时期的渤海朝贡,正史记载仅有会昌六年(846年)正月的一次。《旧唐书·武宗本纪》载:"(会昌)六年春正月……己未,南

---

[1] (后晋)刘昫等撰:《旧唐书》卷一八《武宗本纪》:"(会昌)五年春正月己酉朔,敕造望仙台于南郊坛。"中华书局,1975年,第585页。
[2] (唐)孙樵:《孙樵集》卷一《露台遗基赋并序》:"武皇郊天,明年作望仙台于城之南。"(《四部丛刊初编》本)
[3] (宋)王钦若撰:《册府元龟》卷一四《帝王部·都邑二》:"(会昌)五年正月造望仙台于郊坛。"中华书局,1960年,第161页。
[4] (唐)康骈撰,萧逸校点:《剧谈录》卷下《说方士》:"武宗皇帝好神仙异术,海内道流方士多至辇下。赵归真探颐元机,善制铅汞,气貌清爽,见者无不竦敬。请于禁中筑望仙台,高百尺,以为鸾骖鹤驭,可指期而降。"《历代笔记小说大观·开元天宝遗事(外七种)》,第169页。
[5] (唐)裴庭裕:《东观奏记》卷一:"武宗好长生久视之术,于大明宫筑望仙台,势侵天汉。"(《藕香零拾》本)
[6] (宋)王溥:《唐会要》卷五〇:"会昌中,武宗好神仙之事,于大明宫筑台,号曰望仙。"中华书局,1955年,第881页。
[7] 郁贤皓:《唐刺史考全编》,安徽大学出版社,2000年,第976~987页。

诏、契丹、室韦、渤海、牂柯、昆明等国遣使入朝，对于麟德殿。……己（乙之误）丑，渤海王子大之萼入朝。"①而这一年的三月，武宗驾崩。《杜阳杂编》所记会昌元年的渤海朝贡，是否存在实属疑问。

二、"紫瓷盆"的考古证伪

1. 渤海境内出土的瓷器

渤海境内的高温钙釉瓷器，均发现于城市遗址，如宁安上京城②、和龙西古城③、桦甸苏密城④、克拉斯基诺城址⑤、科克沙罗夫卡1号城址⑥、马里亚诺夫斯科耶城址⑦，时代集中于9世纪初前后至10世纪初，窑口以越窑、邢窑、长沙窑为主，品种有青瓷、白瓷、青（黄）釉高温釉上彩绘瓷、黑釉瓷4种。迄今为止，渤海境内未发现烧造高温釉

---

① 又见《册府元龟》卷九七二《外臣部·朝贡五》。
② 中国社会科学院考古研究所：《六顶山与渤海镇——唐代渤海国的贵族墓地与都城遗址》，中国大百科全书出版社，1997年，第106页。
③ 吉林省文物考古研究所等：《西古城：2000～2005年度渤海国中京显德府故址田野考古报告》，文物出版社，2007年，图版五一、4。
④ 桦甸苏密城2016年吉林省文物考古研究所发掘资料。
⑤ Е.И. Гельман. ГЛАЗУРОВАННАЯ КЕРАМИКА И ФАРФОР СРЕДНЕВЕКОВЫХ ПАМЯТНИКОВ ПРИМОРЬЯ, Владивосток, 1999, p.135.［俄］Е.И. Гельман著，［日］金沢阳译：《沿海州における遺跡出土の中世施釉陶器と磁器》，《出光美術館館報》第105卷，1998年。
⑥ 대한민국 문화재청 국립문화재연구소·러시아과학원 극동지부 역사학고고학민속학연구소．연해주 콕샤로프카-1 평지성Ⅰ, 2012, pp.123, 171. ГОРОДИЩЕ КОКШАРОВКА-1 В ПРИМОРЬЕ: ИТОГИ РАСКОПОК РОССИЙСКО-КОРЕЙСКОЙ ЭКСПЕДИЦИИ В 2008–2011 ГОДАХ. 金智铉、宋玉彬：《科克沙罗夫卡1号（КОКШАРОВКА－1）城址的考古发现与研究》，《边疆考古研究》第25辑，科学出版社，2019年。吉林省文物考古研究所、俄罗斯科学院远东分院远东民族历史·考古·民族研究所：《俄罗斯滨海边疆区渤海文物集粹》，文物出版社，2013年，第274页。
⑦ 《俄罗斯滨海边疆区渤海文物集粹》，第206页。

瓷器的窑址，渤海瓷器均系输自内地窑场的产品。渤海国自身并不具备烧造高温釉瓷器的技术能力。

2. 所谓紫釉的问题

日本学者爱宕松男曾认为渤海的"紫瓷盆"可能是以氧化锰或钴呈色的低温铅釉陶器[①]。中国台湾学者谢明良也认为可能是低温钴蓝釉陶器[②]。中国古陶瓷中符合标准的紫色釉彩，是以金红和钴蓝配制而成，这种工艺清代康熙后期才出现[③]。标准的紫色釉彩，在唐代釉陶和瓷器中迄今没有发现。谢明良曾以唐代服制推论紫瓷盆的"紫"为青蓝之色，实际上隋唐服色之"紫""绿""青"，分野鲜明，难以混称。如《旧唐书》卷四五《舆服志》：

> 大业元年，炀帝始……宪章古则，创造衣冠，自天子逮于胥吏，章服皆有等差。始令五品以上，通服朱紫……六年，复诏……五品已上，通著紫袍，六品已下，兼用绯绿。胥吏以青，庶人以白，屠商以皂，士卒以黄。

同卷又记：

> 上元元年八月又制……文武三品已上服紫，金玉带。四品服深绯，五品服浅绯，并金带。六品服深绿，七品服浅绿，并银带。八品服深青，九品服浅青，并鍮石带。庶

---

① ［日］爱宕松男：《中国陶瓷产业史》，三一书房，1987年，第117页。
② 谢明良：《中国古代铅釉陶的世界——从战国到唐代》，石头出版，2014年，第184页。
③ 张福康：《中国古陶瓷的科学》，上海人民美术出版社，2000年，第140页。

人并铜铁带。①

《杜阳杂编》中苏鹗对奇异宝物的颜色描述，有数处提到"纯紫"，如"常燃鼎，量容三斗，光洁类玉，其色纯紫，每修饮馔，不炽火而俄顷自熟，香洁异于常等"，"灵光豆，大小类中国之绿豆。其色殷红，而光芒长数尺，本国人亦呼为诘多珠。和石上菖蒲叶煮之，即大如鹅卵，其中纯紫，秤之可重一斤"。该书还记载：

敬宗皇帝宝历元年，南昌国献玳瑁盆、浮光裘、夜明犀。其国有酒山、紫海。盖山有泉，其味如酒，饮之甚美，醉则经月不醒。紫海，水色如烂椹，可以染衣。其龙鱼龟鳖、砂石草木，无不紫焉。

"色如烂椹"的"紫海"之色，显然不能理解为蓝色。此外，渤海虽然具有烧造低温铅釉陶器的能力，但迄今为止尚未发现钴蓝釉陶的产品②。

唐宋时期所谓紫色釉瓷器，实际上是以铁为呈色剂的棕褐釉或酱釉产品。这种棕褐釉陶罐，在吉林和龙北大渤海墓葬出土过（1973M28∶1）③，小口，卷圆唇，短直颈，丰肩，肩部附对称条形双系，鼓腹下收，饼状足。砖红色胎，釉及化妆土均施于器物上部。这件罐

---

① 《旧唐书》卷四五《舆服志》，第1952、1953页。
② 彭善国：《试析渤海遗址出土的釉陶和瓷器》，《边疆考古研究》第5辑，科学出版社，2006年。
③ 延边朝鲜族自治州博物馆、和龙县文化馆：《和龙北大渤海墓葬清理简报》，《东北考古与历史》第1辑，文物出版社，1982年。

真实还是传奇 23

子,与河南巩义唐代黄冶窑址发现的棕褐釉双系罐[①],在形制、釉色、胎色、施釉方式上均近同,应是来自中原窑场的产品。这种棕褐釉陶器或瓷器,胎、釉均粗糙,遑论"内外通莹"且"举之若鸿毛"?

三、结　语

通过前文讨论,《杜阳杂编》所记武宗服食修摄、筑望仙台为实;夫余国、濮州刺史、会昌元年渤海朝贡为虚。渤海本身并不具备烧造高温钙釉瓷器的能力,更不用说高质量的紫釉瓷器了。当代陶瓷学者推测"紫瓷盆"为钴蓝釉陶,既是对文献的误读,也不符合渤海低温铅釉陶器生产的实际。台湾学者蔡雅萍曾指出,渤海"紫瓷盆"的虚设,意在突出其作为药饵之用的道教色彩,为唐武宗好摄长生的形象增添奇异元素[②]。《杜阳杂编》关于"紫瓷盆"之记载,实可理解为异域远方宝物传奇的小说家言,不能作为渤海陶瓷生产工艺的证据,也不宜作为会昌元年渤海入唐朝贡的确凿史料。

[①] 河南省巩义市文物保护管理所:《黄冶唐三彩窑》,科学出版社,2000年,彩版一三,2。
[②] 《〈杜阳杂编〉研究》,第61页。

雨过青天云破处
——"柴窑"的传奇

> 雨过青天云破处，这般颜色做将来。
>
> （明）谢肇淛《五杂组》

柴窑是中国陶瓷史上的一个谜。这个与五代后周世宗柴荣联系在一起的窑场，始见于明代初年的文献记载，明代晚期到清代，围绕柴窑及其产品，衍生出林林总总富有传奇色彩的说法。关于柴窑是否真实存在，与它对应的是哪个窑址，古陶瓷界历来有种种推测和比定，其中五代黄堡（耀州）窑址柴窑说较为学界认同。本文拟梳理相关文献及陶瓷考古资料，对柴窑问题探讨如下。

一、明代文献柴窑记载的演进

柴窑最早见于明初曹昭的《格古要论》，明代文献关于柴窑的记载，可以分为两个阶段。

第一个阶段，曹昭—王佐阶段，即14世纪末至15世纪中期的明代早期。

《格古要论》卷下《古窑器论》："柴窑，出北地，世传柴世宗时烧者，故谓之柴窑。天青色，滋润细媚，有细纹，多足粗黄土，近世少见。"①《格古要论》1388年成书,王佐1456年增补此书时,除在"出北地"后增加了"河南郑州"外,几乎没有改动:"柴窑器,出北地河南郑州。世传周世宗姓柴氏时所烧者,故谓之柴窑。天青色,滋润细腻,有细纹,多是粗黄土足,近世少见。"②

第二个阶段,张应文—谢肇淛阶段,即16世纪中期至17世纪中期的明代晚期。

张应文(1524~1585年)《清秘藏》卷上记:"论窑器必曰柴汝官哥定。柴不可得矣,闻其制云,青如天、明如镜、薄如纸、声如磬,此必亲见故,论之如是其真余。向见残器一片,制为绦环者,色光则同,但差厚耳。又曹明仲云柴窑足多黄土,未知然否。"③高濂(约1573~1620年)《遵生八笺》(1591年刊)所记基本相同:"高子曰:论窑器必曰柴汝官哥。然柴则余未之见,且论制不一。有云青如天、明如镜、薄如纸、声如磬,是薄瓷也。而曹明仲则曰柴窑足多黄土,何相悬也。"④谢肇淛(1567~1624年)《五杂组》记:"陶器,柴窑最古。今人得其碎片,亦与金玉同价矣,盖色既鲜碧,而质复莹薄,可以妆饰玩具,而成器者杳不可复见矣。世传柴世宗时烧造,所司请其色,御批云:雨过青天云破处,这般颜色做将来。"⑤

明代晚期关于柴窑的记载,较明代早期主要有如下几点变化:1. 增加了柴窑瓷器的四个特征,即"青如天、明如镜、薄如纸、声如磬"。2. 增加了柴世宗的御批,即"雨过青天云破处,这般颜色做将来"。3. 增加

---

① (明)曹昭:《格古要论》卷下(《夷门广牍》本)。
② (明)曹昭撰,王佐增补:《新增格古要论》卷七,中国书店,1987年。
③ (明)张应文:《清秘藏》卷上(《翠琅玕馆丛书》本)。
④ (明)高濂著,叶明花、蒋力生点评:《遵生八笺》卷十四《燕闲清赏笺》,中国医药科技出版社,2021年,第456页。
⑤ (明)谢肇淛:《五杂组》卷十二《物部四》,上海书店出版社,2009年,第245页。

了柴窑瓷器价值的评判,如"与金玉同价""即为奇宝"[1]。

值得注意的是,整个明代中期的近百年间,文献关于柴窑的记载几乎是一片空白,明代晚期为何会大量出现且增添了许多新内容呢?晚明人袁宏道(1568~1610年)《叙陈正甫〈会心集〉》写道:

> 世人所难得者唯趣。趣如山上之色、水中之味、花中之光、女中之态,虽善说者不能下一语,唯会心者知之。今之人慕趣之名,求趣之似,于是有辨说书画、涉猎古董以为清,寄意玄虚、脱迹尘纷以为远,又其下则有如苏州之烧香煮茶者。此等皆趣之皮毛,何关神情?[2]

同样是晚明人汪砢玉的《珊瑚网》(1643年成书)记载:"今富贵之家亦多好古玩,然亦多从众附会,而不知所以好也。"[3]或可推测,明代晚期柴窑记载的扩展,似乎并不是因为有了新的文献材料,而应是当时对于古董"寄意玄虚""从众附会"流风时尚下的铺陈演义。到了清代,关于柴窑的记载,除了辗转抄袭明人之外,更赋予了柴窑瓷器各种传奇的色彩[4],这恐怕并非柴窑记载的始作俑者曹昭的本意。

---

[1] (明)张岱:《夜航船》卷十二《宝玩部》,万卷出版公司,2021年,第499页。"柴窑,柴世宗时,所进御者,其色碧翠,赛过宝石,得其片屑,以为网圈,即为奇宝"。
[2] (明)袁宏道著,孙虹、谭学纯注评:《袁宏道散文注评》,上海古籍出版社,2016年,第97页。
[3] (明)汪砢玉:《珊瑚网》,卢辅圣主编:《中国书画全书》第五册,上海书画出版社,2000年,第862页。
[4] 有关清代柴窑的文献记载及评述,参阅明良:《中国陶瓷史论集》,生活·读书·新知三联书店,2019年,第59页。赵磊:《再谈显德年制款印花碗与文献记载中的柴窑(上、下)》,《收藏家》2010年第12期、2011年第1期连载。

二、柴窑所在地诸推论

一座与帝王关联的五代窑场,宋元时期寂寂无闻,却突然出现在400余年后的明代文人笔下,且一直以来也没有可以确指的产品,的确让人不好理解。因此,否定柴窑真实存在的声音不绝于耳[1]。冯先铭认为是明代文人与嗜古之士把景德镇青白瓷当成柴窑器的结果[2]。赵自强在此观点的基础上进一步认为柴窑就是景德镇湖田窑[3]。叶喆民指出周世宗在位仅6年,且南征北战,席不暇暖,焉能顾及烧窑[4]?他也认为柴窑器很可能是青白瓷器[5]。这些看法之外,柴窑所在地目前主要有如下6种意见。

1. 河南郑州说。始于明代中期王佐,刘涛认为从郑州附近的窑场征募窑工调运烧瓷原料建窑烧瓷是有可能的[6]。

2. 河南新密说。新密月台村窑址附近据称有名为"柴窑"的村民组,窑址出土瓷器釉色有豆绿、葱绿、天蓝、天青、月白、黑釉、黄釉、酱釉等[7],从产品特征来看,应该是一处宋金时期以烧造临汝系青瓷、钧釉瓷器以及磁州窑系化妆白瓷为主的民窑,与五代柴窑没有什么关联。

---

[1] 谢明良:《耀州窑遗址五代青瓷的年代问题——从所谓"柴窑"谈起》,载氏著:《中国陶瓷史论集》。
[2] 冯先铭:《三十年来我国陶瓷考古的收获》,《故宫博物院院刊》1980年第1期。
[3] 赵自强主编:《柴窑与湖田窑》,广西美术出版社,2004年,第5页。
[4] 叶喆民:《中国陶瓷史纲要》,轻工业出版社,1989年,第117页。
[5] 叶喆民:《中国陶瓷史(修订版)》,生活·读书·新知三联书店,2011年,第225页。
[6] 刘涛:《柴窑刍议》,《景德镇陶瓷》1994年第2期。
[7] 杨建敏:《"五代柴窑在新密"初探》,《河南科技大学学报(社会科学版)》2010年第4期。

3. 河南郑县说。所谓"洛阳共识"认为在河南郑县发现的疑似柴窑遗址基本符合五代后周时期窑址特征[1]，但这个窑址的材料目前还没有披露。

4. 浙江越窑说。始于明代晚期王世贞（1526～1590年），其《弇州四部稿》记："舜为陶器，迄于秦汉。今河南土中有羽觞无色泽者即此类也。陆龟蒙诗所谓九秋风露越窑开，夺得千峰翠色来，最为诸窑之冠。至吴越王有国日愈精，臣庶不得通用，谓之秘色，即所谓柴窑也，或云制器者姓，或云柴世宗时始进御云。"[2]陈万里以《十国春秋》记载吴越钱俶于显德五年（958年）两次供奉后周，其中定有秘色瓷器，推断周世宗很可能命钱氏烧造雨过天青的颜色[3]。陈万里应是受到《余姚县志》[4]转引《谈荟》记载的影响而提出此说的。《谈荟》即明代徐应秋的《玉芝堂谈荟》，而《玉芝堂谈荟》"柴窑秘色"条则完全来自王世贞的说法，且注明为"王弇州《宛委余编》曰"[5]。孙会元沿袭了陈万里的说法，但将《谈荟》误为宋人之作[6]。

5. 陕西富平说。有人提出："有理由大胆推测（富平银沟）可能就是历史上柴窑的产地，而遗址内出现的最为精美的青白瓷便是让后人津津乐道的柴窑器。"[7]不过，据发表的材料来看，银沟遗址出土的青白瓷显然系景德镇窑北宋产品，且此遗址是否为瓷窑址还很难判定。

---

[1]《五代后周柴瓷柴窑研讨会在洛阳召开》，《文物鉴定与鉴赏》2021年第6期。
[2]（明）王世贞：《弇州四部稿》卷一百七十（《钦定四库全书》集部别集类）。
[3] 陈万里：《中国青瓷史略》，上海人民出版社，1956年，第19页。
[4]（清）周炳麟修：《余姚县志》卷六《物产》"秘色瓷"条（清光绪二十五年刻本）。
[5]（明）徐应秋：《玉芝堂谈荟》，上海古籍出版社，1993年，第673页。
[6] 孙会元：《谈柴窑》，《黑龙江文物丛刊》1983年第1期。《中国陶瓷史论集》，第61页。
[7] 周少华、马鑫宇、俞怡：《陕西富平银沟遗址与"柴窑"产地之关系初探》，《中国陶瓷》2017年增刊。

6. 陕西铜川耀州窑说。耀州窑的发掘主持者禚振西先生首倡此说[①]，立论的基础一是《格古要论》里的"北地"为耀州窑所在地的"北地郡"，二是部分五代耀州窑青瓷符合明代文献关于柴窑特征的记载，三是五代耀州窑青瓷器底部的"官"字款是为皇室烧造进御产品的标志。此说虽因耀州窑青瓷五代产品的编年问题遭到质疑[②]，但目前仍然是将柴窑与具体窑址比附最具说服力的一种认识。

三、柴窑归属再讨论

《册府元龟》等宋初文献，记载了世宗柴荣对于陶事活动的特殊重视，表明后周都城开封或存在与宫廷密切相关的窑业。而与明代文献关于柴窑瓷器特征记载最为契合的实物遗存，则非五代北宋初耀州窑青瓷产品莫属。

1. 后周东京开封府窑场蠡测

周世宗在位仅6年，南征北讨，戎马倥偬，可谓一代英主。文献记载，世宗重视农业生产，"厚农桑，薄伎巧，优力田之夫，禁末游之辈"[③]，"留心农事，尝刻木为耕夫蚕妇，置之殿庭，欲见之而不忘"[④]。显德三年五月，周世宗下了一道关于纺织的诏令："化民成俗，须务真纯，

[①] 禚振西：《汝窑、柴窑与耀州窑的几个问题》，载河南省文物研究所编：《河南钧瓷汝瓷与三彩——中国古陶瓷研究会、中国古外销陶瓷研究会1985年郑州年会论文集》，紫禁城出版社，1987年，第104～106页。禚振西：《柴窑探微》，《收藏家》2001年第8期。
[②] 谢明良：《耀州窑遗址五代青瓷的年代问题——从所谓"柴窑"谈起》，《故宫学术季刊》第十六卷第二期（1998年12月）。
[③] （宋）王钦若等：《册府元龟》卷七〇《帝王部·务农》，中华书局，1960年，第794页。
[④] （宋）司马光编著，胡三省音注，"标点资治通鉴小组"校点：《资治通鉴》卷二九四《后周纪五》，中华书局，1956年，第9588页。

蠹物害能，莫先浮伪。织维杼轴之制，素有规程，裨贩贸易之徒，不许违越，久无条理……宜从朴厚，用革轻浮。"①《资治通鉴》记载："（世宗）又勤于为治，百司簿籍，过目无所忘……闲暇则召儒者读前史，商榷大义。性不好丝竹珍玩之物。"②这样一位不尚轻浮、鄙薄伎巧，不喜珍玩之物的明君，似乎不太可能亲自批示瓷器烧造的釉色这种微末之事。然而，史料却留下了周世宗与陶瓷烧造关联的蛛丝马迹，或许对探究柴窑问题有所裨益。

《册府元龟》记："（显德六年）二月辛丑，（周世宗）幸迎春苑及新蔡河。因就陶家观其陶器，既而赐陶人物有差。"③迎春苑为后周东京宫苑，《册府元龟》记显德五年三月周世宗"幸迎春苑玉津园，宣教坊乐，至暮还宫"④。同月世宗"命马军都指挥使韩令坤自大梁城东导汴水入于蔡水，以通陈、颍之漕"⑤。可见这个陶家，就在东京（今开封）城附近。

《丁晋公谈录》记：

> 又，晋公尝言，窦家二侍郎俨，为文宏瞻，不可企及。有集一百卷，得常、杨之体。又撰《释门数事》五十件，从一至百数，皆节其要妙、典故。又善术数，听声音而知兴废之未兆。撰《大周乐正》一百卷。周世宗时，同兄仪在翰林为学士，仪常鄙其诡怪。世宗常令陶人应二十四气，烧瓦二十四

---
① 《册府元龟》卷五百四《邦计部·丝帛二十二》，第6057页。
② 《资治通鉴》卷二九四《后周纪五》，第9602页。
③ 《册府元龟》卷一百十四《帝王部·巡幸三》，第1366页。
④ 《册府元龟》卷一百十一《帝王部·宴享三》，第1325页。
⑤ 《资治通鉴》卷二九四《后周纪五》，第9595页。

片，各题识其节气，遂隔帘敲响，令辩之，一无差谬。[1]

仅从文献记载来看，唐宋帝王中，对制陶活动如此关心者，仅后周世宗一人而已。是什么样的陶器（唐宋文献里的"陶器"，很多情况下是指瓷器），能够引起事务繁忙的周世宗的兴趣，以至于亲临视察，并赏赐制陶工匠[2]？他下令烧瓦以测试窦俨"特异功能"的窑场，是什么样的生产性质？都值得进一步思考。

李辉柄指出，河南省京广铁路以东的地区，几乎未见古代瓷窑遗址，原因在于缺乏建窑烧瓷的瓷土资源。他据此否定所谓北宋"汴京官窑"的存在[3]。不过，古代窑场的生产及传播，或远比想象的复杂。王小蒙的研究表明，唐长安城内的三彩窑场，属于甄官署管理的"官窑"，可从河南巩义黄冶窑转运瓷土、征调工匠[4]。科技检测表明，唐长安醴泉坊窑场的白胎瓷土来自黄冶或黄堡窑[5]。周世宗时东京是否存在这种生产模式的窑场，完全取决于宫廷意志，而不会受到瓷土资源、燃料、工匠等条件的制约。遗憾的是，由于开封城历经黄河淹淤，即使北宋文化层，距现地表也在8米左右，且地下水位较高[6]，要从考古学上揭示周世宗时东京窑业遗存的情况，只能有待时日了。

---

[1]（宋）潘汝士撰，杨倩描点校：《丁晋公谈录》"窦家轶事"条，中华书局，2012年，第19页。
[2] 尚刚最早关注到《册府元龟》这条史料，并认为这或许提示着柴窑的存在。尚刚：《隋唐五代工艺美术史》，人民美术出版社，2005年，第126页。
[3] 李辉柄：《宋代官窑瓷器》，紫禁城出版社，1993年，第20、21页。
[4] 王小蒙：《唐两京地区三彩制品的生产及工艺传播模式》，《考古》2021年第8期。
[5] 雷勇等：《唐长安醴泉坊三彩窑址出土唐三彩的中子活化分析和研究》，载陕西省考古研究院：《唐长安醴泉坊三彩窑址》附录一，文物出版社，2008年，第145页。
[6] 开封宋城考古队：《北宋东京外城的初步勘探与试掘》，《文物》1992年第12期。

2. 柴窑耀州窑说补论

首先需要明确的是，既往禚振西将《格古要论》里的"北地"解释为"北地郡"是非常勉强的。在同一本《格古要论》里，曹昭写道，"汝窑，出北地，宋时烧者，淡青色，有蟹爪纹者真，无纹者尤好，土脉滋媚薄，甚亦难得"。该书还提到"花羊角，多出北地，黑身白花者高，白身黑花者低，作刀靶，染油不滑"。"鞑靼桦皮，出北地，色黄，其斑如米豆大，微红色，能收肥腻，甚难得，裹刀鞘为最"。搜检明代文献，除非述及"北地郡"地理沿革，"北地"均指广义的北方而言，如杭淮《杭双溪集》序："其时北地、中原、江左卓然名家者，殆十数人。"[1]涉及物产，更是无一例外[2]。有学者根据民间收藏的一方唐代墓志中所记载的"北地华原人"也，来证实北地耀州窑说[3]。但这只能代表唐代的个别做法，并不意味着明代初年语境中的北地就是北地郡。也许是因为这个"北地"地域过于笼统，也许是因为周世宗陵寝在郑州[4]，王佐在增补《格古要论》时才将柴窑所在具体化为"河南郑州"。但王佐并未将"北地"理解成"北地郡"是毫无疑问的。

《格古要论》里描述柴窑瓷器"天青色，滋润细媚，有细纹，多足粗黄土"，这些釉面及装烧特征，均与耀州窑产品相合，前引禚振西、王小蒙的论文，对此均有精当的论述。内蒙古巴林左旗辽祖陵陪葬墓M1，墓主推测为耶律李胡墓，下葬年代为960年，墓中出土天青釉执壶

---

[1] （明）杭淮：《杭双溪集》（明嘉靖杭洵刻本）。
[2] （宋）朱长文辑，（明）李尚续辑：《墨池编》卷二十《器用二》："江浙间多以嫩竹为纸，北地多以桑皮为纸。"（《钦定四库全书》本）
[3] 王长启：《从唐田君墓志看柴窑出"北地"之地望》，《收藏界》2010年第11期。
[4] （宋）王溥：《五代会要》卷二十："郑州管城县，周显德六年十月，升为次赤，以奉世宗陵。"（《钦定四库全书》本）

和盏托，是耀州窑五代产品明确的纪年材料[1]。纪年墓不等于纪年瓷，瓷器是生活实用器，从流通、使用到随葬，应该还有一个或长或短的过程，因此，像辽宁法库叶茂台M7[2]、M14[3]，内蒙古巴林左旗韩匡嗣墓[4]（983～993年）等10世纪中期以后的辽代墓葬出土的耀州窑天青釉瓷器，也不排除有产于五代晚期的可能。因此，就窑址考古材料而言，与明代文献关于柴窑瓷器特征记载最为契合的实物遗存，非五代（北宋初）耀州窑青瓷产品莫属。不过，这一短暂的时期，耀州窑天青釉产品数量并不多，辗转流传到明初者更为稀罕，曹昭说"近世少见"或基于此。

耀州窑五代创烧天青釉青瓷的动因，或是仿烧越窑秘色瓷器。晚唐五代越窑秘色瓷独步青瓷之冠，成为高质量青瓷的代名词。《宣和奉使高丽图经》将高丽青瓷比作"越州古秘色"[5]，《秀水闲居录》记载："周纲尝知浮梁县，烧造假秘色瓷器以事蔡攸。"[6]考古资料表明，10世纪中叶耀州窑仿越窑青瓷，不仅有釉色、器物造型、纹样技法及内容等浅层次的追摹，更有窑具（M形匣钵）、装烧方法（沙砾支烧）等深层次的技术借鉴[7]，后者提示当时南方越窑与北地耀州窑或存在某种形式的窑工

---

[1] 中国社会科学院考古研究所内蒙古第二工作队、内蒙古文物考古研究所：《内蒙古巴林左旗辽祖陵一号陪葬墓》，《考古》2016年第10期。

[2] 冯永谦：《叶茂台辽墓出土的陶瓷器》，《文物》1975年第12期。

[3] 沈阳市文物考古研究所：《沈阳考古发现六十年·出土文物卷》，辽海出版社，2008年，第145页。

[4] 内蒙古文物考古研究所、赤峰市博物馆、巴林左旗博物馆：《白音罕山辽代韩氏家族墓地发掘报告》，《内蒙古文物考古》2002年第2期。

[5] （宋）徐兢著，朴庆辉标注：《宣和奉使高丽图经》卷三十二，吉林文史出版社，1991年，第66页。

[6] （宋）朱胜非撰，史泠歌整理：《秀水闲居录》，《全宋笔记》第9编第1册，大象出版社，2018年，第399页。

[7] 李坤、王小蒙：《10世纪耀州窑生产转型及技术渊源——从M形匣钵说起》，《中原文物》2020年第4期。王小蒙：《黄堡窑装烧工艺的发展演变——兼谈黄堡窑与越窑、汝窑及高丽青瓷的关系》，《中国耀州窑》，中国华侨出版社，2014年。

流动。可以推断，10世纪中叶耀州窑转型烧造高质量青瓷的动因，是仿烧越窑秘色瓷。陆游（1125～1210年）《老学庵笔记》记载："耀州出青瓷器，谓之越器，似以其类余姚县秘色也。然极粗朴不佳，惟食肆以其耐久，多用之。"[1]《（嘉泰）会稽志》卷十九也说"今耀州陶器，名曰越器"[2]。这两条南宋时期的文献，从侧面表明了时人关于越窑（秘色）青瓷与耀州窑青瓷关系的认知。

无论是"陶成先得贡吾君"，还是"臣庶不得用"，都说明了晚唐五代越窑秘色瓷器的贡瓷性质，五代后期耀州窑仿烧秘色瓷，显然并非迎合普通消费者的需求，目的应是针对宫廷所需，其底部刻划具有贡瓷性质的"官"字款[3]就在情理之中了。

---

[1] （宋）陆游撰，李剑雄、刘德权点校：《老学庵笔记》卷二，中华书局，1979年，第23页。
[2] （宋）施宿、张淏撰，李能成点校：《南宋会稽二志点校》，安徽文艺出版社，2012年。
[3] 陕西省考古研究所：《五代黄堡窑址》，文物出版社，1997年，第303～306页。

颜色比琼玖

——"青白瓷"名称问题刍议

> 浮梁巧烧瓷,颜色比琼玖。
> （宋）洪迈《容斋随笔》

一

南宋嘉定十年（1217年）五月十六日，福建崇安人刘学箕饶有兴致地记下了他盆栽石菖蒲的前前后后：

蒲，为品不一，生溪涧者谓之荪，植池沼者谓之蒲，皆粗壮丰硕，恐韩子所谓昌阳者是也。惟烟崖云谷间自有一种，叶森而细，瘠而坚。脊若刃状，若发，丰茸蓬郁，根脉盘错，一寸十余节。本草谓久服轻身、延年、益心智，可入药者，疑此也。余前年经庐阜过洞口，见居人货山石奇甚，意可种此，以助小轩幽雅。至南康适遇卖者提携傍余舟，扶疏绿净可爱可玩，以金易二十斛以归。然尚恨蒲肥不与石称，虽不若荪之伟，亦未至发之细。今夏物色数本，修矗若绿丝，森峭若霜刃，真奇秀也。未几，僧志瑛又将其禅房所养者为寄，清波漪漪，白石齿齿，瑛于石之前后，植为首尾，蹲伏偃踞，宛类卧猊。余置之众斛之中，以冠其首，其余高下有次，环列坐隅，乃易其斛而记之。河北青瓷盆者一，福唐寿山石为斛者二，剑津玳瑁石为盆者三，番（鄱）阳白瓷方斛者四，龙泉碧青盆者一，崇安绀色花鼓者十有六，南康旧乌瓦缶者八，合计二十四盆斛。呜呼，亦可以为富矣。……嘉定十年五月十有六日种春子刘学箕记。①

这段记载蕴含的信息，似乎还未引起古陶瓷界的关注。南宋人刘学箕盆栽菖蒲器具之考究，令人惊讶，单是瓷器，就来自南北各窑。龙泉青瓷自不必说，河北青瓷盆，很有可能是耀州或临汝窑产品。崇安绀色，应是闽北武夷山窑场的黑釉瓷。而"鄱阳白瓷"，显然就是这一时期景德镇窑场的主流产品即现今学界通称的青白瓷器。

北宋人李廌（1059～1109年）在《杨元忠和叶秘校腊茶诗相率偕赋》诗中写道：

凤驾已驰供御品，霜郊未卷喊山旗。七闽地产犹为宝，两府官高故不遗。须藉水帘泉胜乳，也容双井白过磁（自注：江南双井，用鄱阳白薄盏点鲜为上）。东堂退食公宫晚，金鼎新烹欲沁脾。②

"双井"为洪州所产白芽茶，当时誉为"草茶第一"③。这里用来点双

---

① （宋）刘学箕：《方是闲居士小稿》卷下（《清彭氏知圣道斋抄本》）。
② （宋）李廌：《济南集》卷四（《钦定四库全书》本）。
③ （宋）欧阳修著，林青校注：《归田录》卷一，三秦出版社，2003年，第43页。"自景祐已后，洪州双井白芽渐盛，近岁制作尤精，囊以红纱，不过一二两，以常茶十数斤养之，用辟暑湿之气，其品远出日注上，遂为草茶第一。"

颜色比琼玖　37

并茶的"鄱阳白薄盏",无疑也是景德镇的青白瓷器。

成书于南宋后期的《陶记》载:"景德陶,昔三百余座。埏埴之器,洁白不疵,故鬻于他所,皆有'饶玉'之称。其视真定红磁,龙泉青秘相竞奇矣。"①既然称"洁白不疵",那么作者蒋祈也视景德镇瓷器为白瓷。

1976年韩国新安海底元代沉船出水一件景德镇青白瓷芒口碗,其内墨书"上色白瓯"四字②。

以上3条文献及新安沉船的考古材料表明,宋元人是以白瓷来称呼景德镇青白瓷的。

此外,《宋会要辑稿·食货五十二》记载:"瓷器库在建隆坊,掌受明、越、饶州、定州、青州白瓷器及漆器以给用。"③北宋瓷器库之设置,不晚于宋太宗淳化元年(990年),神宗熙宁三年(1070年)并入杂物库。这一期间,明州、越州烧造青瓷,并无白瓷的烧造,只有把"青州"的"州"视为衍文,或者把"白"视为衍文,即"掌受明、越、饶州、定州青白瓷器",或"掌受明、越、饶州、定州、青州瓷器"才能文义通顺。若按前一种解读,则明州、越州产品为青瓷,对应的饶州、定州产品为白瓷。

不过,同样是在《陶记》里,还有"江湖川广,器尚青白,出于

---

① 关于《陶记》的成书年代,有南宋说和元代说两种,目前学界倾向于南宋说。刘新园:《蒋祈〈陶记〉著作时代考辨》,《景德镇陶瓷》1981年《陶记》研究专号。熊寥:《蒋祈〈陶记〉著于元代辨》,《景德镇陶瓷》1983年第4期。熊寥:《再论〈陶记〉著于元代》,载熊寥:《中国陶瓷与中国文化》,浙江美术学院出版社,1990年。
② 李德金、蒋忠义、关甲堃:《朝鲜新安海底沉船中的中国瓷器》,《考古学报》1979年第2期。
③ (清)徐松辑,刘琳、刁忠民、舒大刚等校点:《宋会要辑稿·食货五十二》,上海古籍出版社,2014年,第7190页。

镇之窑者也"这样的记述。蒋祈的时代,景德镇并不烧造青瓷,因此,"器尚青白"恐只能理解为"青白"瓷,而非青瓷、白瓷两种产品。

北宋人彭汝砺(1040～1094年)《答赵温甫见谢茶瓯韵》一诗写道:

> 我昔曾涉昌江滨,故人指我观陶钧。厖眉老匠矜捷手,为我百转雕舆轮。镌刓刻画走风雨,须臾万态增鲜新。盘龙飞凤满日月,细花密叶生瑶珉。轻浮儿女爱奇崛,舟浮辇运倾金银。我盂不野亦不文,浑然美璞含天真。光沉未入世人爱,德洁诚为天下珍。朅来东江欲学古,喜听英杰参吾伦。谨持清白与子共,敢因泥土邀仁恩。空言见复非所欲,再拜谢子之殷勤。[①]

彭汝砺是鄱阳人,从诗的内容来看,他曾观摩过昌江之滨景德镇的瓷器制作,对其刻划花纹的技法及内容有生动的描写,而"谨持清白"一句,则是借景德镇茶瓯的釉色,来表达其一片冰心。

综上可见,在宋元人语境中,景德镇瓷器,既可用白瓷指称,也可以青白指称,并无明确的分野,在蒋祈那里甚至可以混用。究其原因,应与宋元时期青白瓷的釉色本身就存在青、白之间多种色度的偏差有关。

现存宋元史料中,还有多处记载了"青白"瓷器。如蔡襄《茶录》提到"茶色白,宜黑盏,建安所造者绀黑,纹如兔毫,其坯微厚,燖之久热难冷,最为要用。出他处者,或薄或色紫,皆不及也。其青白盏,斗试家自不用"[②]。《梦粱录》所记"(诸色杂买)青白瓷器、瓯、碗、

---

① (宋)彭汝砺:《鄱阳集》卷一(《钦定四库全书》本)。
② (宋)蔡襄:《茶录》,商务印书馆,1936年,第4页。

颜色比琼玖　39

碟、茶盏、菜盆"①,"黄草铺温州漆器、青白瓷器"②。《都城纪胜》述及"又有大小铺席,皆是广大物货,如平津桥沿河,布铺、扇铺、温州漆器铺、青白碗器铺之类"③。赵汝适《诸蕃志》所言"番商兴贩,用夹杂金银及金银器皿……砒霜、漆器、铁鼎、青白瓷器交易"④。元代汪大渊《岛夷志略》更是多处提到"青白花碗""青白花器""青白瓷"等⑤。不过,这些关于"青白"瓷器的记载,并未与景德镇或其他具体的窑场直接挂钩,与其解读为单一"青白瓷"品种,不如解读为"青瓷"和"白瓷"两个品种。城市考古资料表明,南宋杭州瓷器的消费有龙泉青瓷、景德镇青白瓷器、定窑白瓷、福建地区的黑釉瓷器等多个窑场的丰富品种,《梦粱录》《都城纪胜》所记南宋临安城内诸色杂买及铺席,似乎不会是"青白瓷"单一品种的使用或专卖;《诸蕃志》《岛夷志略》所记外销到东南亚市场的瓷器品种,恐怕也不会由青白瓷器专宠。既然宋人斗茶时崇尚建窑黑釉盏,那么不入斗试家法眼的就不会只有青白瓷一种,所以《茶录》里的"青白盏"应是青瓷、白瓷等非黑釉瓷器的泛指。

中国古代多把青白之间的颜色称为"缥"或"碧",《说文解字》卷十四:"缥,帛青白色也。"宋末元初人戴侗说:"按今碧色,在青白之间。"⑥宋元人插花、饮茶之器中有"缥瓷",如杨万里《秋日见橘花二首》:"缥瓷汲寒甃,浅浸一枝凉。"⑦宋庠《灯夕斋中香火独坐招希元

---

① (宋)吴自牧:《梦粱录》卷十三《诸色杂货》,《东京梦华录(外四种)》,古典文学出版社,1957年,第244页。
② 《梦粱录》卷十三《铺席》,《东京梦华录(外四种)》,第241页。
③ (宋)耐得翁:《都城纪胜·铺席》,《东京梦华录(外四种)》,第100页。
④ (宋)赵汝适:《诸蕃志》卷上《志国·阇婆国》,商务印书馆,1937年,第8页。
⑤ (元)汪大渊、苏继庼校释:《岛夷志略校释》,中华书局,1981年。
⑥ (元)戴侗:《六书故》卷七《地理四》,上海社会科学院出版社,2006年,第167页。
⑦ (宋)杨万里:《诚斋集》卷三(《四部丛刊初编》本)。

不至》:"烛烬委寒檠,茗华浮缥瓷。"①贡师泰《谢吴景文送菊》:"缥瓷傍几案,彻夜散幽馥。"②这些"缥瓷"是否青白瓷的一种叫法还值得讨论。

二

约在20世纪20年代,关于宋元时期景德镇青白瓷器的称呼,出现了两种说法。

刘子芬《竹园陶说》(成书于1925年)载:"近来出土之器甚多,有一种碗碟,质薄而色白,微似定,市肆中人呼为'映青',以其釉汁微带青色也。据言出自江西,为宋时所制。其沿口之际,均有釉痕一道,或即前人所谓南定窑欤?"③这是将宋代青白瓷称为"映青"的最早的瓷学文献。《竹园陶说》之前的文献,如寂园叟《陶雅》(《匋雅》)(按作者自序,书成于光绪丙午即1906年)④、许之衡《饮流斋说瓷》⑤(1924年上海朝记书庄首次印刷),有多处提及"影青"及"隐青"。《陶雅》的记载主要有如下几条。

1. 雍正小瓶,色似白非白,镌有暗螭,灯下辄露异光,所谓影青(一作隐青)者也。
2. 以刀刻画花纹于未经糊釉之先,阳文为凸雕,阴文为

---

① (宋)宋庠:《元宪集》卷三(《钦定四库全书》本)。
② (元)贡师泰:《玩斋集》卷一(《钦定四库全书》本)。
③ 刘子芬:《竹园陶说·八 杂说》,《生活与博物丛书·器物珍玩编》,上海古籍出版社,1993年,第104页。
④ (清)陈浏著,赵菁编:《匋雅》,金城出版社,2011年,第54、76、106、186页。
⑤ 许之衡著:《饮流斋说瓷》,《生活与博物丛书·器物珍玩编》,第14、21页。

平雕，隐于瓷质之内，而瓷质极薄者，上釉之后内外皆平，以手指按摩之故不能觉也。若向日光或灯光照之，始见花纹，则谓之影青。

3. 明瓷青花笔筒，往往凹雕一围填以影青。画笔工致无款识，瓶觚亦然。

4. 雍正粉彩之仿成化者，其盘碟之属，类皆中央藻缋，四周空白且于空白内雕有影青螭虎。

《饮流斋说瓷》的记载，主要有如下几条。

1. 影青固甚薄之瓷也，乃有瓷质厚仅能一面影出青色雕花者，此则名为隐青。盖雕花后微傅以青色，再加釉汁云尔。制亦始于明代云。

2. 素瓷甚薄，雕花纹而映出青色者，谓之影青。

3. 永乐影青一种，瓷质极薄，暗雕龙花，表里可以映见花纹，微观青色，故曰影青。决非永乐，乃嘉靖瓷，而书永乐款者。亦有雍窑，书永乐款。

《饮流斋说瓷》一书，深受《陶雅》影响，两书所载之"影青""隐青"，是指明清瓷器而言，且均指其雕花之后的效果，并不是对宋元景德镇瓷器的称呼。"影青""隐青""映青"读音极为近似，所谓"市肆中人"，应是受到成书较早的《陶雅》之影响，将宋代景德镇青白瓷器称为"映青"。

《竹园陶说》之后，在相当长一段时间中，"影青"成为宋元时期以景德镇窑为代表的南方窑场青白瓷产品的常见称谓。陈万里在他的一系列论著中①，都使用这个概念。他还专门撰文，指出《岛夷志略》《陶记》等文献里提到的青白瓷器，是指元明青花而言，与"影青"没有关系②。1959年出版的《景德镇陶瓷史稿》认为，"影青"是景德镇自己的创造，而影青的特点是"瓷质极薄，釉似白而青，暗雕花纹，内外都可以映见"③，仍是《陶雅》《饮流斋说瓷》认识的延续。

20世纪20年代以来，日本学界往往使用"青白瓷"而非"影青"来称呼景德镇的青白瓷器，岛田贞彦的《考古学讲座》④、小山富士夫的《宋磁》⑤都是如此。1953年出版的辽代帝陵报告《庆陵》⑥，多处使用"青白瓷""景德镇窑青白瓷片"这种叫法。李文信受此影响，也把辽境内出土的景德镇产品称为"青白瓷器"⑦。

三

"青白瓷"取代"影青"，成为目前古陶瓷学界最为常用的称谓，似要归因于1982年出版的《中国陶瓷史》，书中冯先铭撰写了"景德镇

---

① 陈万里：《景德镇几个古代窑址的调查》，《文物参考资料》1953年第9期。陈万里：《1949～1959年对于古代窑址的调查》，《文物》1959年第10期。
② 陈万里：《我对"青白磁器"的看法》，《文物》1959年第6期。
③ 江西省轻工业厅陶瓷研究所编：《景德镇陶瓷史稿》，生活·读书·新知三联书店，1959年，第66页。
④ ［日］岛田贞彦：《考古学讲座》第3卷《古坟》，雄山阁，1928，第167页。关东厅博物馆编：《关东厅博物馆陈列品图谱》，1925年，图26。
⑤ ［日］小山富士夫：《宋磁》，聚乐社，1943年。
⑥ ［日］田村实造、小林行雄：《慶陵：東モンゴリアにおける遼代帝王陵とその壁畫に關する考古學的調查報告》，座右宝刊行会，1953。中译本见李彦朴等译：《庆陵——内蒙古辽代帝王陵及其壁画的考古学调查报告》，内蒙古大学出版社，2016年，第280、324、336页。
⑦ 李文信：《辽瓷简述》，《文物参考资料》1958年第2期。

与青白瓷窑系"一节①。作为第一部系统、完整的现代学术意义上的陶瓷史，该书影响巨大而深远。早在20世纪60年代，冯先铭就使用"青白瓷"这一概念②，70年代后期，他进一步阐释了"青白瓷"定名的文献依据、"青白瓷"出现的动因等重要问题③。冯先铭指出，《梦梁录》《都城纪胜》《诸蕃志》《陶记》中提及的"青白瓷"就是宋元时人对于景德镇主流产品的称谓，他引用清代蓝浦《景德镇陶录》关于"假玉器"的记载以及李清照《醉花阴》词句，认为景德镇青白瓷的出现，意在模仿青白玉的质感效果。其实宋人已将景德镇瓷器比作玉器，洪迈（1123~1202年）《容斋随笔》所言"浮梁巧烧瓷，颜色比琼玖"④，前引彭汝砺《鄱阳集》所记"浑然美璞"，都是例证。不过，比作玉并不意味着景德镇瓷器的釉色就是青白色，蒋祈《陶记》中说"饶玉"就是"洁白不疵"。冯先铭认为李清照《醉花阴》词"玉枕纱厨，半夜凉初透"中的玉枕，指的就是色质如玉的青白瓷枕，也是视一般为特殊，把宋人的文学化描述当作了具体的事物。且不说唐宋时期确有实用的玉枕⑤，即使是瓷枕，也有可能是河南青瓷或吴地生产（不排除是越窑产

---

① 中国硅酸盐学会编：《中国陶瓷史》，文物出版社，1982年，第264页。
② 冯先铭：《新中国陶瓷考古的主要收获》，《文物》1965年第9期。
③ 冯先铭：《我国宋元时期的青白瓷》，《故宫博物院院刊》1979年第3期。冯先铭：《综论我国宋元时期"青白瓷"》，载中国硅酸盐学会编：《中国古陶瓷论文集》，文物出版社，1982年，第203页。
④ （宋）洪迈著，孔凡礼点校：《容斋随笔》卷四"浮梁陶器"条，中华书局，2005年，第58页。"彭器资尚书文集有《送许屯田诗》，曰：'浮梁巧烧瓷，颜色比琼玖。因官射利疾，众喜君独不。父老争叹息，此事古未有。'注云：'浮梁父老言，自来作县不买瓷器者一人，君是也。作饶州不买者一人，今程少卿嗣宗是也。'惜予不载许君之名"。
⑤ （宋）薛居正：《旧五代史》卷一〇七，中华书局，1976年，第1404、1405页。"有燕人何福殷者，以商贩为业。尝以钱十四万市得玉枕一，遣家僮及商人李进卖于淮南"。（宋）佚名撰，燕永成点校：《中兴两朝编年纲目》卷四《高宗皇帝》，凤凰出版社，2018年，第174页。"伪齐刘豫徙汴时……时西京奉先营卒卖玉枕，疑非民间物，鞫之，知得于山陵"。

品）。张耒《谢黄师是惠碧瓷枕》写道："巩人作枕坚且青，故人赠我消炎蒸。持之入室凉风生，脑寒发冷泥丸惊。"[①]李纲《吴亲寄瓷枕、香炉颇佳，以诗答之》："远投瓦枕比琼瑜，方暑清凉惬慢肤。莹滑色侵蕲竹簟，玲珑光照博山炉。便便何必书为笥，栩栩方将蝶梦吾。枕上片时聊适志，黄粱未熟到东吴。"[②]宋人吟咏"玉枕"，大概强调的是其沁凉的体感，即苏轼所言"玉枕冰寒消暑气"[③]，或苏庠所说"水榭风微玉枕凉"[④]，而非枕的颜色。

有学者认为南方"青白瓷"就是"白瓷"[⑤]，或用"南方白瓷"的称谓替代"青白瓷"[⑥]，这些提法忽视了"青白瓷"与"白瓷"（如定窑白瓷）之间存在或多或少的釉色差异，也容易与皖南赣东北等地区晚唐五代创烧期的白瓷相混淆。尽管从前面的文献分析，宋元人有可能称呼青白瓷为"白瓷"，但"青白瓷"这一概念早已为学术界普遍接受和使用，其内涵也相当明晰，就没有另起新名的必要了。

---

① （宋）张耒：《张右史文集》卷一二（《四部丛刊》景旧抄本）。
② （宋）李纲：《李纲全集》（上），岳麓书社，2004年，第92页。
③ （宋）苏轼：《东坡乐府》卷三《蝶恋花·玉枕冰寒消暑气》，古典文学出版社，1957年。
④ （宋）曾慥辑：《乐府雅词》卷五收录苏庠《浣溪沙·书虞元翁书》（《粤雅堂丛书》本）。
⑤ 周丽丽：《关于南方青白瓷即白瓷的讨论》，载上海博物馆编：《中国古代白瓷国际学术研讨会论文集》，上海书画出版社，2005年，第118～126页。
⑥ 李家治主编：《中国科学技术史·陶瓷卷》第十章《南方白釉瓷的兴起——景德镇窑和德化窑白釉瓷》，科学出版社，1998年。李颖翀：《南方白瓷与"青白瓷"产品定名的再探讨》，《中原文物》2020年第6期。

定州花瓷琢红玉
——定州红瓷还是其他

> 潞公煎茶学西蜀，定州花瓷琢红玉。
> （北宋）苏轼《试院煎茶》

北宋神宗熙宁四年（1071年），苏轼出任杭州通判，次年监试杭州科场，《试院煎茶》一诗即作于此期间。诗中写道：

> 蟹眼已过鱼眼生，飕飕欲作松风鸣。蒙茸出磨细珠落，眩转绕瓯飞雪轻。银瓶泻汤夸第二，未识古人煎水意。君不见昔时李生好客手自煎，贵从活火发新泉。又不见今时潞公煎茶学西蜀，定州花瓷琢红玉。我今贫病常苦饥，分无玉碗捧蛾眉。且学公家作茗饮，砖炉石铫行相随。不用撑肠挂腹文字五千卷，但愿一瓯常及睡足日高时。[①]

这首著名的茶事诗，为陶瓷史留下了一段公案。"定州花瓷琢红玉"一句的具体含义，自南宋至清代的苏诗注家们都没有给出明确的答案，古陶瓷界均认同其指定州瓷器，所作的5种不同的解读，可以概括为定

[①]（宋）苏轼：《东坡七集》卷三，清光绪重刊明成化刻本。以下引苏轼诗，均据此版本。

窑红瓷说、定窑白瓷红色茶汤说、定窑白瓷及玻璃茶盏说、木炭瓷铫说以及定瓷坚硬可试真玉说。虽说"诗无达诂",文学作品毕竟不是说明文般客观翔实的记事,但其中牵涉到的具体的"物",还是应该回归到作品的时代背景与语境,结合考古发现,作较为贴切的诠释。本文拟对诸说逐一辨析,并对较具合理性的定窑红瓷说作进一步论证。

一、定窑白瓷红色茶汤说辨析

此说1936年由日本学者中尾万三提出[①],他认为《试院煎茶》诗中"今时潞公煎茶学西蜀"的西蜀茶法乃中唐陆羽旧法,《茶经》里记载"邢州瓷白,茶色红",以定州白瓷盛西蜀茶法的茶汤,则茶色红,故可用雕琢的红玉来形容。不过,宋人以茶色白为贵(甚至以茶色绿为不可理解),即使是西蜀之茶,文献记载其色或白或绿,而无茶色红的记载。范镇(1007~1088年)《东斋记事》写道:

> 蜀之产茶凡八处,雅州之蒙顶、蜀州之味江、邛州之火井、嘉州之中峰、彭州之堋口、汉州之杨村、绵州之兽目、利州之罗村。然蒙顶为最佳也。其生最晚,常在春夏之交。其芽长二寸许,其色白,味甘美,而其性温暖,非他茶之比……其次罗村,茶色绿,而味亦甘美。[②]

---

① [日]中尾万三:《支那陶磁と茶の關係に就て》,《やきもの趣味》1936年第3卷第8期。谢明良认为此说有一定道理。见谢明良:《"定州花瓷琢红玉"非定窑红瓷辨》,载氏著:《陶瓷手记——陶瓷史思索和操作的轨迹》,石头出版,2008年,第143~149页。
② (宋)范镇:《东斋记事》卷四(《守山阁丛书》本)。

定州花瓷琢红玉　47

南宋吴曾《能改斋漫录》记："茶之贵白，东坡能言之。独绵州彰明县茶色绿。"[1]胡仔（1110～1170年）《苕溪渔隐丛话》记："范文正公诗云，黄金碾畔绿尘飞，碧玉瓯中翠涛起。茶色以白为贵，二公皆以碧绿言之，何邪？"[2]至于西蜀煎茶的特点，是加入姜、盐，而与茶色无关。邹浩（1060～1111年）《次韵仲孺见督烹小团》诗："方欲事烹煎，姜盐以为使（自注：蜀人煎茶之法如此）。"[3]苏轼诗《寄周安孺茶》："姜盐拌白土，稍稍从吾蜀。"《次韵周穜惠石铫》记："姜新盐少茶初熟，水渍云蒸藓未干。"另一首《和蒋夔寄茶》写道："老妻稚子不知爱，一半已入姜盐煎。人生所遇无不可，南北嗜好知谁贤。"王十朋（1112～1171年）对此诗的注释也说："师姜盐煎茶，亦蜀中旧俗。"[4]因此，无论从西蜀煎茶之法，还是从茶汤颜色，文潞公（文彦博）都不太可能如中尾万三所言复原出300多年前陆羽煎茶所获得的丹红之色。

二、定窑白瓷及玻璃茶盏说

谢明良认为"定州花瓷琢红玉"是将定窑白瓷器与红色玻璃茶盏对举。他根据苏东坡的《药玉盏》诗，推测"红玉"为红色的玻璃茶盏可能性较大[5]。虽然玻璃（琉璃）器在宋代文献中记载颇多，但作为饮食器

---

[1] （宋）吴曾：《能改斋漫录》卷十五《方物》，上海古籍出版社，1960年，第438页。
[2] （宋）胡仔：《苕溪渔隐丛话》前集卷四十六引《三山老人语录》，人民文学出版社，1962年，第313页。
[3] （宋）邹浩：《邹忠公集》卷三（明成化六年刻本）。
[4] （宋）王十朋：《增刊校正王状元集注分类东坡先生诗》卷十三，据元代建安刻本重印，文物出版社，2018年。
[5] 《"定州花瓷琢红玉"非定窑红瓷辨》，《陶瓷手记——陶瓷史思索和操作的轨迹》，第143～149页。

具的玻璃器，都是饮酒或馔食时使用（更多的是用来盛放香水）。《皇宋十朝纲要》记："先是蔡京尝以大食国琉璃酒器献皇太子。"[1]陆游诗《凌云醉归作》："玻璃春满琉璃钟（自注：玻璃春，眉州酒名），宦情苦薄酒兴浓。"[2]孟元老《东京梦华录》载："吾辈入店，则用一等琉璃浅棱碗，谓之'碧碗'，亦谓之'造羹'，菜蔬精细，谓之'造齑'，每碗十文。"[3]苏轼诗中"规摹定州瓷"的"药玉"器，即使被谢明良解释为铅玻璃，也应是酒杯或酒船。虽然程大昌（1123～1195年）《演繁露》记载"番琉璃"（外国玻璃），"虽百沸汤注之，与瓷银无异，了不损动"[4]。但以玻璃为茶盏，既不符合宋人饮茶习惯，在宋代文献中也找不到蛛丝马迹。

三、木炭、瓷铫说

此说近年由白杨、霍成伟提出，认为红玉是燃烧的木炭，花瓷应是定窑白釉"茶铫"[5]。虽然窑址发掘中出土过宋代瓷铫，但文献并无这一时期瓷铫的记载。宋人煎茶重石铫，李纲（1083～1140年）《石铫》诗："谁刳苍玉事煎烹，形制深宽洁且轻。羼沸未看浮蟹眼，飕飀先听起

---

[1] （宋）李埴：《皇宋十朝纲要》卷十七《徽宗》（《六经堪丛书》本）。
[2] （宋）陆游著，钱仲联校注：《剑南诗稿》卷四，上海古籍出版社，1985年，第314页。
[3] （宋）孟元老：《东京梦华录》卷四，《丛书集成初编》本，商务印书馆，1936年，第85页。
[4] （宋）程大昌：《演繁露》卷三："东坡作《药玉盏》诗曰：'熔铅煮白石，作玉真白欺。'东坡谓'煮'，即穆传之所谓'铸'，颜氏之谓'销冶'者也。然中国所铸，有与西域异者。铸之中国，则色甚光鲜，而质则轻脆，沃以热酒，随手破裂。至其自海舶者，制差朴钝，而色亦微暗，其可异者，虽百沸汤注之，与磁银无异，了不损动，是名'番琉璃'也。"（《学津讨原》本）
[5] 白杨、霍成伟：《新解"定州花瓷琢红玉"》，《中国港口》2020年增刊第2期。

松声。龙头豕腹徒嘲诮,铁涩铜腥费挈擎。多病文园苦消渴,煮泉瀹茗正须卿。"[1]张至龙《题白沙驿》:"山泉酿酒力偏重,石铫煎茶味最真。"[2]苏轼本人也是推崇石铫的,他的《次韵周穜惠石铫》写道:"铜腥铁涩不宜泉,爱此苍然深且宽。蟹眼翻波汤已作,龙头拒火柄犹寒。"且《试院煎茶》诗本身就言明"砖炉石铫行相随",怎么可能会用瓷铫呢?另此说谓"琢"字形容"瓷铫"年长日久受炭火的炙烤,"琢"字这一新鲜用法,在宋代文献中实在找不出类似的例子。

四、定瓷坚硬可试真玉说

谢明良首倡此说[3],此后刘毅[4]、申献友[5]也都表达了相近的意见。主要依据是苏轼本人的一段记载:"今世真玉至少,虽金铁不可近,须沙碾而后成者,以为真玉矣,然犹未也。特珉之精者,真玉须定州瓷芒所不能伤者乃是。尝问后苑老玉工,亦莫知其信否。"[6]不过《试院煎茶》通篇都在讲茶事,中间忽然转到以瓷器试真玉,如果不是苏东坡借此委婉地宣示"试玉要烧三日满,辨材须待七年期"(白居易诗《放言五首》)的试院选材原则,不是他在曲折地表达其反对王安石新法的"莫嗟天骥逐羸牛,欲试良玉须猛火"(苏轼诗《送蔡冠卿知饶州》)的意志,则不免显得突兀,与整体诗意扞格。

---

[1] (宋)李纲:《梁溪集》卷二十二(《钦定四库全书》集部别集类)。
[2] (宋)陈起辑:《江湖小集》卷十八(《钦定四库全书》集部总集类)。
[3] 谢明良:《"定州花瓷琢红玉"非定窑红瓷辨》,《大陆杂志》第74卷第6期,1987年。
[4] 刘毅:《"定州花瓷琢红玉"辨》,《收藏家》1995年第2期。
[5] 申献友:《谈定窑红瓷》,《文物春秋》2000年第4期。
[6] (宋)苏轼:《东坡志林》卷十一(《学津讨原》本)。

五、定窑红瓷说

陶瓷专书将"定州花瓷琢红玉"解释为定窑红瓷，较早的为嘉庆年间成书的《景德镇陶录》："东坡《试院煎茶》诗云：'定州花瓷琢红玉。'蒋记云：'景德镇陶器，有饶玉之称，视真定红瓷足相竞。'则定器又有红者，间造紫定、黑定，然惟红、白二种，当时尚之。"[1] 1982年出版的《中国陶瓷史》亦持此论[2]。前列一至四诸说，都是对此论的质疑。其实早在南宋时期，就已有人将"定州花瓷琢红玉"理解为定窑红瓷器。白玉蟾（1134~1229年）《茶歌》："蟹眼已没鱼眼浮，飕飕松声送风雨。定州红玉琢花瓷，瑞雪满瓯浮白乳……东坡深得煎水法，酒阑往往觅一呷。"[3]明代王世贞（1526~1590年）诗"徐闻蟹眼吐清响，陡觉雀舌流芳馨。定州红瓷玉堪妒，酿作蒙山顶头露"[4]，明末清初顾景星（1621~1687年）诗"更夸定瓷红琢玉，汉文园令渴胜饥"[5]，也都是相同的意思。而南宋许开（1172年进士）《水仙花》诗"定州红花瓷，块石艺灵苗。方苞出水仙，厥名为玉霄"[6]，更是定窑红色花瓷的明确记载。因此，苏轼"定州花瓷琢红玉"诗句，与邵伯温（1055~1134年）《邵

---

[1] （清）蓝浦撰，郑廷桂补辑：《景德镇陶录》卷六《镇仿古窑考》，载傅振伦：《景德镇陶录详注》，书目文献出版社，1993年，第76页。
[2] 中国硅酸盐学会：《中国陶瓷史》，文物出版社，1982年。
[3] （宋）白玉蟾：《上清集》卷三（《道藏·洞真部》之《修真十书》）。
[4] （明）王世贞：《弇州续稿》卷十一《醉酒轩歌为詹翰林东图作》（《钦定四库全书》集部别集类）。
[5] 顾景星《初夏竹坞看内子烹阳羡茶和子瞻韵》诗，（清）陈维崧辑，刘文和点校：《箧衍集》卷八，安徽师范大学出版社，2015年，第159页。
[6] 此诗收入（宋）陈景沂：《全芳备祖》前集卷二十一，《中国农学珍本丛刊》本，农业出版社，1982年，第636页。

氏闻见录》[①]、南宋周辉《清波杂志》[②]、蒋祈《陶记》[③]相似,都应是定窑红釉瓷器的文献证据。

　　从陶瓷工艺技术的角度来说,中国古代瓷器的红釉和红彩,只有铁红、铜红和金红三种[④],金红出现于清代康熙时期,铜红釉、彩试烧于唐代长沙窑,北宋未有实物发现,金代钧釉瓷器上较多使用了铜红,元代景德镇窑始烧造出成熟的铜红釉和釉里红。以铁为着色剂的矾红彩(红绿彩)出现于金代晚期,而矾红釉明代才普遍出现。从陶瓷工艺以及考古发现两个角度来说,北宋定窑的红瓷,都难以与高温的铜红(钙釉系统)、低温的铁红(矾红,铅釉系统)相联系。宋人言之凿凿的定州红瓷、红花瓷,如果不是偶然窑变的高温铜红,则应从这一时期包括定窑在内的北方窑场普遍烧造的高温铁系酱釉瓷器中寻找线索。

　　北宋蔡襄(1012~1067年)《茶录》记载:"(茶盏)茶色白,宜黑盏,建安所造者绀黑,纹如兔毫,其坯微厚,熁之久热难冷,最为要用。出他处者,或薄或色紫,皆不及也。"[⑤]梅尧臣(1002~1060年)说"兔

[①]　(宋)邵伯温著,李剑雄、刘德权点校:《邵氏闻见录》卷二:"仁宗一日幸张贵妃阁,见定州红瓷器。帝怪曰:'安得此物?'妃以王拱辰所献为对。帝怒曰:尝戒汝勿通臣僚馈遗,不听何也?因以所持柱斧碎之。妃愧谢,久之乃已。"中华书局,1983年,第13页。
[②]　(宋)周辉著,刘永翔校注:《清波杂志校注》卷四:"辉出疆时,见房中所用定器,色莹净可爱。近年所用,乃宿泗近处所出,非真也。饶州景德镇,陶器所出,于大观间窑变,色红如朱砂,谓荧惑躔度临照而然。物反常为妖,窑户亟碎之。时有玉牒防御使,年八十余,居于饶,得数种,出以相示,云:'比之定州红瓷器,色尤鲜明。'"中华书局,1994年,第155页。
[③]　蒋祈《陶记》:"景德陶,昔三百余座。埏埴之器,洁白不疵。故鬻于它所,皆有饶玉之称。其视真定红瓷、龙泉青秘,相竞奇矣。"《陶记》收录于康熙《浮梁县志》卷四,未题撰者时代,刘新园《蒋祈〈陶记〉著作时代考辨》(《景德镇陶瓷》1981《陶记》研究专刊)认为成书于南宋中晚期,今从其说。
[④]　张福康:《中国古陶瓷的科学》,上海人民美术出版社,2000年,第107页。
[⑤]　(宋)蔡襄:《茶录》,《生活与博物丛书·饮食起居编》,上海古籍出版社,1993年,第17页。

毛紫盏自相称"[①]；刘敞（1019～1068年）说"银瓶拨醅酒，紫碗双井茶"[②]；张耒（1054～1114年）说"朝凉已觉饭有味，紫碗新茶如泼乳"[③]；苏轼提到"银瓶泻油浮蚁酒，紫碗铺粟盘龙茶"[④]。这些记载提示，"出他处者"的紫色瓷盏，虽然比不上建窑盏，但也属北宋时期广泛使用的茶器。这里的紫色，显然不是康熙后期才出现的以金红和钴蓝配置而成的标准的紫色釉[⑤]，而是指酱釉而言。至于定窑酱釉瓷器，其色调差异很大，除大多数为较浅的酱黄色外，还有酱红、酱紫等，并存在大量的窑变现象[⑥]。故宫博物院1950年调查涧磁村定窑址时，采集到的酱釉标本中有的就呈现红色[⑦]。这种红釉定器，是烧造酱釉时偶然形成的，所以《清波杂志》才说它不及景德镇窑变如朱砂的红瓷色泽鲜明，但在当时来说，仍属罕见的珍奇之物，否则王拱辰怎么可以拿它来贡献张贵妃呢？

---

① （宋）梅尧臣：《宛陵先生文集》卷五十六《次韵和永叔尝新茶杂言》(《四部丛刊续编》本）。
② （宋）刘敞：《公是集》卷十二《过圣俞饮》，《丛书集成初编》本，商务印书馆，1937年。
③ （宋）张耒：《柯山集》卷二十七《曹辅》《丛书集成初编》本）。
④ 苏轼诗《兴龙节侍宴前一日微雪与子由同访王定国小饮清虚堂》。
⑤ 《中国古陶瓷的科学》，第85页。
⑥ 穆青：《定瓷艺术》，河北教育出版社，2002年，第154页。
⑦ 《中国陶瓷史》，第236页。

汝州瓷冶灰久寒
——汝瓷札记三则

> 汝州瓷冶灰久寒，寿成宸翰犹龙鸾。
> （元）王逢《汝瓷觯引同张耘老
> 薛古心倪自明三遗叟赋有序》

一、"点茶三昧须饶汝"与汝窑

惠洪（1071～1128年）是北宋晚期享誉禅林的诗僧，其诗文集《石门文字禅》收录了一首《无学点茶乞诗》："政和官焙来何处，雪后晴窗欣共煮。银瓶瑟瑟过风雨，渐觉羊肠挽声度。盏深扣之看浮乳，点茶三昧须饶汝。鹧鸪斑中吸春露，□□□□□□。"[1]诗中提到的"饶汝"，自1959年《景德镇陶瓷史稿》[2]以来，往往被古陶瓷研究者视为饶州（景德镇）、汝州（宝丰清凉寺）窑瓷器[3]。这一认识值得商榷。

---

[1] （宋）释惠洪撰，周裕锴校注：《石门文字禅校注》卷八，上海古籍出版社，2021年，第1323页。

[2] 江西省轻工业厅陶瓷研究所编：《景德镇陶瓷史稿》，生活·读书·新知三联书店，1959年，第70页。

[3] 周丽丽：《关于汝窑窑场性质的讨论》，载中国古陶瓷研究会编：《中国古陶瓷研究》第七辑，紫禁城出版社，2001年，第32页。熊寥、熊微编著：《中国陶瓷古籍集成》，上海文化出版社，2006年，第162页。谢明良：《北宋官窑研究现状的省思》，原载《故宫学术季刊》2010年第4期，后收入氏著：《陶瓷手记2——亚洲视野下的中国陶瓷文化史》，石头出版，2012年，第196页。孙新民：《汝窑研究的回顾与展望》，中国古陶瓷学会（转下页）

北宋禅林中名号"无学"者有二,一是惠洪《禅林僧宝传》所记保宁玑禅师的自号[①],不过这个无学禅师政和八年(1118年)卒年八十三,年长惠洪36岁,大概不会向其"乞诗",惠洪虽为之作传,但文献未见其与保宁玑禅师交往的明确记载[②]。另一个"无学"为惠洪《五慈观阁记》所记龙舒禅鉴大师[③]。建炎元年(1127年)十二月,惠洪游蕲州五慈观阁,无学在场,周裕锴认为无学点茶乞诗事即发生在此时此地[④]。从"乞诗"及无学尊称惠洪为"老师"来看,惠洪的身份地位要高于无学。

"三昧",按照宋人程大昌的说法:"释氏语也,言其去缠缚而自在也。"[⑤]"点茶三昧"也作"点茶三昧手",苏东坡"道人晓出南屏山,来试点茶三昧手"[⑥]、晁补之"老谦三昧手,心得非口诀"[⑦]、杨万里"须

(接上页)编:《汝窑瓷器与鲁山窑瓷器研究》,故宫出版社,2017年,第6页。秦大树:《汝窑的考古资料释读及生产体制探讨》,《华夏考古》2020年第3期。

① (宋)释惠洪:《禅林僧宝传》卷三十《保宁玑禅师》:"禅师名圆玑……政和五年,易保宁为神霄,即日退庵于城南。八年九月示微疾,二十二日浴罢,说偈而逝。阅世八十有三……赞曰:玑雅自号无学老,而书偈于所居之壁曰:无学庵中老,平生百不能。忖思多幸处,至老得为僧。"(《钦定四库全书》本)

② 许顗(字彦周)曾从保宁玑禅师参禅学道,惠洪与许彦周交往颇多,《禅林僧宝传》关于保宁玑禅师的行迹,当得自于许彦周。详参周裕锴:《宋僧惠洪行履著述编年总案》,高等教育出版社,2010年,第270页。

③ 《石门文字禅》卷二百一十五《五慈观阁记》:"余与双峰祖印禅师仲宣来游,遂登是阁。晚望淮山,万叠自献,雪尽苍然……龙舒禅鉴大师无学犯众而言曰:'阁成而老师适至,似非苟然,愿为记之。'余曰:'唯。'建炎元年十二月记。"《石门文字禅校注》,第3364页。

④ 《石门文字禅校注》卷八,第1324页。

⑤ (宋)程大昌:《雍录》卷四《学士出入禁门》(《钦定四库全书》本)。

⑥ (宋)苏轼:《苏东坡全集》卷二十六《南屏谦师妙于茶事,自云得之于心,应之于手,非可以言传学到者。十月二十七日闻轼游寿星寺,远来设茶,作此诗赠》:"道人晓出南屏山,来试点茶三昧手。忽惊午盏兔毫斑,打作春瓮鹅儿酒。天台乳花世不见,玉川风腋今安有?东坡有意续《茶经》,会使老谦名不朽。"

⑦ (宋)晁补之:《鸡肋集》卷六《次韵苏翰林五日扬州石塔寺烹茶》:"老谦三昧手,心得非口诀。谁知此间妙,我欲希超绝。"(《四部丛刊初编》本)

烦佛界三昧手,拈出茶经第二泉"[1]等诗句,均描述了点茶时得心应手的诀窍或境界。"鹧鸪斑"是宋代建窑生产的与兔毫盏齐名的黑釉瓷器,陶毅《清异录》:"闽中造盏,花纹鹧鸪斑,点试茶家珍之。"黄庭坚《满庭芳》词:"研膏浅乳,金缕鹧鸪斑。"既然三昧是点茶的境界或诀窍,且诗已经写明点茶的茶盏是鹧鸪斑,那么这种境界为何又必须通过饶州或汝州的瓷茶具才能达到呢?因此,将"饶汝"解读为茶具,是不合文意逻辑的。与其胶柱鼓瑟,将"须饶汝"理解为具体的茶具,莫不如说是释惠洪的自誉之辞,即在点茶的妙趣方面上,我还是饶(让)汝(你,即无学)几分的。"汝不见南泉曰:'饶汝十成,犹较王老师,一线道也,大难。'"[2]"根机饶我三千倍,纯熟输君一百筹"[3]。惠洪著述中的这些习惯表达,也诠释了"须饶汝"的本意。

北宋末期点茶瓷盏固然推崇建窑黑釉,但并不是如蔡襄所言"其青白盏,斗试家自不用"[4]。时人提到"江南双井,用鄱阳白薄盏点鲜为上"[5],鄱阳白薄盏即景德镇青白瓷无疑。从惠洪"定花磁盂何足道,分尝但欠纤纤捧"[6]诗句来看,定窑花瓷也用于点茶。但这并不能说明"须饶汝"与汝瓷有关。《石门文字禅》问世以来,流传颇广,明清人论及汝窑及汝瓷者甚多,却竟无一人将《无学点茶乞诗》的"饶汝"释为汝

---

[1] (宋)杨万里:《诚斋集》卷二十九《惠泉分茶示正孚长老》:"须烦佛界三昧手,拈出茶经第二泉。"(《四部丛刊初编》本)
[2] 《禅林僧宝传》卷一《抚州曹山本寂禅师》。
[3] 《石门文字禅校注》卷十五《了翁谪廉欲置华严托余将来以六偈见寄其略曰杖头多少闲田地挑取华严入岭来次韵寄之》,第1356页。
[4] (唐)陆羽著,宋一明译注:《茶经译注(外三种)》,上海古籍出版社,2016年,第101页。
[5] (宋)李廌:《济南集》卷四(《钦定四库全书》本)。
[6] 《石门文字禅校注》卷四《郭祐之太尉试新龙团索诗》,第618页。

窑或汝瓷[1]，这当然不能归因于明清人的孤陋寡闻或谨慎，而是他们没有强作解人产生文本误读而已。

二、元人笔下的汝窑瓷器

元人关于汝窑瓷器虽然只有3处记载，但对于深化汝窑的内涵弥足珍贵。

1. 汝瓷觯（花瓶）

《汝瓷觯引同张耘老薛古心倪自明三遗叟赋有序》："汝州瓷冶灰久寒，寿成宸翰犹龙鸾。黄金为相号曰觯，酒面细缊旧花气。我尝酹月江动摇，故人掀髯把风袂。君不见周鼎迁，秦缶歇。露盘倾，唾壶缺。呜呼，髯分死，愤嫉尸。乡之翁，得珍物。亲朋交欢劝酬密，席端泪落哀慵笔。"引前序文写道："觯，本宋高皇寿成殿花瓶，御书遗刻尚在，既破而工人裁为觯。故人某购得之，数出以宴予，后某以愤卒。觯今见于他氏，感叹不足，形诸短引。"[2]

王逢（1319～1384年）的时代，北宋汝窑早已烟消云散，故王逢有"汝州瓷冶灰久寒"之叹。南宋宫中使用的汝瓷花瓶流散民间，因其破损并改制为酒器觯，可能还加上了黄金的镶口（黄金为相）。花瓶应有"寿成殿"的刻铭，否则王逢不能对其来源言之凿凿。寿成殿为宋孝宗赵昚皇后谢氏所居殿名。《宋史》："寿皇圣帝（孝宗）崩，遗诰改重华宫为慈福宫，建寿成皇后殿于宫后，以便定省。"[3]时在宋光宗绍熙五年（1194

---

[1] 前引《石门文字禅》的校注本中，也未将饶汝分解为饶、汝作为专有名词注释。
[2] （元）王逢：《梧溪集》，《全元诗》，中华书局，2013年，第362、363页。
[3] （元）脱脱等撰：《宋史》卷三十六《光宗本纪》，中华书局，1977年，第709页。

年）。《宋史》又记："皇帝诣寿成殿，寿成皇后出阁升坐。"[1]故宫博物院藏汝窑盘，底刻"寿成殿皇后阁"[2]，英国维多利亚与阿尔伯特博物馆藏有汝窑"寿成殿"款盏[3]，杭州还出土过刻"寿成殿"字样的汝窑青瓷罗汉碗[4]。此外，台北故宫博物院藏定窑白瓷盘[5]以及杭州万松岭路出土的南宋官窑盘[6]上，也都刻有"寿成殿"款。这些传世及考古出土材料表明了南宋宫廷用瓷的取向。寿成殿用瓷之外，杭州恭圣仁烈皇后宅遗址[7]以及杭州东南化工厂遗址[8]（南宋都亭驿故址）也都发现了汝窑瓷器残片。不过，南宋宫中用瓷刻铭很多，应出自匠人之手，不会像王逢所说的属"御书遗刻"。

2. **汝瓷鸭炉**

汝瓷鸭炉亦见于王逢的诗《陪宴周伯温左丞、刘君楚侍郎，是日席上出汝瓷鸭炉焚香，因赋以简二公》，其应指宝丰清凉寺汝窑遗址出土的鸭形盖香炉[9]。类似的鸭形香炉盖子，在南宋郊坛下官窑遗址也发现过[10]。

---

[1] 《宋史》卷一三九《乐十四》，第3273页。
[2] 故宫博物院编：《汝瓷雅集：故宫博物院珍藏及出土汝窑瓷器荟萃》，故宫出版社，2015年，第76页。
[3] ［英］柯玫瑰：《英国维多利亚阿尔伯特博物馆的一件汝窑盏托》，《中国古陶瓷研究》第七辑，第109页。
[4] 吕成龙：《试论汝窑瓷器的特点及相关问题》，《汝窑瓷器与鲁山窑瓷器研究》，第140页。
[5] 台北故宫博物院：《定窑白瓷特展图录》，1987年，第16、49页。
[6] 唐俊杰：《汝窑、张公巷窑与南宋官窑的比较研究——兼论张公巷窑的时代及性质》，载故宫博物院编：《官窑瓷器研究》，故宫出版社，2015年，第205页。
[7] 杭州市文物考古所：《南宋恭圣仁烈皇后宅遗址》，文物出版社，2008年，彩版四三。
[8] 邓禾颖：《南宋早期宫廷用瓷及相关问题探析——从原杭州东南化工厂出土瓷器谈起》，《东方博物》第42辑，浙江大学出版社，2012年。
[9] 河南省文物考古研究所：《宝丰清凉寺汝窑》，大象出版社，2008年，第94页。
[10] 中国社会科学院考古研究所、浙江省文物考古研究所、杭州市园林文物局：《南宋官窑》，中国大百科全书出版社，1996年，彩版四。

"砚润闲蟾滴,香残冷鸭炉"[1],"晴日满窗凫鹥散,巴童来按鸭炉灰"[2],"雨歇鸣鸠树,薰销睡鸭炉"[3]等诗词,表明宋代鸭炉是习见的形制。

3. 汝州瓷

黄玠《忆昔行》诗中写道:"忆昔侠家全盛日,江左数州无亚匹。黄金横带虎作符,尽斥民居为第室。长腰细米光照人,自给不求归老秩。春陵石几汝州瓷,一席万钱犹俭率。"[4]春陵石指今湖南耒阳与常宁界河——春陵河一带出产的奇石。宋人杜绾《云林石谱》记载:"耒阳县土中出石,磊硊巉岩,大小不等。石质稍坚,一种色青黑,一种灰白,一种黄而斑,四面奇巧,扣之无声,可置几案间,小有可观。"[5]胡寅《谢人惠春陵石山》:"何人蹙缩九疑山,叠映公家几砚间。"[6]黄玠的诗,以奇石、汝瓷极言宴席奢侈,可以看出汝窑瓷器在元人心目中的地位。

三、汝窑瓷器的后世流传

御用汝瓷是在民汝的基础上发展起来的,因宫廷的介入改变了生产性质。御用汝瓷的烧造时段一般认为在宋哲宗至徽宗时期[7],也有学者进一步限定为徽宗政和宣和间[8]。烧造时间短,且其使用范围主要是宫廷,故汝瓷的传世及窑址外的考古发现数量均较少。北宋时期窑址外汝瓷的

---

[1] (宋)陆游:《剑南诗稿》卷五十七《衰疾》(《摛藻堂四库全书荟要》本)。
[2] (宋)范成大著,富寿荪标校:《范石湖集》卷十八《西楼秋晚》,上海古籍出版社,2006年。
[3] (宋)黄庭坚:《山谷集》外集卷十四《再次韵戏赠道夫》(《钦定四库全书》本)。
[4] (元)黄玠:《弁山小隐吟录》卷二(《文渊阁四库全书》本)。
[5] (宋)杜绾:《云林石谱》卷上《耒阳石》(《知不足斋丛书》本)。
[6] (宋)胡寅:《斐然集》卷三(《钦定四库全书》本)。
[7] 《宝丰清凉寺汝窑》。
[8] 秦大树:《汝窑的考古资料释读及生产体制探讨》,《华夏考古》2020年第3期。

发现，目前见于报道的仅有汝州市区[①]、宝丰大营镇蛮子营村窖藏[②]以及叶县文集遗址[③]。关于北宋灭亡后汝瓷的流传，可从以下两个时段进行讨论。

1. 南宋、金时期

宋室南渡时若干汝窑瓷器或被携至临安，继续为宫廷使用，从前述传世及杭州出土"寿成殿"款等汝窑瓷器可见一斑。绍兴二十一年（1151年）权臣张浚一次即进奉汝瓷15件[④]，或是"供御拣退方许出卖"[⑤]的商品。南宋临安市贾所编的《百宝总珍集》提到汝窑瓷器"高庙在日晒（煞）直钱，今时押眼看价例"[⑥]，可见此时汝瓷已进入古玩宝物的行列。

金人对于汝瓷的记载，仅见于赵秉文《汝瓷酒尊》一诗："秘色创尊形，中泓贮酴醾。缩肩潜蜿蜒，蟠腹涨青宁。巧琢晴岚古，圆瑳碧玉莹。银杯犹羽化，风雨慎缄扃。"[⑦]俄罗斯滨海地区金代晚期（东夏）遗址出土的2片天青釉瓷器，经科技检测与清凉寺汝窑瓷器成分、结构相同[⑧]。这2片残片，不排除是清凉寺一带金初仍烧造所谓"类汝瓷"，也有

---

① 河南省文物考古研究所：《河南汝州市区古代遗址发掘简报》，《华夏考古》2000年第3期。
② 赵青云、王黎明：《河南宝丰发现窖藏汝瓷珍品》，《华夏考古》1990年第1期。
③ 王龙正、王利彬：《南水北调工程叶县文集遗址》，载国家文物局主编：《2007年中国重要考古发现》，文物出版社，2008年。
④ （宋）周密：《武林旧事》卷九《高宗幸张府节次略》，《景印文渊阁四库全书》本，台湾商务印书馆，1986年。
⑤ （宋）周煇撰，刘永翔校注：《清波杂志校注》卷五，中华书局，1994年，第213页。
⑥ （宋）佚名等著：《百宝总珍集（外四种）》，载顾宏义主编：《宋元谱录丛编》，上海书店出版社，2015年，第60页。
⑦ 阎凤梧、康金声主编：《全辽金诗》，山西古籍出版社，1999年，第1341页。
⑧ Weidong Li, etc, "Provenance identification of the high-fired glazed wares excavated from the Late Jin Dynasty (Dong Xia State) sites in Russia's Primorye Region". *Journal of Archaeological Science: Reports* (21) 2018.

可能是金人大掠北宋宫廷战利品之孑遗。此外，韩国济州岛元堂寺（该寺13世纪后半破败）也出土过一件北宋汝窑天青釉器底①，其流传的路径更是难以推定。

2. 元明清时期

元代关于汝瓷，仅有器形（花瓶、鸭炉）及刻款（寿成殿）的记载。明代鉴藏古物之风大兴，所谓"周鼎、商彝、秦铊、汉鉴、唐盉、宋锦、汝瓷、宣窑，可致之宝，骈至叠出，钻求于四方而售高价于东南"②，"窑则柴、汝最贵"③。明人笔下的汝瓷器形，有花瓶④、蒲芦大壶、碟子⑤、托杯⑥、酒盏、鼎⑦、枕⑧等。明代文人关于汝瓷的诸多

---

① ［韩］金英美：《论韩国济州发现的中国瓷器与汝窑青瓷》，载故宫博物院陶瓷研究所编：《故宫博物院九十华诞汝窑学术研讨会论文集》，故宫出版社，2020年，第314页。
② （明）孟一脉：《急救时弊以崇圣德以图万世治安疏》，载（明）吴亮辑：《万历疏钞》卷一《圣治类》（万历三十七年刻本）。
③ （明）张谦德：《瓶花谱·品瓶》（《丛书集成初编》据《宝颜堂秘笈》本）。
④ （明）徐渭：《徐文长逸稿》卷八《画插瓶梅送人》："冰碎古瓶何太酷，顿教人弃汝州窑。"（明天启三年刻本）（清）王士禛《香祖笔记》卷十二："徐渭《墨芍药》一轴，甚奇恣，上有自题云：'花是扬州种，瓶是汝州窑。注以东吴水，春风锁二乔。'字亦怪丑。"（《钦定四库全书》本）
⑤ （明）高濂：《遵生八笺》卷十四："汝窑，余尝见之。其色卵白，汁水莹厚如堆脂，然汁中棕眼隐若蟹爪，底有芝麻花细小挣钉。余藏一蒲芦大壶，圆底，光若僧首，圆处密排细小挣钉数十，上如吹埙收起。嘴若笔帽，仅二寸直槊向天。壶口径四寸许，上加罩盖，腹大径尺，制亦奇矣。又见碟子大小数枚，圆浅瓮腹，磬口泐足，底有细钉，以官窑较之质制滋润。"（《钦定四库全书》本）
⑥ （明）张应文：《清秘藏》卷下："窑器则汝窑托杯一。"（《芋园丛书》本）
⑦ （明）袁中道：《珂雪斋前集》外集卷十："张尔保处见李唐山水一幅，汝窑酒盏一、鼎一，如绿玉三代物也，新购得，直三百六十金。官窑炉一，其直亦二百金。"（万历四十六年刻本）
⑧ （明）王尚䌹：《苍谷全集》卷六《咏古枕》："古枕，汝窑瓷，马子得之土中，质素古雅……而书古词一阕，想为落花赋者，笔迹词意近代所鲜。"传世汝器及汝窑发掘均未发现瓷枕，且此枕上刻古词，怀疑不是汝窑产品。《四库未收书辑刊》本，北京出版社，1997年。

细节描述（如釉的颜色、釉的质感、开片纹路、芝麻支钉等）应来自对汝瓷实物的细致观察，这也说明了汝瓷在明代的流传情况。清代汝窑瓷器多被罗致宫中，乾隆皇帝对这些瓷器有特殊的兴致，亲自作诗歌咏[1]。从查慎行《将出都门感怀述事上泽州冢宰陈公一百韵》"好古兼金石，搜奇及鼎彝。异香黎峒结，秘色汝州磁"[2]的记载，可见清人对于汝瓷的搜求。查慎行、高士奇等人的诗词中，也都留下了关于汝窑花觚[3]、汝窑胆瓶[4]的记载。至于《红楼梦》中提及的"汝窑美人觚"[5]"斗大的汝窑花囊"[6]"汝窑盘子"[7]，属于寄寓荣华富贵的小说家言，不能作为汝窑瓷器的实物例证。

---

[1] 余佩瑾：《乾隆皇帝的汝窑鉴赏观及识别历程》，《故宫博物院九十华诞汝窑学术研讨会论文集》，第369～382页。
[2] （清）查慎行：《敬业堂诗集》卷十一（《钦定四库全书》本）。
[3] （清）高士奇《归田集》卷十一《汝窑花觚》："谁见柴窑色，天青雨过时。汝州瓷较似，官局造无私。粉翠胎全洁，华腴光暗滋。指弹声戛玉，须插好花枝。"《四库未收书辑刊》本，北京出版社，1997年。
[4] （清）查慎行：《敬业堂诗集》卷五十《一剪梅·瓶梅》："短短寒梅剪剪荗。记手栽时，到手攀时，花开先报白头知。不取繁枝，只拣疏枝。竹几芦帘相对宜，可有霜欺，还怕冰欺。胆瓶就火与频移。非定州瓷，即汝州瓷。"
[5] （清）曹雪芹：《红楼梦》第三回《托内兄如海荐西宾　接外孙贾母惜孤女》。
[6] 《红楼梦》第四十回《史太君两宴大观园　金鸳鸯三宣牙牌令》。
[7] 《红楼梦》第二十七回《滴翠亭杨妃戏彩蝶　埋香冢飞燕泣残红》。

累墙瓷隐辚
——说北宋宜阳窑

> 累墙瓷隐辚，开径石槎牙。
> 柴积高于阜，钧盘疾甚车。
> （北宋）范镇《叠石溪》

一

宋人邵伯温（1055～1134年）《邵氏闻见录》卷十一记："司马温公（司马光）居洛时……多游寿安山，买屋瓷窑畔，为休息之地。"[1] 熙宁四年（1071）司马光判西京留司御史台[2]，始卜居洛阳，寄情山水，与范镇（字景仁）等人游历唱和。《温国文正公文集》卷一三记司马光作有《新买叠石溪庄再用前韵招景仁》诗，其《早春寄景仁》诗云："叠石溪上春，茅茨卜筑新。"叶梦得（1077～1148年）《避暑录话》卷二记："司马温公作独乐园，朝夕燕息其间。已而游嵩山叠石溪而乐之。复买地于旁，以为别馆。"[3] 可知瓷窑畔的司马光别居，就在叠石溪边。邵雍

---

[1] （宋）邵伯温撰，李剑雄、刘德权点校：《邵氏闻见录》卷十一，中华书局，1983年，第117页。
[2] （宋）李焘撰，上海师范大学古籍整理研究所、华东师范大学古籍整理研究所点校：《续资治通鉴长编》卷二二八，中华书局，1986年，第5560页。
[3] （宋）叶梦得：《避暑录话》卷上，《丛书集成初编》本，中华书局，1985年，第28页。

（1012～1077年）《伊川击壤集》卷五《九日登寿安县锦幈（屏）山下宿邑中》诗云："并辔西游叠石溪……"诗后自注："叠石溪在县南五六里。"①北宋寿安县治即今宜阳县城，城南锦屏山，藻水穿此山北流，注入洛河。20世纪70年代调查发现的二里庙等瓷窑遗址②，均在宜阳县城南数里的藻水或其支流两侧，正与前面关于"叠石溪""瓷窑畔"的文献记载相契合。

范镇与司马光唱和的诗篇③，更进一步透露了叠石溪沟谷内瓷窑的生产细节等内容。如范镇《叠石溪》诗：

昨旦愁风色，今朝喜日华。从容下官道，迤逦见人家。盛服缘崖看，焚香满路遮。樵柯成市井，陶穴乃生涯。春石声相应，沉泥处或（疑为"成"）洼。累墙瓷隐辚，开径石槎牙。柴积高于阜，钧盘疾甚车。自非秦世避，谁道舜风遐？拄杖逢山斗，回舆值水斜。远林行翠凤，幽隧转青蛇。泉眼思搴藻，云头望采花。仰身书叠壁，平坐挹飞霞。有景殊难纪，兹游信可夸。君如别业就，后会故无差。

另一首《和光》（即和司马光的诗）：

溪边有村落，未始识纷华。去县只数里，居民逾百家。山腰荒径转，谷口翠微遮。老木纷无际，重峦浩莫涯。力穷

---

① （宋）邵雍：《伊川击壤集》卷五（《四部丛刊初编》景明成化本）。
② 河南省文物研究所：《河南宜阳窑调查简报》，载文物编辑委员会编：《中国古代窑址调查发掘报告集》，文物出版社，1984年，第318～325页。
③ （宋）司马光：《温国文正公文集》卷十二（《四部丛刊初编》景宋绍兴本）。

才到顶，势尽复成洼。不定云烟色，难名草木牙。泥钧罗比屋，涧石载连车。

诗后自注："谷中多瓷窑，土人自女几涧采石载来，卖之为油。"

前述诗中的"舂石"无疑指粉碎瓷石原料而言；"沉泥"是指淘洗、沉淀粉碎之后的瓷石（故形成洼坑）；"樵柯""柴积"当指砍伐、堆放烧窑之柴木；"钧盘""泥钧"显系拉坯成型的陶车。当时宜阳窑瓷器制烧的工序，于此可窥其大概。女几涧，即女几山的山涧。王存《元丰九域志》卷一《西京河南府》记寿安县有锦屏山、女几山[1]。女几山在宜阳县城西南90里。用来配釉（宋代文献常以"油"指代"釉"，如周煇《清波杂志》记汝窑"内有玛瑙末为油"[2]等）的瓷石采自不同的地点，且为土人售卖给瓷窑，在一定程度上说明了制瓷手工业的生产关系。"舜风遐"当是诗人对"舜陶于河滨"的即景联想。"谷中多瓷窑""累墙瓷隐鏻"则说明了瓷器生产具有较大规模。范镇的这两首诗，形象地记述了"去县只数里"的宜阳窑生产盛况，是反映北宋制瓷手工业发展颇为重要的文献，应该引起古陶瓷研究者的关注。

二

《大明一统志》载："瓷，陕州及登封、宜阳二县出。"[3]清康熙《宜阳县志》记："德应侯庙，在县西三里。宋熙宁感德军守臣以水旱祷应

---

[1] （宋）王存撰，魏嵩山、王文楚点校：《元丰九域志》卷一，中华书局，1984年，第5页。
[2] （宋）周煇撰，刘永翔校注：《清波杂志校注》卷五，中华书局，1994年，第213页。
[3] （明）李贤等撰：《大明一统志·上》卷二十九，三秦出版社，1990年，第500页。

状闻，诏庙封侯爵享祀。崇宁六年复修。今废无考。一在半壁山。"[1]乾隆十二年《宜阳县志》内容与之相同[2]。刊布宜阳窑考古调查资料的刘建洲先生，根据乾隆时期《宜阳县志》，认为宜阳德应侯庙建于北宋熙宁年间（1068~1077年），早于元丰七年（1084年）所立的耀州窑德应侯碑[3]。叶喆民先生也持此说[4]。但这大概是个错误的认识。北宋太平兴国元年（976年）改感义军为感德军，节度耀州华原郡，其下县七：华原、富平、云阳、同官、美原、淳化、三原[5]。此建制北宋时期没有变化，感德军守臣显然管辖不到西京河南府的寿安县，更谈不上在此诏庙封（德应）侯。耀州窑德应侯碑记："熙宁中，尚书郎阎公作守华原郡，粤明年，时和政通，奏土山神封德应侯，贤侯上章，天子下诏，黄书布渥，明神受封，庙食终古。"[6]《宋会要辑稿》"土山神祠"条载："土山神祠，在同官县。神宗熙宁八年六月封德应侯。"[7] 据此可知，耀州窑所在地同官县之德应侯封祀的确切时间为熙宁八年（1075年）。按《宋会要辑稿·礼二〇》的记载，宋代诸山封侯者甚众，然封为德应侯者，仅同官县土山一处，故应为北方窑神祭祀之嚆矢。康熙《宜阳县志》所记

---

[1] （清）申明伦纂修：《宜阳县志》卷二《建置》，国家图书馆藏清康熙三十年刻本。
[2] （清）王道成、周洵修，汪坚纂：《宜阳县志》卷二《建置》，国家图书馆藏清乾隆十二年刻本。
[3] 河南省文物研究所：《河南宜阳窑调查简报》，《中国古代窑址调查发掘报告集》，第325页。
[4] 叶喆民：《中国陶瓷史（增订版）》，生活·读书·新知三联书店，2011年，第306页。
[5] （宋）李攸：《宋朝事实》卷十八，商务印书馆，1935年，第286页。（宋）欧阳忞著，李勇先、王小红校注：《舆地广记》卷十四，四川大学出版社，2003年，第388~391页。《元丰九域志》卷三，第111、112页。（元）脱脱等撰：《宋史》卷八七《地理志三》，中华书局，1977年。
[6] 陕西省考古研究所：《陕西铜川耀州窑》，科学出版社，1965年，附录第62页。
[7] （清）徐松辑，刘琳、刁忠民、舒大刚等点校：《宋会要辑稿·礼二〇》，上海古籍出版社，2014年，第1034页。

"宋熙宁感德军守臣以水旱祷应状闻，诏庙封侯爵享祀"，实为叙述熙宁八年同官封德应侯之事。宜阳德应侯庙之修建，亦应在该年之后、崇宁六年（崇宁只有五年，崇宁五年为1106年。县志云崇宁六年有误）重修之前。方志所记此庙，与耀州窑德应侯碑、修武当阳峪窑崇宁四年《怀州修武县当阳村土山德应百灵庙记》碑，都反映了北宋后期北方地区陶瓷手工业中窑神崇拜的情况[①]。

三

根据以上文献分析，宜阳窑至迟在宋神宗熙宁（1068～1077年）初就已开始较大规模地烧造瓷器，瓷窑集中分布于县南数里锦屏山之阳叠石溪（今藻水）畔。20世纪五六十年代，陈万里先生在研究汝窑、耀州窑青瓷时，多次关注到宜阳窑，但并未实地调查[②]。1973、1977年河南省博物馆、故宫博物院等单位对宜阳窑进行了考古调查[③]，在藻水支流从二里庙村到三里庙村见有长约2公里的瓷业堆积（图一）。此外，在锦屏山、红窑村、县城西关也有窑址分布[④]。1985～1986年河南省文物研究所对西关的西街窑址进行了发掘，面积320平方米，揭露作坊1处、馒

[①] 刘毅：《陶瓷业窑神再研究》，《文物》2010年第6期。
[②] 陈万里：《汝窑的我见》，《文物参考资料》1951年第2期。陈万里：《中国青瓷史略》，上海人民出版社，1956年。陈万里：《中国陶瓷史上存在着的问题》，《文物》1963年第1期。
[③] 中国硅酸盐学会：《中国陶瓷史》，文物出版社，1982年，第256、257页。河南省文物研究所：《河南宜阳窑调查简报》，《中国古代窑址调查发掘报告集》，第318～325页。叶喆民：《考察河南窑址记略·刻印青瓷的其他著名产地——内乡窑与宜阳窑》，《中国文物报·收藏鉴赏周刊》2002年1月16日第5版。
[④] 赵青云：《河南陶瓷史》，紫禁城出版社，1993年，第172页。国家文物局：《中国文物地图集·河南分册》，中国地图出版社，1991年，第137页。

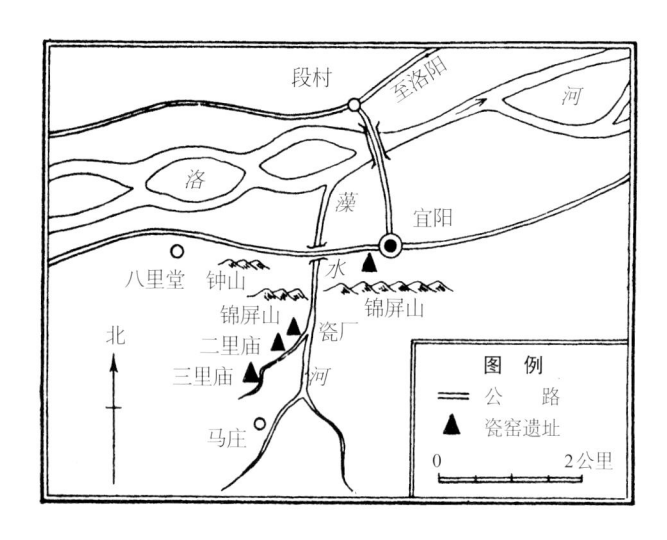

图一　宜阳窑址分布

头窑3座、葫芦形窑4座，出土大量瓷器及窑具[1]，遗憾的是，这次发掘的资料迄未全面刊布。目前宜阳窑瓷器集中披露于前述调查简报以及《故宫博物院藏中国古代窑址标本·河南卷·下》[2]和《河南古代瓷窑》[3]两本图录中（以下插图，均采自此二图录）。

从有限的发表资料可以看出，宜阳窑（二里庙窑、西街窑）的陶瓷器品种有青釉、白釉、黑（酱釉）、黄釉、低温三彩等，器形以碗、盏、盘多见，另有盆、瓶、枕等。青釉瓷器多以模印、刻划菊花、牡丹等植物装饰（图二），有些碗的内底，还印有"吴""同""吉""和""刘""思"

---

[1] 赵志文：《宜阳县西街宋代瓷窑遗址》，《中国考古学年鉴·1987》，文物出版社，1988年，第192页。
[2] 故宫博物院古陶瓷研究中心：《故宫博物院藏中国古代窑址标本·河南·下》，紫禁城出版社，2005年，第377～385页。
[3] 孙新民、赵文军、郭木森：《河南古代瓷窑》，台湾历史博物馆，2002年，第167～181页。

图二　宜阳窑青瓷

等作坊名号。白瓷均为化妆白瓷，素白瓷外，胎装饰者有划花、珍珠地划花、印花（图三），彩装饰者有白地黑花（图四）等，其中一件白瓷碗内底印"酒"字。黑釉有油滴、兔毫等结晶釉产品以及黑釉凸白线纹装饰瓷器（图五）。这些都与河南中西部的诸多窑场，如登封曲河[1]、鲁山段店[2]、临汝严和店[3]、新安城关[4]等具有鲜明的共性[5]。因资料尤其是发

---

[1] 北京艺术博物馆：《中国登封窑》，中国华侨出版社，2014年。
[2] 河南省文物考古研究院、平顶山博物馆、鲁山县段店窑文化研究所：《鲁山段店窑遗珍》，科学出版社，2017年。
[3] 河南省文物考古研究所：《河南临汝严和店汝窑遗址的发掘》，《华夏考古》1995年第3期。
[4] 河南省文物研究所、新安县文化馆：《河南新安古窑址的新发现》，《中国古代窑址调查发掘报告集》，第339～351页。
[5] 秦大树：《宋元明考古》，文物出版社，2004年，第281、282页。

图三　宜阳窑素白瓷及胎装饰白瓷

图四　宜阳窑白地黑花瓷

图五　宜阳窑黑釉瓷

图六　宜阳窑黑釉酒瓶及参考图
1. 西街窑址出土　2. 洛阳赵思温夫妇合葬墓出土　3. 洛阳富直英墓出土

掘资料刊布的局限，宜阳窑瓷器的编年、分期条件尚不具备。黑釉凸白线瓷器[1]、白地黑花瓷器等表明该窑金、元时期仍维持烧造。划花白瓷、珍珠地划花白瓷[2]以及与耀州窑青瓷颇为类似的印花、刻划花青瓷，主要烧造于北宋时期。1985年西街窑址发掘出土黑釉梅瓶[3]（图六，1），是宜阳窑产品中时代属性最为显著的一件。此瓶腹部烧前刻"京西转运判官贡奉酒□□□"字样，形制与洛阳富直英墓[4]（1124年）（图六，3）、洛阳赵思温夫妇合葬墓[5]（赵思温葬于1096年，其夫人葬于1118年）（图

---

[1] 马萌萌：《黑釉凸白线纹瓷器初探》，《中国国家博物馆馆刊》2017年第2期。
[2] 刘涛：《珍珠地划花瓷器的类型与年代》，《中原文物》2002年第3期。秦大树：《论珍珠地划花装饰瓷器》，《中国登封窑》。
[3] 张柏主编：《中国出土瓷器全集·河南卷》，科学出版社，2008年，第148页。
[4] 洛阳市第二文物工作队：《富弼家族墓地》，中州古籍出版社，2009年，第35页。
[5] 洛阳市文物考古研究院：《洛阳宋代赵思温夫妇合葬墓发掘简报》，《洛阳考古》2014年第4期。

六，2）出土的酱釉梅瓶形制相近。北宋州县官监酒务,多由转运司主管[1]。转运司下属的转运判官,始设于宋太祖开宝五年（972年）[2]。神宗熙宁初,京西路转运司治所从许州徙至西京河南府[3]。北宋熙宁至宣和年间,先后任京西转运判官的有李南公、曾伉、唐义问、周纯、叶大方、李祐、史徽等十六人[4]。这件黑釉梅瓶,表明了宜阳窑在北宋熙宁之后,曾承担过为京西转运判官烧造盛贮贡奉酒之酒瓶的任务[5]。

---

[1] 李华瑞:《宋代酒的生产和征榷》,河北大学出版社,2001年,第138页。
[2] 《续资治通鉴长编》卷一三,第228页。宋太祖开宝五年七月,"命……太子中允许九言为判官。转运判官,自九言始也"。
[3] 王文楚:《北宋诸路转运司的治所》,《文史》第二十八辑,中华书局,1987年。
[4] 戴扬本:《北宋转运使考述》,上海古籍出版社,2007年,第220~228页。
[5] 《宋会要辑稿·食货一九·酒曲岁额》,第6391页。"西京官造曲如东京之制,及永宁……寿安……三乡、府店、费庄、曲河二十三务"。可知宜阳北宋时也是酒的产地之一。

定器、兔毫与青花
——说《水浒传》中的瓷器

《水浒传》是家喻户晓的古典文学名著,书中关于瓷器的记载,既是古陶瓷研究的辅助史料,也裨益于聚讼纷纭的《水浒传》成书年代的讨论。《水浒传》版本众多[1],本文所据为百回本中现存最早且最为可靠的万历三十八年(1610年)杭州容与堂刊刻《李卓吾先生批评忠义水浒传》[2]。这个刻本中提到的瓷器有定(锭)器、兔毫和青花三种。

一、定(锭)器

容与堂本《水浒传》有两处记载了定器。第四十五回《杨雄醉骂潘巧云 石秀智杀裴如海》记:"只见两个侍者捧出茶来,白雪锭器盏内,朱红托子,绝细好茶。"第七十二回《柴进簪花入禁院 李逵元夜闹东京》[3]记:"李师师邀请到一个小小阁儿里,分宾坐定,妳子侍婢,捧出珍异果子,济楚菜蔬,希奇按酒,甘美肴馔,尽用定器,拥一春台。"

《水浒传》这两回提到的"定(锭)器",应该是指定窑茶具和酒食具。河北曲阳定窑中晚唐创烧,宋金鼎盛,以白瓷极负盛名,宋人胡寅

---

[1] 侯会:《水浒传版本浅说》,《古典文学知识》1998年第4期。
[2] (明)施耐庵著:《水浒传》,人民文学出版社,1994年。
[3] 一百二十回本《水浒传》的第七十二回中,"定器"作"锭器"。见施耐庵、罗贯中著:《水浒传》,上海古籍出版社,2009年,第656页。

称颂"雪泛定州瓷"[1],金人刘祁赞誉"定州花瓷瓯,颜色天下白"[2],均是对《水浒传》"白雪锭器"的很好诠释。定窑元代衰落,旧定器数量虽多,但并未得到时人珍视。《至正直记》记:"至于定器、官窑又其多矣,皆未足珍贵也。前辈论者或有及于此,因记之。"又记:"尝议旧定器、官窑等物皆不足为珍玩,盖予真有所见也。"[3]明初成书的《格古要论》中,宋金定窑产品已经成为按古董估值定价的"古定器"了[4]。《水浒传》无论是元代成书、元末明初成书,还是明代中期成书,其关于"定器"的记载,均属于前朝器用的追忆描述。但是,将宋金元文献中无一例外所通称的"定器"写为"锭器",却留下明代烙印的蛛丝马迹。明陈继儒(1558~1639年)《妮古录》记:"余秀州买得白锭瓶,口有四组,斜烧成'仁和馆'三字,字如米氏父子所书。"[5]这里的"仁和馆"四系瓶(大量出土文物证实其为元代磁州窑产品[6]),曾被曲解为形如绕满纱线的纱锭一样的瓶子,与"定器"并无关涉[7]。不过,将《妮古录》与《水浒传》记载放在一起,可以推测,明代委实存在将"定器"写为"锭器"的情况。

二、兔　毫

容与堂本《水浒传》第四回《赵员外重修文殊院　鲁智深大闹五台山》记载五台山智真长老设茶款待赵员外及鲁智深,引了一首诗来赞那

---

[1] （宋）胡寅:《斐然集》卷一《用前韵示贾阁老》(《钦定四库全书》本)。
[2] （金）刘祁著,崔文印点校:《归潜志》卷八,中华书局,1983年,第91页。
[3] （元）孔齐:《至正直记》卷四《丛书集成初编》据《粤雅堂丛书》本)。
[4] （明）曹昭:《格古要论》卷下(《夷门广牍》本)。
[5] （明）陈继儒:《妮古录》卷四《丛书集成初编》据《宝颜堂秘笈》本)。
[6] 彭善国:《"仁和馆"四系瓶析疑》,《博物馆研究》1995年第2期。
[7] 张桂莲:《四系瓶相关问题探讨》,《文物》2003年第11期。

盏茶的好处:"玉蕊金芽真绝品,僧家制造甚功夫。兔毫盏内香云白,蟹眼汤中细浪铺。战退睡魔离枕席,增添清气入肌肤。仙桃自合桃源种,不许移根傍帝都。"①

这里提到的茶具兔毫盏,是福建建窑的结晶黑釉产品,也称兔毛盏、异毫盏等。北宋蔡襄《茶录》:"茶色白,宜黑盏,建安所造者,绀黑,纹如兔毫,其杯微厚,燲之久热难冷,最为要用。"②南宋祝穆《方舆胜览》(约成书于1239年)载:"兔毫盏,出瓯宁之水吉……然毫色异者土人谓之毫变盏,其价甚高,且艰得之。"③由福建博物馆藏底刻"雍熙"(984~987年)字样的建窑黑釉兔毫盏④来看,其约出现于北宋早期,但文献关于兔毫盏的记载均不早于北宋中晚期,北宋中晚期至南宋,是兔毫茶盏风行的时代。元代乃至明初偶有兔毫建盏使用的记载,姚燧(1238~1313年)《牧庵集》:"吴侯建碗倅紫铁,表里巍毫莹铺雪。每愁射日动精采,倒景过目睛电掣。人云煮茗何足道,黄金百炼终不裂。惠然持饷耽诗兄,供啜幽斋真一绝。"⑤杨朝英《朝野新声太平乐府》:"兔毫盏内新尝罢,留得余香在齿牙。一瓶雪水最清佳,风韵煞,到底属陶家。"⑥陶宗仪(1329~约1412年)《南村诗集》记:"建盏行茶沃兔毫。"⑦明代由于饮茶方式的改变,兔毫盏已经彻底退出

---

① 一百二十回本《水浒传》中无此诗。
② (宋)蔡襄:《茶录·器论》,《生活与博物丛书·饮食起居编》,上海古籍出版社,1993年,第13页。
③ (宋)祝穆:《方舆胜览》卷十一(《文渊阁四库全书》本)。
④ 叶文程、林忠干:《福建陶瓷》,福建人民出版社,1993年,第198页。
⑤ (元)姚燧:《牧庵集》卷三二《谢马希声处瓷香鼎》(《武英殿聚珍版丛书》本)。
⑥ (元)杨朝英:《朝野新声太平乐府》卷四《小令四·中吕宫·李德载所撰小令》(《四部丛刊初编》本)。
⑦ (元)陶宗仪:《南村诗集》卷三《雪中偶成次书庄叟韵》(汲古阁《元人十种诗》本)。

历史舞台[①]。

  《水浒传》中这首记载兔毫盏的诗,实际上完全脱胎于一首题为《大云寺茶诗》的作品:"玉蕊一枪称绝品,僧家造法极功夫。兔毛瓯浅香云白,虾眼汤翻细浪俱。断送睡魔离几席,增添清气入肌肤。幽丛自落溪岩外,不肯移根入上都。"清人编集《全唐诗》,将《大云寺茶诗》置于晚唐五代人吕岩(吕洞宾)名下[②],但其名下还有多首诗直接标明了"徽宗""熙宁元年""元丰中"等,且晚唐五代时期兔毫建盏尚未创烧,因此,《大云寺茶诗》应是误置于吕岩名下的宋元作品。

三、青 花

  "青花"见容与堂本《水浒传》第三十一回《武行者醉打孔亮　锦毛虎义释宋江》:"店主人却捧出一尊青花瓮酒来,开了泥头,倾在一个大白盆里。武行者偷眼看时,却是一瓮窖下的好酒,风吹过一阵阵香味来……武行者睁着双眼喝道:'你这厮好不晓道理!这青花瓮酒和鸡肉之类如何不卖与我?我也一般还你银子!'主人道:'青花瓮酒和鸡肉都是那二郎家里自将来的,只借我店里坐地吃酒。'"

  对于《水浒传》这段活色生香、活灵活现的描写,金圣叹赞叹有加,他评论道:"酒字上又加青花瓮三字,写得分外入耳","青花瓮外,又加写出一个大白盆,不惟其物,惟其器便已令人眼涎俟痒之极,况又实实清香滑辣耶!"[③]

---

① 明隆庆万历间人屠隆《考槃余事》卷四记:"宣庙时有茶盏,料精式雅,质厚难冷,莹白如玉,可试茶色,最为要用。蔡君谟取建盏,其色绀黑,似不宜用。"(《丛书集成初编》据《宝颜堂秘笈》本)
② (清)彭定求等编修:《全唐诗·吕岩三》,上海古籍出版社,1986年,第2101页。
③ (明)金圣叹著,罗德荣校注:《金圣叹批评本水浒传》,岳麓书社,2015年。

考古发现证实,以钴料为着色剂绘彩于透明釉下,高温一次烧成的青花瓷器,创烧于9世纪初的河南巩义窑,即所谓唐青花。唐青花发现甚少,流行时段很短,可谓昙花一现。直到14世纪30年代景德镇窑场再度兴烧元青花,其间存在近500年的空白。"青花"作为瓷器的专名,文献记载最早可以追溯到何时?古陶瓷界目前并无定论。一些学者认为成书于1349年的汪大渊(1339年出洋后回国)《岛夷志略》中的"青白花瓷器""青白花碗""青白花器"即指"青花瓷器",但也有学者持反对意见[1]。最近有人指出,《岛夷志略》的"青白花瓷器"应该断句为"青、白、花瓷器",既涵盖了釉色品种,又包括了花纹装饰[2]。可以明确的是,元代史料中并无"青花"这一专名[3]。

成书于宣德九年(1434年)的巩珍《西洋番国志》提到:"(爪哇国)国人最喜青花磁器并麝香、花绢、纻丝、硝子珠等货。"[4]约成书于正统元年(1436年)的费信《星槎胜览》更有多处提到"青花白磁器""青花磁器"[5],与近百年前汪大渊的记载已有显著不同,可见,"青花"这一专名最早出现于15世纪30年代,明代中晚期也已普及使用,这从一个侧面佐证了部分学者所持的《水浒传》成书于嘉靖初的主张[6]。至于认为

---

[1] 关于此问题的学术梳理参谢明良:《元代青花瓷备忘录》,载上海博物馆编:《幽蓝神采——2012年上海元青花国际学术研讨会论文集》第1辑,上海古籍出版社,2015年,第24页。
[2] 李颖翀:《南方白瓷与"青白瓷"定名的再探讨》,《中原文物》2020年第6期。
[3] 私人藏元至正六年瓷质买地券,载墓主舒英二葬于饶州路浮梁州以及"青花白釉磁""刻花白釉磁""红花白釉磁""白花红釉磁"等内容。详见施莉莎、蔡庆晖:《两方元代地券的考证与辨伪》,载黄云鹏主编:《元青花研究——景德镇元青花国际学术研讨会论文集》,上海辞书出版社,2006年。若此买地券为真,其中的"青花白釉磁"应即"青花瓷器"。
[4] (明)巩珍著,向达校注:《西洋番国志》,华文出版社,2017年,第13页。
[5] (明)费信著,冯承钧校注:《星槎胜览校注》,中华书局,1954年。
[6] 石昌渝:《〈水浒传〉成书年代问题再答客难》,《文学遗产》2007年第5期。

《水浒传》是最早记载青花瓷的典籍,甚至推测"青花瓮"是南宋时期的青花罐子[1],显属无稽之论。《水浒传》之外,明末成书的《禅真逸史》也有以青花瓮盛酒的记载[2]。

---

[1] 贾启舟:《推敲〈水浒〉青花瓮》,《元青花研究——景德镇元青花国际学术研讨会论文集》,第236页。
[2] (明)清溪道人著,江巨荣、李平校点:《禅真逸史》第二十九回《轩辕庙苏朴遭擒 延州府伏威遇弟》:"咱快活心胸,肉满春台酒满钟,直饮到昏钟动,倾几个青花瓮。嗏!醉了乐无穷。"上海古籍出版社,1990年,第463页。

贰

论器形

到头须扑破
——中国古代的陶瓷扑满

> 一等出钧陶,唯便儿女曹。
>
> (宋)韦骧《和扑满》诗

南宋人李曾伯《可斋杂稿》记录过一件有趣的事情:

> 士有赴科举者,多诣卜肆以讯得失。日者以陶器数百,古以为扑满者以待之。至者辄予其一曰:"先辈此举必巍,占今为始,日以一金置此器以为吾谢,露棘(布?)中者持元(原)器为酬,失意辄碎之。"而器中则大书一"落"字。[①]

这个日者(古代指占卜算命的人)可谓策略大师、狡黠透顶之人:中举者兴头之上,甘心情愿地奉上金钱;落第者落魄之余,心悦诚服地叹其卜准。这桩名利双收、稳赚不赔的买卖,关键的道具是陶扑满——除非打碎,否则无法知晓里面的内容——而卜者事前在所有的扑满中都写了一个"落"(落第之意)字。

扑满的这种别出心裁的妙用,当然只是个例。它的本来功能,就

---

① (宋)李曾伯:《可斋杂稿》卷二十三《跋皇甫相士》,《四库全书珍本初集》,商务印书馆,1935年。

是储钱的瓶罐，根据文献记载，出现于两千多年前的汉代。《西京杂记》记载："扑满者，以土为器，以蓄钱具，其有入窍而无出窍，满则扑之。"[1]考古发现的汉代陶扑满，为数不少[2]。河南洛阳烧沟西汉墓（M84）出土陶扑满[3]，保存完整，里面还有五铢钱20余枚。陕西兴平道常村出土西汉陶扑满，顶部戳印"日利千万"[4]，西北大学历史博物馆藏新莽时期陶扑满，盖顶印"宜（泉）"[5]，均以吉祥语加强扑满的蓄钱意义。陶瓷扑满上的穿孔，主要功能是便于投钱，同时也起到烧造时排气的作用。

扑满的雅称是䇞，东汉许慎《说文解字·缶部》："䇞，受钱器也。从缶后声。古以瓦，今以竹。"唐宋也用这个字，如北宋陈舜俞《杭州知府沈公生祠堂德政记》："市有恶钱，衢置大䇞而投之。不浃日积以千计。"[6]南宋项安世《次前韵戏高教授》："百年能几笑，莫作受钱䇞。"[7]用的更多的是由受钱器演化而来的"䇞筒"，即接受检举、告密材料的容器，类似今天的举报箱。贮钱的扑满，唐以后也称"藏瓶"，清代江南称为"积受罐"[8]。清人褚人获《坚瓠集》说："扑满，即今小儿积受罐。"[9]不过，扑满的使用者为儿童也见于宋人记载，韦骧《钱塘集》卷四《和扑满》

---

[1] （晋）葛洪撰，周天游校注：《西京杂记》卷五《邹长倩赠遗有道》，三秦出版社，2006年，第215、216页。
[2] 广州大元岗汉墓M3021陶罐内有五铢钱20枚，简报依据罐腹部有长条形穿孔且内有钱币定名为扑满。但此器短颈，口部较大且敞开，简报推测原应有器盖，如此则不是"有入窍而无出窍"，无需扑坏即可取钱，因此这件陶罐似不宜视为扑满。广州市文物管理委员会、广州市博物馆：《广州汉墓》，文物出版社，1981年，第280页，图版八四，10。
[3] 洛阳区考古发掘队编著：《洛阳烧沟汉墓》，科学出版社，1959年，第142页。
[4] 张文玲：《茂陵博物馆收藏的西汉吉语器》，《文物》2013年第7期。
[5] 西北大学文博学院考古专业编：《百年学府聚珍：西北大学历史博物馆藏品选》，文物出版社，2002年，第93页，图85。
[6] （宋）陈舜俞：《都官集》卷八（《钦定四库全书》集部别集类）。
[7] （宋）项安世：《平庵悔稿》卷七（《宛委别藏》本）。
[8] （清）朱骏声：《说文通训定声·需部第八》，武汉市古籍书店影印，1983年。
[9] （清）褚人获：《坚瓠集》八集卷三"扑满"条，上海文明书局印本。

诗:"一等出钧陶,唯便儿女曹。"①即为其证。此外,晚唐长沙窑瓷扑满上刻"李(里)有钱不得,是钱胡子也",将扑满称为"钱胡子"②,宋代文人往往称扑满为"悭囊"③,提示历史上各地或存在各种各样扑满的俗称。

  扑满虽是蕞尔之物,但善于譬喻的古人,却赋予了它教化的深刻内涵。《西京杂记》记载西汉时邹长倩赠给公孙弘刍(青草)一束、素丝一襚、扑满一枚④,各有寓意。生刍一束,其人如玉,意其要保持君子之德,不因贫贱而妄自菲薄;素丝一襚,意积少成多,积跬步方能以行千里;而"士有聚敛而不能散者,将有扑满之败",更具警示、训诫意义。新疆吐鲁番阿斯塔纳216号唐墓壁画上绘六屏式列圣鉴戒图⑤,其中一屏即画有一把青草、一捆素丝和一件扑满。唐人诗句:"只爱满我腹,争知满害身。到头须扑破,却散与他人。"姚元崇《扑满赋》所写"多藏必害""盈莫能久"⑥,陆游诗"痴人如扑满,多藏作身祟"(《醉眠》)、"钱

---

① (宋)韦骧:《钱塘集》卷四(《钦定四库全书》集部别集类)。
② 华菱石渚博物馆藏品,长沙窑编辑委员会编:《长沙窑·作品卷(贰)》,湖南美术出版社,2004年,第117页。
③ (宋)范成大:《石湖诗集》卷三《催租行》:"床头悭囊大如拳,扑破正有三百钱。"(《钦定四库全书》集部别集类)
④ 前引《西京杂记》卷五《邹长倩赠遗有道》:"公孙弘以元光五年为国士所推,上为贤良。国人邹长倩以其家贫,少自资致,乃解衣裳以衣之,释所着冠履以与之,又赠以刍一束、素丝一襚、扑满一枚,书题遗之曰:'夫人无幽显,道在则为尊。虽生刍之贱也,不能脱落君子,故赠君生刍一束。诗人所谓:"生刍一束,其人如玉。"五丝为䌰,倍䌰为升,倍升为䋰……扑满者,以土为器,以蓄钱具,其有入窍而无出窍,满则扑之。土,粗物也。钱,重货也。入而不出,积而不散,故扑之。士有聚敛而不能散者,将有扑满之败,可不诫欤?故赠君扑满一枚。猗嗟盛欤!山川阻修,加以风露。次卿足下,勉功成名。窃在下风,以俟嘉誉。'"
⑤ 张勋燎:《吐鲁番阿斯塔那216号唐墓壁画考释》,《中国史研究》1980年第4期。
⑥ (宋)李昉辑:《文苑英华》卷一百七姚元崇《扑满赋》:"大惟哲人,罔有败德,几杖攸诫,盘盂见勖,容止于镜则照穷,任重于才则道寒。多藏必害,常谨不忒。兹扑满之陶形,假埏埴以为灵,其中混沌,窍开分沉而以默,其外空蒙,忽合分炯而以青。藏镪符于神论,固叁同于道扃,谦以自守,虚而能受,奚初积而终散,竟出无而入有,乍若乎巨蚌(转下页)

能祸扑满"(《自贻》),都是借扑满来暗喻相同的人生哲理。不过,世俗的芸芸众生,日常大概并不理会什么"多藏必害"之类的谆谆告诫,"日利千万"才是他们梦寐以求的目标。长沙窑唐"会昌六年"铭文瓷扑满,底径和高度不过15厘米,上面的刻划文字却是"此瓶约成(盛)叁仟文"①,远远超过扑满容量的祈盼跃然器上。

考古发现的陶瓷扑满,以唐宋辽金元时期最为常见,造型差别不大,为上鼓下收的罐形。罐顶投钱的穿孔有1~3个不等,腹部或有圆孔,大概是用来观察贮钱数量的。2000年发掘的吉林前郭塔虎城,经考证为金代的肇州,元代沿用,城内发现11件陶扑满,4件出土于房址内,有一个房址(F405)居然出土了2件②。与汉代墓葬不同,宋元墓葬中极少发现陶扑满,似乎表明汉代扑满还有明器的性质。

考古材料表明,扑满除了作家庭储蓄外,还被寺院用来募施,类似现在的功德箱。唐代长沙窑一件瓷扑满上铁彩题写"施者善愿合家平安　扑满子",另一件湖南省博物馆藏品题写:"潭州准造道林寺慕主施二千五百人各舍钱一千文写大藏经五千卷经藏一函舍利塔一藏满即略施同福大中三年七月日僧疏言白。福德藏。"李建毛认为这是道林寺僧侣向长沙窑定烧的产品③,用于信众募捐。

(接上页) 全,满而则剖,不思乎亢龙之悔,盈莫能久,故君子永鉴。是式允执厥中,道不可以常泰,物不可以屡空。"
① 华菱石渚博物馆藏品,《长沙窑·作品卷(贰)》,第117页。
② 吉林省文物考古研究所、吉林大学边疆考古研究中心编,彭善国主编:《前郭塔虎城——2000年考古发掘报告》,科学出版社,2017年,第87、88页。
③ 李建毛:《唐长沙窑"大中三年"扑满考》,《湖南省博物馆馆刊》第17辑,岳麓书社,2022年,第411~416页。

圆池类璧水
——说隋唐时期的陶瓷辟雍砚

> 圆池类璧水，轻翰染烟华。
> 将军欲定远，见弃不应赊。
>   （唐）杨师道《咏砚》

一

陶瓷用作专门的文具，砚台似乎是最早的一类。陶胎自不必说，不施釉的涩瓷胎砚面也完全适合磨墨的要求，较之玉石、金属，陶瓷砚具有加工容易、材质低廉的比较优势，因此成为自汉代以来，尤其是六朝隋唐时期流行的砚类。拉坯成型既符合陶瓷工匠的制器习惯，又有利于批量生产，圆形砚自然也成了这一时期的主流形制，初唐宰相杨师道《咏砚》诗说"圆池类璧水，轻翰染烟华"[1]，是对此型砚台的生动描述。辟雍砚一名，始见于北宋初。苏易简（958～996年）《文房四谱》记："上圆下方，如圭如璧者，圆如盘而中隆起，水环之者谓之辟雍砚，亦谓分题砚。"[2] 米芾（1051～1107年）《砚史》记载："今杭州龙华寺收梁传大夫瓷砚台一枚，甚大，瓷褐色，心如鏊，环水如辟雍之制，

---

[1] （唐）徐坚：《初学记》卷二十一《文部》（《钦定四库全书》子部类书类）。
[2] （宋）苏易简：《文房四谱》卷三《砚谱（附水滴器）》，《生活与博物丛书·器物珍玩篇》，上海古籍出版社，1993年，第264页。

下作浪花擢环近足处,而磨墨处无瓷釉,然殊著墨。"①把砚台的形制,与行礼乐、宣教化的辟雍②联系在一起,是很符合推崇古礼的宋人做派的。

现代考古学上首次发现陶瓷辟雍砚,是在1937年发掘的河南安阳小屯隋墓,发掘者就其用来碾茶还是研墨展开了争论③。1952年中国科学院考古研究所发掘河南禹县白沙水库唐墓,于172号唐墓中出土多足淡黄釉器一件,简报最初称其为"瓷器座"④,后来发掘者陈公柔先生重新定名为瓷砚⑤。不过对陶瓷辟雍砚认知的隔阂,并非始于现代考古学家,与米芾同时代的王得臣(1036~1116年),对陶瓷辟雍砚就已经很陌生了。他的《麈史》记载过这样一件事情:

> 予友郭惟济君泽,居孝昌之青林。暑雨后,斜日射溪碛,焰有光。牧童掊取之,得一陶器。体圆、色白、中虚,径六七寸。一端隆起,下生轮郭。一端绕边列以齿,齿仍缺十六。以为枕也,不可用。忽得所安齿,距地酌水,于轮郭间隆起处可磨墨,甚良。方知古研容有陶者。君泽尝谓予曰:"柳公权云某州磁研为最佳。"予时年少,不能尽记,今追忆书之。

---

① (宋)米芾:《书史》(《百川学海》本)。
② (汉)班固:《白虎通义》卷四:"天子立辟雍何?所以行礼乐宣德化也。辟者,璧也,象璧圆,又以法天,于雍水侧,象教化流行也。"(《关中丛书》本)(汉)蔡邕:《明堂月令论》:"取其四面周水圆如璧,则曰辟雍。"(《汉魏遗书钞》二集)
③ 石璋如:《中国考古报告集之二·小屯》第一本《遗址的发现与发掘·内编》附录一"隋唐墓葬",历史语言研究所,2005年。申文喜:《隋瓷拾珍——安阳小屯隋墓出土瓷器精品》,《大众考古》2021年第5期。
④ 陈公柔:《白沙唐墓简报》,《考古通讯》1955年第1期。
⑤ 陈公柔:《白沙唐墓中出土的瓷砚》,《考古通讯》1955年第6期。

这件"绕边列以齿"的陶器，无疑就是六朝隋唐时期流行的陶瓷辟雍砚。

二

为便于展开讨论，兹将具有编年意义的隋唐墓葬出土的陶瓷辟雍砚列为下表。

表一　隋唐墓葬出土陶瓷辟雍砚一览表

序号	年代	出土单位	品种	尺寸（直径+高，单位：厘米）	砚足数量	插图
1	587年	河南安阳活水村韩邕墓[①]	青瓷	10.5+5	15	图一，1
2	590年	江西清江樟树镇黄金坑M8[②]	青瓷	13+3.8	5	
3	595年	山西太原隋斛律彻墓[③]	青釉	7.2+3.5		
4	600年	安徽亳县王干墓[④]	白瓷	高2.7	不详	
5	600年	江西吉水房后山M2[⑤]	青瓷	15.3+4.8	5	

---

① 安阳市博物馆：《安阳活水村隋墓清理简报》，《中原文物》1986年第3期。
② 江西省文物管理委员会：《江西清江隋墓发掘简报》，《考古》1960年第1期。
③ 山西省考古研究所、太原市文物管理委员会：《太原隋斛律彻墓清理简报》，《文物》1992年第10期。
④ 亳县博物馆：《安徽亳县隋墓》，《考古》1977年第1期。
⑤ 江西省文物考古研究所、吉水县博物馆：《江西吉水房后山隋代墓葬发掘简报》，《文物》2014年第2期。

续 表

序号	年代	出土单位	品种	尺寸（直径+高，单位：厘米）	砚足数量	插图
6	600年	江西吉水房后山M11①	青瓷	17.2+6.5	8	图一，8
7	605年	陕西西安南郊李裕墓②	白瓷	5.1+2.6	11	图二，1
8	607年	陕西西安长安张綝墓	灰陶	15+6	5	图一，2
9	608年	陕西西安南郊苏统师墓③	白瓷	13.6+5.8	16	图二，2
10	610年	郑州西郊郑仲明墓④	青瓷	20.7+7.5	8	图一，3
11	610年	湖南湘阴城关镇郊外墓⑤	青褐釉	18.3+4.8	10	图一，9
12	611年	江西清江岭西李法珍墓⑥	青瓷	9+3	5	
13	611年	江西清江洋湖中学熊谏墓⑦	青瓷	9.5+3	不详	
14	隋	河南安阳小屯1937 YM386	青瓷	12.6+5	27	图一，5

---

① 江西省文物考古研究所、吉水县博物馆：《江西吉水房后山隋代墓葬发掘简报》，《文物》2014年第2期。
② 陕西省考古研究院：《西安南郊隋李裕墓发掘简报》，《文物》2009年第7期。
③ 陕西省考古研究院：《西安南郊隋苏统师墓发掘简报》，《考古与文物》2010年第3期。
④ 郑州市文物考古研究院、首都师范大学历史学院：《隋代郑仲明墓发掘简报》，《中原文物》2015年第6期。
⑤ 熊传新：《湖南湘阴县隋大业六年墓》，《文物》1981年第4期。
⑥ 清江博物馆：《江西清江隋墓》，《考古》1977年第2期。
⑦ 清江博物馆：《江西清江隋墓》，《考古》1977年第2期。

续 表

序号	年代	出土单位	品种	尺寸（直径+高，单位：厘米）	砚足数量	插图
15	隋	河南安阳桥村隋墓①	青瓷	11.4+10.1	17	图一，4
16	隋	山东章丘城角头M465②	青瓷	26+9	24	图一，7
17	隋	山东兖州城郊乡旧关村墓③	青瓷	28+9	29	图一，6
18	隋	湖南长沙石马铺M1④	青瓷	12.2+4.3	5	
19	隋	湖南长沙隋墓M4⑤	青褐釉	14.7+4.2	5	图一，10
20	隋	湖北武汉M17⑥	青瓷	13+5.2	10	
21	638年	广西全州凤凰乡赵司仓墓⑦	青瓷	15.3+5	圈足	图三，4
22	641年	广西兴安县红卫村M1⑧	青瓷	17+8	8	图一，11

---

① 安阳市文物工作队:《河南安阳市两座隋墓发掘报告》,《考古》1992年第1期。
② 张柏主编:《中国出土瓷器全集·山东卷》,科学出版社,2008年,第67页。
③ 解华英、王登伦:《山东兖州发现一件隋代瓷砚》,《考古》1995年第9期。图版见《中国出土瓷器全集·山东卷》,第59页。
④ 长沙市文物考古研究所:《长沙石马铺隋代墓葬发掘简报》,《湖南省博物馆馆刊》第16辑,岳麓书社,2020年。
⑤ 湖南省博物馆:《长沙两晋南朝隋墓发掘报告》,《考古学报》1959年第3期。
⑥ 《中国出土瓷器全集·湖北卷》,第61页。
⑦ 广西壮族自治区博物馆、全州县文物管理所:《广西全州县发现纪年唐墓》,《考古》1987年第3期。
⑧ 李珍等:《广西兴安县红卫村发现纪年唐墓》,《考古》1996年第8期。

圆池类辟水

续 表

序号	年代	出土单位	品种	尺寸（直径+高，单位：厘米）	砚足数量	插图
23	643年	陕西礼泉长乐公主墓①	白瓷	31.5+9.4	25	图二，3
24	643年	辽宁朝阳蔡须达墓②	绿釉陶	5.8+2.4	13	图二，4
25	647年	江苏扬州隋炀帝萧后陵③	青瓷、三彩	青瓷25.6+7.3	19	图一，12
26	651年	福建永春城关镇金峰山M1④	青瓷	10.5+4	圈足	图三，2
27	655年	辽宁朝阳孙则墓⑤	绿釉陶	5.8+2.7	13	图二，6
28	664年	宁夏固原史索岩墓⑥	绿釉陶	6+2.6	9	图二，5
29	668年	陕西西安羊头镇李爽墓⑦	青瓷	11.5+3.5	16	

① 昭陵博物馆：《唐昭陵长乐公主墓》，《文博》1988年第3期。
② 辽宁省文物考古研究所、朝阳市博物馆：《辽宁朝阳北朝及唐代墓葬》，《文物》1998年第3期。
③ 南京博物院、扬州市文物考古研究所、苏州市考古研究所：《江苏扬州市曹庄隋炀帝墓》，《考古》2014年第7期。扬州市文物考古研究所：《广陵遗珍——扬州出土文物选粹》，江苏凤凰美术出版社，2018年，第118页。
④ 林存琪：《福建永春金峰山唐墓》，《福建文博》1983年第1期。《中国出土瓷器全集·福建卷》，第47页。
⑤ 朝阳市博物馆：《朝阳孙则墓发掘简报》，载辽宁省文物考古研究所、日本奈良文化财研究所编：《朝阳隋唐墓葬发现与研究》，科学出版社，2012年。
⑥ 罗丰编著：《固原南郊隋唐墓地》，文物出版社，1996年，第35页。
⑦ 陕西省文物管理委员会：《西安羊头镇唐李爽墓的发掘》，《文物》1959年第3期。

续 表

序号	年代	出土单位	品种	尺寸（直径+高，单位：厘米）	砚足数量	插图
30	671年	福建泉州河市公社墓①	青瓷	不详	3	
31	684年	湖北郧县李徽墓②	白瓷	12.6+5.6	15	图二，8
32	705年	陕西乾县懿德太子墓③	绿釉、三彩	绿釉5.2+3.3	13	图二，7
33	706年	河南郑州郑仲淹夫妇合葬墓④	酱绿釉	20+5.4	22	
34	初唐至盛唐	陕西西安长安区郭杜镇紫薇田园都市M309⑤	白瓷	6+2.4	11	图二，15
35	初唐至盛唐	陕西西安长安区陕西师大新校区工地M45⑥	白瓷	7+2.8	13	图二，13
36	初唐至盛唐	陕西西安东郊唐墓⑦	白瓷	5.8+2.4	13	

---

① 黄炳元：《泉州河市公社发现唐墓》，《考古》1984年第12期。
② 湖北省博物馆、郧县博物馆：《湖北郧县唐李徽、阎婉墓发掘简报》，《文物》1987年第8期。
③ 陕西省博物馆、乾县文教局唐墓发掘组：《唐懿德太子墓发掘简报》，《文物》1972年第7期。
④ 郑州市文物考古研究院、上海城建职业学院：《河南郑州唐郑仲淹夫妇合葬墓发掘简报》，《文物》2021年第8期。
⑤ 《中国出土瓷器全集·陕西卷》，第43页。
⑥ 《中国出土瓷器全集·陕西卷》，第76页。
⑦ 荆海燕、何颖：《砚墨色光——馆藏唐代陶瓷砚台选介》，《文物天地》2016年第6期。

续　表

序号	年代	出土单位	品种	尺寸（直径+高，单位：厘米）	砚足数量	插图
37	初唐至盛唐	河南郑州西陈庄唐墓①	青釉	17+10.4	11	图二，9
38	初唐至盛唐	河南郑州中原制药厂唐墓②	灰陶	12.2+4	12	
39	初唐至盛唐	河南巩义市二电厂88HGZM13③	绿釉	5.6+1.6	12	
40	初唐至盛唐	河南巩义市食品厂92HGSM1④	三彩	5.2+2.5		图二，10
41	初唐至盛唐	河南偃师古城砖厂唐墓⑤	三彩	?+4		图二，11
42	初唐至盛唐	河南禹州白沙172号唐墓⑥	淡黄釉	不详	17	图二，16
43	初唐至盛唐	河南陕县刘家渠M34⑦	白瓷	14.8+7.2	21	图二，14
44	初唐至盛唐	辽宁朝阳纤维厂M8⑧	绿釉陶	5.5+2.6	9	

---

① 郑州市文物工作队：《郑州地区发现的几座唐墓》，《文物》1995年第5期。
② 郑州市文物工作队：《郑州地区发现的几座唐墓》，《文物》1995年第5期。
③ 郑州市文物考古研究所编著：《巩义芝田晋唐墓葬》，科学出版社，2003年，第206页。
④ 《巩义芝田晋唐墓葬》，第206页。
⑤ 郑州市文物考古研究所编著：《河南唐三彩与唐青花》，科学出版社，2006年，第193页。
⑥ 陈公柔：《白沙唐墓简报》，《考古通讯》1955年第1期。
⑦ 于文荣：《浅析唐代北方陶瓷工艺成就》，《中国历史博物馆馆刊》2000年第2期。
⑧ ［日］高桥照彦：《辽宁省唐墓出土文物的调查与朝阳出土三彩枕的研究》，《朝阳隋唐墓葬发现与研究》。

续　表

序号	年代	出土单位	品种	尺寸（直径+高，单位：厘米）	砚足数量	插图
45	初唐至盛唐	江苏南京后头山M11毛明府墓①	青釉陶	5.8+2.4		图二，12
46	初唐至盛唐	湖南长沙咸嘉湖M1②	脱釉	7.5+3	13	图一，13
47	初唐至盛唐	湖南长沙左家塘M36③	青瓷	20.2+6.5	不详	图一，14
48	初唐至盛唐	广东高州良德墓④	青瓷	22.5+11.5	圈足	图三，6
49	初唐至盛唐	广东梅县畲江M4⑤	青瓷	22.5+6	圈足	图三，3
50	初唐至盛唐	广东梅县畲江M1⑥	青瓷	35.5+10.5	8	

由上表可见，考古发现的隋唐时期辟雍砚，以釉陶和瓷质最多，陶器仅有少量发现。自辽宁朝阳至宁夏固原，从福建泉州到广西全州，均有辟雍砚的踪迹，流行的地域可谓广大。至于出土集中的地点，北为河南、陕西，南则湖南、江西。至于辟雍砚的形制，可根据底足的形态，将其分为两类。

---

① 南京市考古研究院：《南京雨花台区后头山唐墓发掘简报》，《文物》2022年第2期。
② 湖南省博物馆：《湖南长沙咸嘉湖唐墓发掘简报》，《考古》1980年第6期。
③ 湖南省博物馆编：《湖南人——三湘历史文化陈列》，中华书局，2018年，第277页。
④ 湛江地区博物馆：《广东高州良德唐墓》，文物编辑委员会编：《文物资料丛刊》第六辑，文物出版社，1982年，第137、138页。
⑤ 广东省博物馆：《广东梅县古墓葬和古窑址调查、发掘简报》，《考古》1987年第3期。北京艺术博物馆编：《中国潮州窑》，中国华侨出版社，2015年，第25页。
⑥ 广东省博物馆：《广东梅县古墓葬和古窑址调查、发掘简报》，《考古》1987年第3期。《中国潮州窑》，第24页。

甲类：多足，数量占绝对优势。可分为足底无圆环和足底附加圆环两型。

A型：足底无圆环（图一）。

出土A型最早的纪年隋墓为安阳洰水村韩邕墓（587年），最晚的为扬州隋炀帝萧后陵（647年），隋代数量居多，足的数量多寡不一，南方地区常见水滴足，北方主要是蹄状足。安阳置度村M8出土瓷侍女俑（图一，15）[①]，手中所捧砚可谓此型砚的生动写照。此型砚台是对南北朝时期砚台形制的沿袭。

B型：足底附加圆环（图二）。

B型砚最早见于西安南郊李裕墓（605年），最晚者为乾县懿德太子墓（705年），均为蹄状足[②]。作为A型砚的发展形态，其是7世纪初到8世纪初中原北方地区最为常见的辟雍砚型。B型砚南方地区仅见于郧县李徽墓、南京后头山毛氏家族墓M11（毛明府墓），前者为流放远地的李唐皇族成员，后者墓葬形制及随葬俑群具有鲜明的两京特征[③]，砚型体现中原北方风格并不奇怪。

乙类：圈足（图三）。

乙类砚数量不多，圈足高宽，南方隋唐墓出土过几例，如长沙隋墓M7（图三，1）[④]、永春唐墓、全州赵司仓墓、梅县畬江M4、广州华侨新

---

① 安阳市文物考古研究所：《河南安阳市置度村八号隋墓发掘简报》，《考古》2010年第4期。
② 乾县永泰公主墓（706年）石椁线刻画上也有侍女捧持多足砚的形象，陕西省文物管理委员会：《唐永泰公主墓发掘简报》，《文物》1964年第1期。
③ 林泽洋、陈大海：《南京后头山唐墓出土釉陶俑群初探——兼论毛氏家族墓的性质》，《文物》2022年第2期。
④ 湖南省博物馆：《长沙两晋南朝隋墓发掘报告》，《考古学报》1959年第3期。

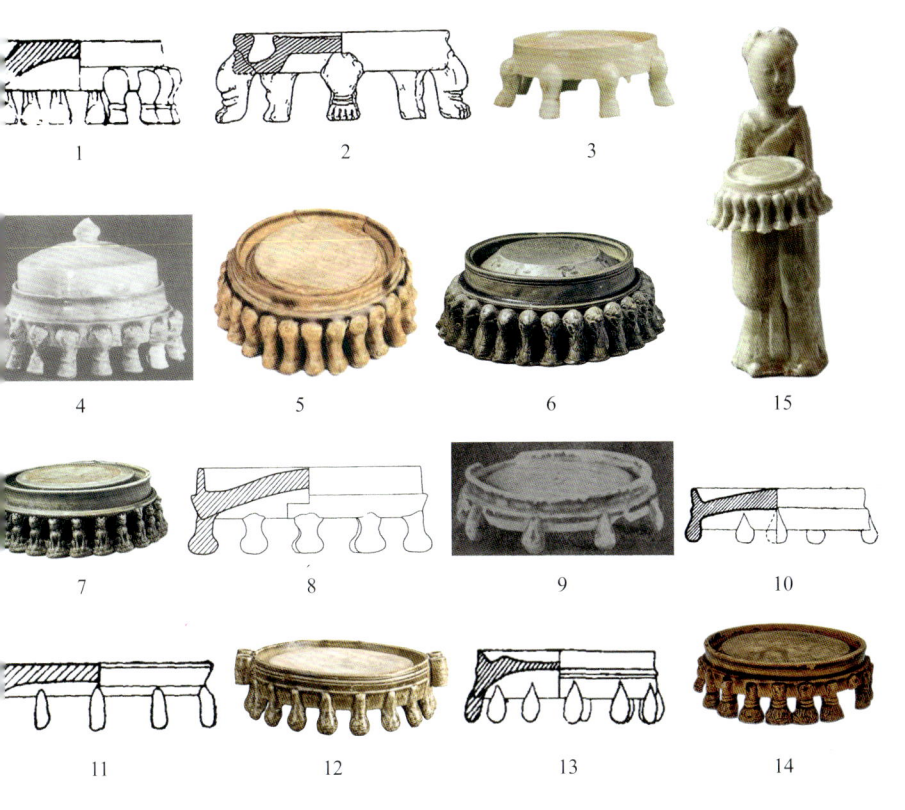

图一 隋唐陶瓷辟雍砚（甲类A型）及参考图

1. 安阳韩邕墓 2. 西安长安张綝墓 3. 郑州西郊郑仲明墓 4. 安阳桥村隋墓 5. 安阳小屯1937YM386 6. 兖州城郊乡旧关村墓 7. 章丘城角头M465 8. 吉水房后山M11 9. 湘阴城关镇郊外墓 10. 长沙隋墓M4 11. 兴安县红卫村M1 12. 扬州隋炀帝萧后陵 13. 长沙咸嘉湖M1 14. 长沙左家塘M36 15. 安阳置度村M8瓷捧砚侍女俑

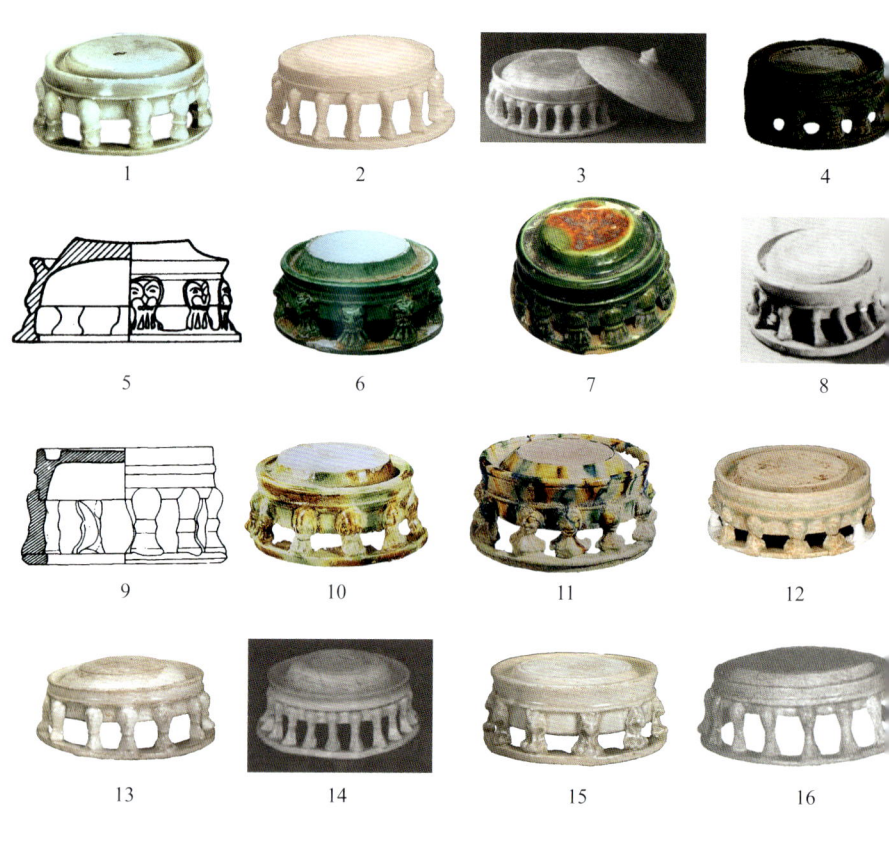

图二 隋唐陶瓷辟雍砚（甲类B型）

1. 西安南郊李裕墓 2. 西安南郊苏统师墓 3. 礼泉长乐公主墓 4. 朝阳蔡须达墓 5. 固原史索岩墓 6. 朝阳孙则墓 7. 乾县懿德太子墓 8. 郿县李徽墓 9. 郑州西陈庄唐墓 10. 巩义市食品厂92HGSM1 11. 偃师古城砖厂唐墓 12. 南京后头山M11毛明府墓 13. 陕西师大新校区工地M45 14. 陕县刘家渠M34 15. 西安郭杜镇紫薇田园都市M309 16. 禹州白沙172号唐墓

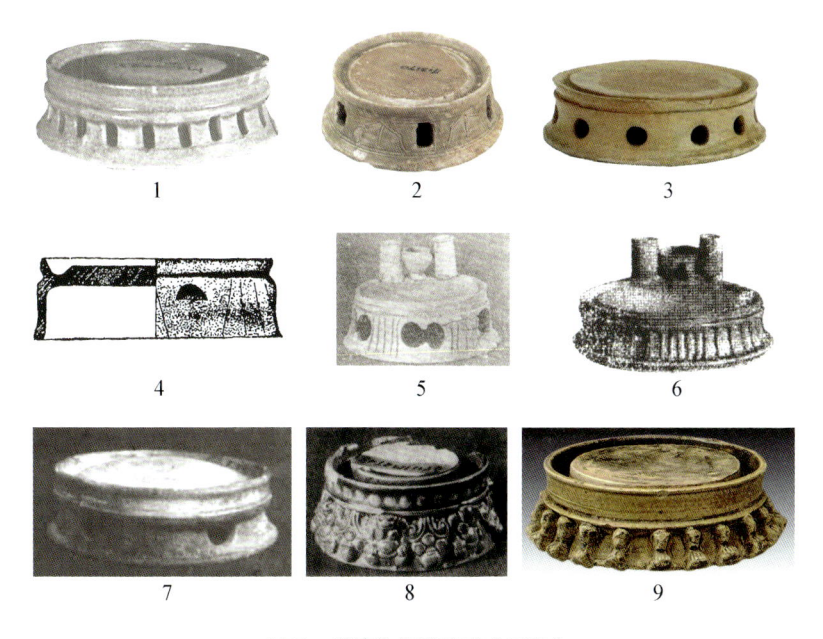

图三 隋唐陶瓷辟雍砚（乙类）

1. 长沙隋墓M7 2. 永春金峰山M1 3. 梅县梅畲M4 4. 全州赵司仓墓 5. 广州华侨新村唐墓 6. 高州良德唐墓 7. 瑞昌北溪村 8. 太原隋斛律彻墓 9. 郑州郑仲淹墓

村唐墓（图三，5）[①]、高州良德唐墓等，圈足上均有镂孔。江西瑞昌范镇北溪村也出土过类似的砚台（图三，7）[②]。广州、高州的2件，砚池边还附加高耸的笔插和水盂，极为独特。北方地区隋斛律彻墓（图三，8）、唐郑仲淹墓砚台（图三，9），圈足外侧贴附力士或蹄足，应为甲类砚的变体，与南方地区圈足砚差别较大。

结合纪年墓葬材料，可将隋唐陶瓷辟雍砚的流行时段和地域总结如

---

① 麦英豪：《广州华侨新村发现汉唐古墓十座》，《文物参考资料》1958年第5期。
② 吴智烽：《介绍一件镂空圈足青瓷砚》，《南方文物》1996年第4期。

下：甲类A型砚南北方地区均常见，流行的下限为7世纪中叶，B型砚台流行于7世纪初至8世纪初的北方地区；乙类砚数量少，南方地区较为常见，流行的下限为7世纪中叶前后。两类砚在8世纪初之后均逐渐退出历史舞台。

表一所列隋唐墓葬出土辟雍砚，有不少砚面直径在6厘米左右，不排除是明器，但也不宜一概而论。如2018年发掘的扬州隋墓出土瓷砚台，直径6、高1.2厘米，与2块墨锭共置于漆奁内[①]，应该作为实用器看待。江西泰和南溪乡大禾坪唐墓墓室四角各放置一件瓷辟雍砚，大概是赋予砚台特殊的含义[②]。

三

墓葬是陶瓷器生产、流通、消费（使用）过程的终端，墓葬出土的陶瓷砚，多数产自周边窑场。安阳一带隋墓出土瓷砚，无疑来自附近的相州窑（图四，1），该窑调查时曾采集到青瓷砚足标本[③]。山东兖州城郊乡旧关村墓、章丘城角头M465两件砚足，分别作莲座蹲狮和象首形，在多足砚中极具特色，它们很可能是曲阜宋家村窑址（图四，2~4）、泗水尹家城窑址（图四，5）[④]或枣庄中陈郝窑址烧造（图四，6）[⑤]。河北

---

① 发掘者扬州市文物考古研究所秦宗林提供。
② 泰和县地方志编纂委员会：《泰和县志》卷十六，中共中央党校出版社，1993年，第762页。
③ 故宫博物院古陶瓷研究中心编：《故宫博物院藏中国古代窑址标本·河南·下》，紫禁城出版社，2005年，第418页。
④ 宋百川、刘凤君：《山东曲阜、泗水隋唐瓷窑址调查》，《考古》1985年第1期。
⑤ 山东大学历史系考古专业、枣庄市博物馆：《山东枣庄中陈郝瓷窑址》，《考古学报》1989年第3期。

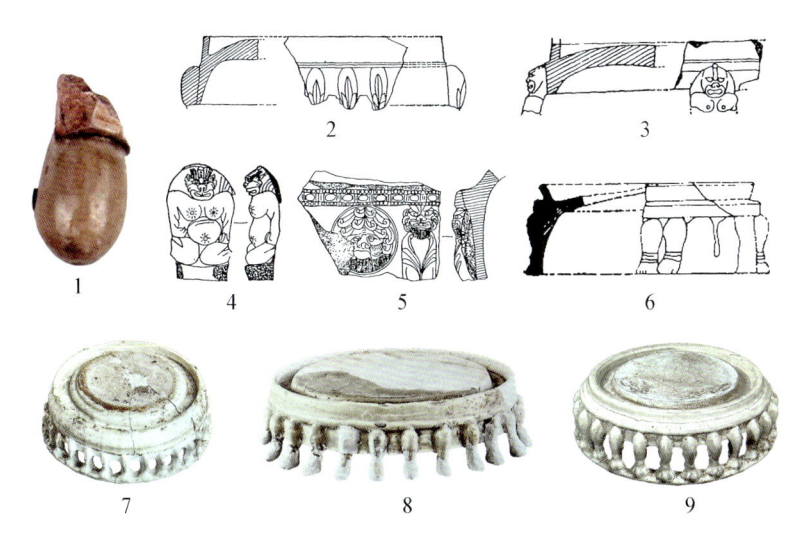

图四　北方窑址出土隋唐辟雍砚

1. 安阳相州窑　2～4. 曲阜宋家村窑址　5. 泗水尹家城窑址　6. 枣庄中陈郝窑址
7. 内丘邢窑88H1　8. 内丘邢窑03H48　9. 内丘西关北

邢窑发掘出土白瓷辟雍砚台多件（图四，7～9）[①]，以邢窑产品"天下无贵贱通用之"的影响力来看，陕西等地隋唐墓出土的白瓷砚台，应有多方来自邢窑，甚至湖北郧县李徽墓的白瓷砚台，也可能是邢窑产品。辽

[①]　内丘县文物保管所《河北省内丘县邢窑调查简报》（《文物》1987年第9期）收录邢窑出土青瓷砚及白瓷砚台。均为多足，但详情未刊。1991年内丘县西关北出土邢窑白瓷辟雍砚见北京艺术博物馆编《中国邢窑》（中国华侨出版社，2012年，第54页）。河北省文物研究所等《邢窑遗址调查、试掘报告》（《考古学集刊》第14集，文物出版社，2004年）提到瓷砚两件，一件为粗瓷（内T1H1：21），另一件精细白瓷砚台未见报道。河北省文物考古研究院、邢台市文物管理处、内丘县文物保护管理所、临城县文物保护管理所编著的《邢窑》（科学出版社，2021年）第55页报道此件瓷砚（内T1H1：21）时器物编号改为88H1：21，但另一件仍未提及。报告第192页提及内丘步行街出土化妆白瓷砚台1件（03H48：1），第318页提及内丘服务楼出土白瓷多足砚台残片1件。

圆池类璧水　99

宁朝阳隋唐墓几例三彩砚台,从胎釉特征上看,或出自河南巩义黄冶窑。不过,巩义窑多部调查发掘报告,并未刊布釉陶和瓷砚资料,或许可归之于窑址发掘的局限性。

南方地区隋唐时期烧造陶瓷砚的窑址有浙江丽水吕步坑窑(图五,1)①、福建浦城果子坞窑(图五,9)②、江西丰城洪州窑(图五,2)③、广东新会官冲窑(图五,11~14)④、广西桂林桂州窑(图五,3、10)⑤、四川邛崃十方堂窑(图五,6、7)⑥、成都青羊宫窑(图五,4、5、8)⑦,等等。隋至初唐时期浙江越窑中衰,长江中游窑场勃兴,洪州窑青瓷砚台广泛见于江西本地的墓葬,扬州隋炀帝萧后陵墓出土的砚,也产自该窑。广西全州凤凰乡赵司仓墓、兴安县红卫村M1出土青瓷砚台,均为桂州窑产品。广州华侨新村、高州良德出土的砚池边附加高耸的笔插和水盂的砚,在新会官冲窑发现过极为近似的标本。十方堂窑、青羊宫窑瓷砚形制涵盖前述所有类型,体现了成都平原窑场兼容南北窑业的风格特点。

---

① 浙江省文物考古研究所等:《浙江省丽水县吕步坑窑址发掘简报》,《浙江省文物考古研究所学刊》第七辑,杭州出版社,2005年。
② 华锋林:《福建唐五代窑址考古研究》,海峡书局,2017年,第93页。
③ 北京大学中国考古学研究中心、江西省文物考古研究所、江西省丰城市博物馆编著:《丰城洪州窑址》,文物出版社,2018年,第198页。
④ 广东省文物考古研究所、新会市博物馆:《广东新会官冲古窑址》,《文物》2000年第6期。
⑤ 韦剑华主编:《桂州遗韵——桂州窑标本图录与研究文集》,广西师范大学出版社,2021年,第84~87页。
⑥ 陈显双、尚崇伟:《邛窑古陶瓷简论——考古发掘简报》,载耿宝昌主编:《邛窑古陶瓷研究》,中国科学技术大学出版社,2002年,第190页。
⑦ 四川省文管会、成都市文管会:《成都青羊宫窑址发掘简报》,《四川古陶瓷研究》第二辑,四川省社会科学院出版社,1984年,第142页。

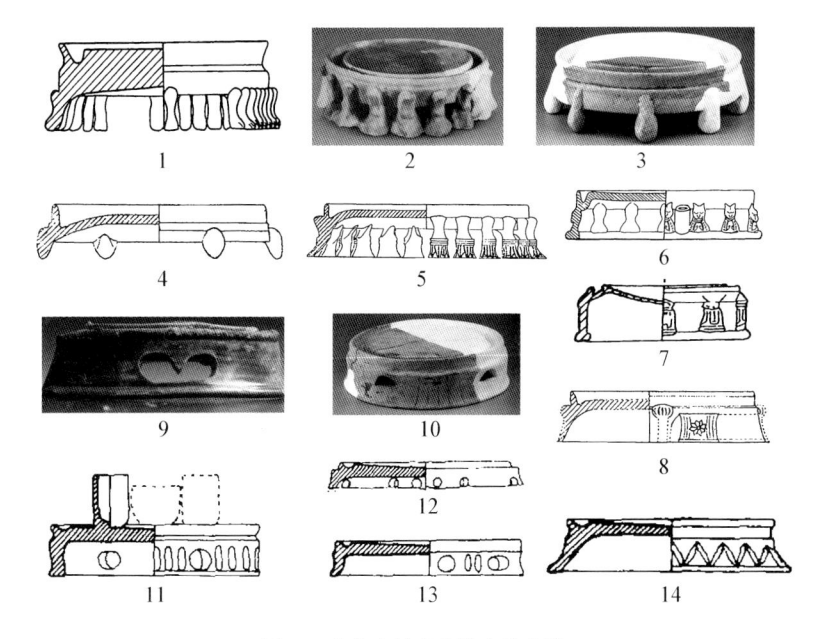

图五　南方窑址出土隋唐辟雍砚

1. 丽水吕步坑窑　2. 丰城洪州窑　3、10. 桂林桂州窑　4、5、8. 成都青羊宫窑　6、7. 邛崃十方堂窑　9. 浦城果了坞窑　11～14. 新会官冲窑

四

隋唐陶瓷辟雍砚，对这一时期东北地方民族政权高句丽、渤海，朝鲜半岛的百济、新罗，日本均有一定影响。吉林集安国内城遗址征集的泥质灰陶砚，底足残缺，推测为束腰喇叭状圈足[①]。渤海上京城遗址（图

[①] 吉林省文物考古研究所、集安市博物馆、吉林省博物院：《集安出土高句丽文物集粹》，科学出版社，2010年，第33页。

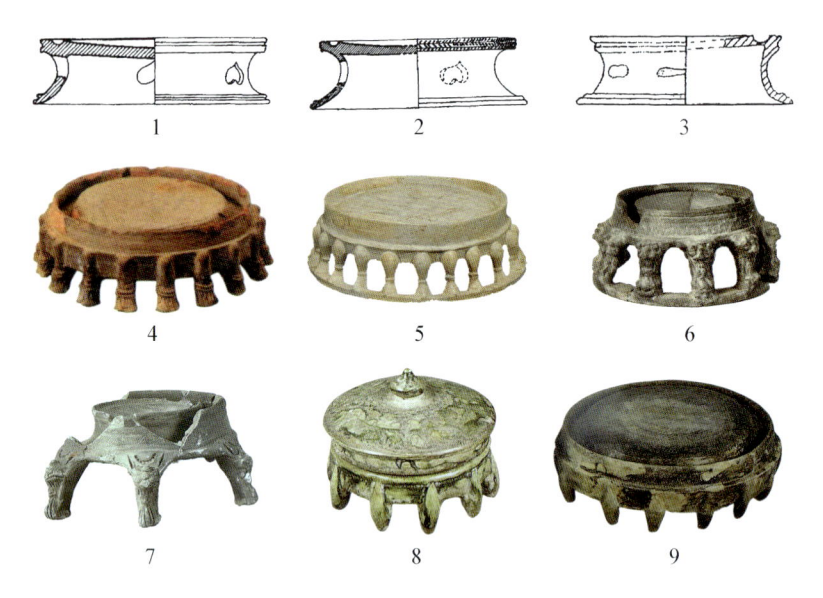

图六　渤海、百济、新罗及日本出土陶瓷砚

1、2. 渤海上京城遗址　3. 咸镜北道锦城里渤海墓　4. 扶余锦城山　5. 扶余扶苏山城
6、7. 庆州皇龙寺遗址　8. 奈良法隆寺御坊山3号墓　9. 藤原京右京五条四坊

六，1、2）[①]、朝鲜咸镜北道锦城里渤海墓（图六，3）[②]出土的陶砚，均为带镂孔的束腰喇叭状足。这些陶砚，与前述南方地区的乙类圈足砚形制接近。甲类砚目前在高句丽、渤海遗址尚未发现。

　　陶瓷辟雍砚在朝鲜半岛的百济、新罗（统一新罗）遗址出土数量众多，既有来自隋唐南北方窑场的瓷器产品，也有当地模仿这些瓷砚的陶制品。百济泗沘时代（538～660年）的扶余扶苏山城出土了不少中国

[①] 中国社会科学院考古研究所：《六顶山与渤海镇——唐代渤海国的贵族墓地与都城遗址》，中国大百科全书出版社，1997年，第95页。
[②] 权赫秀：《朝鲜北部发现一座渤海时期壁画墓》，《东北史地》2005年第3期。

102　人间瓷话——中国古陶瓷的文化解读

青瓷砚（图六，4、5）①。输入百济、新罗的瓷砚及当地的仿制砚（图六，6、7），涵盖了前述隋唐辟雍砚的所有形制②，可见这一类型文具对于朝鲜半岛的广泛影响。

陶瓷辟雍砚在日本出土2件。1件出土于奈良县法隆寺御坊山3号墓（图六，8），白绿二彩，带盖，10足，直径6.5、高5.2厘米③。另1件发现于藤原京右京五条四坊侧沟（图六，9），釉色不明，14足，口径25.2、高8厘米④。值得注意的是，这两件砚台均为水滴足。前文已述，水滴足辟雍砚多见于南方地区，北方地区也有少量发现，如洛阳北魏大市遗址出土青瓷砚⑤，该遗址出土瓷器既往多被笼统地归入北魏，但从伴出的重圈纹釉陶器来看，应该有北朝晚期到隋代的产品。河南省博物院藏巩义出土的白瓷砚也是水滴足⑥，18足，直径25、高7厘米。日本出土的这2件砚台的窑口不明，推测是河南巩义黄冶窑产品，其时代在7世纪中叶前后，是"遣唐使阶段"中日文化交流的实物证据⑦。

---

① ［韩］赵胤宰：《略论韩国百济故地出土的中国陶瓷》，《故宫博物院院刊》2006年第2期。收录了不少中国砚台。
② ［韩］都拉吉：《三国时代砚台研究》，高丽大学硕士学位论文，2017年。
③ 李知宴：《日本出土的绿釉水滴足砚》，《奈良·平安的中国陶磁——西日本出土品を中心として》，奈良县立橿原考古学研究所附属博物馆，1984年。
④ ［日］楢崎彰一：《日本出土的唐三彩》，载河南省巩义市文物保管理所编著：《黄冶唐三彩窑》，科学出版社，2000年。
⑤ 中国社会科学院考古研究所洛阳汉魏城队：《北魏洛阳城内出土的瓷器与釉陶器》，《考古》1991年第12期。
⑥ 深圳博物馆、河南博物院编：《盛世侧影——河南博物院藏汉唐文物精品》，文物出版社，2016年，第87页。
⑦ 茌岚：《7～14世纪中日文化交流的考古学研究》，中国社会科学出版社，2001年。

吟来携笔砚
——洛阳白居易宅院遗址出土砚台考述

> 吟来携笔砚，宿去抱衾裯。
>
> （唐）白居易《重修香山寺毕，题二十二韵以纪之》

唐穆宗长庆四年（824年），白居易结束杭州刺史任期，在唐东都东南胜地的履道坊，购散骑常侍杨凭旧宅为其新居，829年之后即常住洛阳直至寿终（846年）。1992～1993年，中国社会科学院考古研究所洛阳唐城队对"白氏叟乐天退老之地"[1]的白居易宅院故址进行发掘，揭示了遗址的平面布局及其唐宋时期的沿革，出土遗物展现了白居易嗜酒饮茶、吟诗作赋的晚年生活[2]。白居易诗中自况其"幸因笔砚功，得升仕进途"[3]，"吟来携笔砚，宿去抱衾裯"[4]，故其宅院遗址出土的几方砚台，常被研究者作为一代文豪勤于笔耕的实物佳例[5]。但若要真实还原白居易的

---

[1] （唐）白居易：《白氏长庆集》卷六十九《池上篇并序》："都城风土水木之胜在东南偏，东南之胜在履道里，里之胜在西北隅，西闬北垣第一第，即白氏叟乐天退老之地。"（《钦定四库全书》集部别集类）

[2] 中国社会科学院考古研究所洛阳唐城队：《洛阳唐东都履道坊白居易故居发掘简报》，《考古》1994年第8期。中国社会科学院考古研究所：《隋唐洛阳城——1959～2001年考古发掘报告》，文物出版社，2014年，第91～153页。

[3] （唐）白居易：《白氏长庆集》卷六《自吟拙什因有所怀》。

[4] （唐）白居易：《白氏长庆集》卷三十一《重修香山寺毕，题二十二韵以纪之》。

[5] 王岩：《有关白居易故居的几个问题》，《考古》2004年第9期。韩建华：《中晚唐洛阳士人与园林——以白居易履道坊宅园为中心》，《唐研究》第26卷，北京大学出版社，2021年，第203页。杜文：《辟雍砚相伴，白居易振笔疾书》，《艺术市场》2008年第7期。

翰墨世界，这几方砚台的确切年代，还有细究的必要。

根据发掘报告，白居易宅院遗址出土唐代遗物中有3件砚台。1件为泥质灰陶砚（LT14③H：281），箕形，残长7.5、残高2.4厘米。1件为滑石砚（LT15③：10），圆盘形，四兽蹄足，砚面残存墨痕。复原直径24.1、高7.6厘米。1件为辟雍砚（LT1⑦：35）。宋代遗物中有陶砚4件，均为箕形，其中澄泥砚3件，编号为LT17②：132的澄泥砚，底部长方形戳印阳文"魏家虢州澄泥砚瓦"。本文重点讨论其中的唐代辟雍砚、箕形砚及所谓宋代澄泥砚。

一、釉陶辟雍砚及灰陶箕形砚

白居易宅院遗址出土辟雍砚（LT1⑦：35）报告称为瓷器，但胎色粉红，透明釉，应为低温釉陶器。砚圆形，砚池下一周蹄足，边附2个笔插，直径8.6、高6.6厘米（图一）。隋唐纪年墓葬中，此种形制的陶瓷辟雍砚出土甚多，详见表一。

表一　隋唐纪年墓出土陶瓷辟雍砚

序号	年代	出土单位	釉色/材质	尺寸（直径+高，单位：厘米）	插图
1	587年	河南安阳活水村韩邕墓[①]	青瓷	10.5+5	
2	595年	山西太原隋斛律彻墓[②]	青釉	7.2+3.5	
3	605年	陕西西安南郊李裕墓[③]	白瓷	5.1+2.6	

---

① 安阳市博物馆：《安阳活水村隋墓清理简报》，《中原文物》1986年第3期。
② 山西省考古研究所、太原市文物管理委员会：《太原隋斛律彻墓清理简报》，《文物》1992年第10期。
③ 陕西省考古研究院：《西安南郊隋李裕墓发掘简报》，《文物》2009年第7期。

续 表

序号	年代	出土单位	釉色/材质	尺寸（直径+高，单位：厘米）	插图
4	607年	陕西西安长安隋张綝夫妇合葬墓①	灰陶	15+6	
5	608年	陕西西安南郊苏统师墓②	白瓷	13.6+5.8	
6	600年	安徽亳县王干墓③	白瓷	高2.7	
7	610年	河南郑州西郊郑仲明墓④	青瓷	20.7+7.5	
8	643年	陕西礼泉长乐公主墓⑤	白瓷	31.5+9.4	图二
9	643年	辽宁朝阳蔡须达墓⑥	绿釉陶	5.8+2.4	
10	647年	江苏扬州隋炀帝萧后陵⑦	青瓷、三彩	青瓷25.6+7.3	图三
11	655年	辽宁朝阳孙则墓⑧	绿釉陶	5.8+2.7	图四
12	664年	宁夏固原史索岩夫妇墓⑨	绿釉陶	6+2.6	图五

① 西安市文物保护考古研究院：《西安长安隋张綝夫妇合葬墓发掘简报》，《文物》2018年第1期。
② 陕西省考古研究院：《西安南郊隋苏统师墓发掘简报》，《考古与文物》2010年第3期。
③ 亳县博物馆：《安徽亳县隋墓》，《考古》1977年第1期。
④ 郑州市文物考古研究院、首都师范大学历史学院：《隋代郑仲明墓发掘简报》，《中原文物》2015年第6期。
⑤ 昭陵博物馆：《唐昭陵长乐公主墓》，《文博》1988年第3期。
⑥ 辽宁省文物考古研究所、朝阳市博物馆：《辽宁朝阳北朝及唐代墓葬》，《文物》1998年第3期。
⑦ 南京博物院、扬州市文物考古研究所、苏州市考古研究所：《江苏扬州市曹庄隋炀帝墓》，《考古》2014年第7期。扬州市文物考古研究所：《广陵遗珍——扬州出土文物选粹》，江苏凤凰美术出版社，2018年，第118页。
⑧ 朝阳市博物馆：《朝阳唐孙则墓发掘简报》，载辽宁省文物考古研究所、日本奈良文化财研究所编：《朝阳隋唐墓葬发现与研究》，科学出版社，2012年。
⑨ 罗丰编著：《固原南郊隋唐墓地》，文物出版社，1996年，第35页。

续　表

序号	年代	出土单位	釉色/材质	尺寸（直径+高，单位:厘米）	插图
13	668年	陕西西安羊头镇李爽墓①	青瓷	11.5+3.5	
14	684年	湖北郧县李徽墓②	白瓷	12.6+5.6	
15	705年	陕西乾县懿德太子墓③	绿釉、三彩	绿釉5.2+3.3	图六
16	706年	河南郑州唐郑仲淹夫妇合葬墓④	黄绿釉	20+5.4	图七

表一所列辟雍砚，尽管材质有灰陶、釉陶、瓷器之别，尺寸不等，造型细部存在差异，如蹄状足底部有附加圆环和不附加圆环两种等，但8世纪初是这些辟雍砚流行时段的下限毋庸置疑。卒于647年的初唐宰相杨师道，其《咏砚》诗中所记"圆池类璧水，轻翰染烟华"⑤亦即此类砚台。与白居易宅院遗址辟雍砚最为接近者当属扬州隋炀帝萧后陵及郑州唐郑仲淹夫妇合葬墓出土者，即以最晚的后者为参照，也早于白居易（772~846年）始居此宅院（824年）近120年，很难想象白居易会使用两个甲子之前或更早流行的旧砚挥毫泼墨。似乎可以推定，白居易宅院遗址出土的釉陶辟雍砚，是不晚于盛唐的遗物，而非白居易生前实用文具。

---

① 陕西省文物管理委员会：《西安羊头镇唐李爽墓的发掘》，《文物》1959年第3期。
② 湖北省博物馆、郧县博物馆：《湖北郧县唐李徽、阎婉墓发掘简报》，《文物》1987年第8期。
③ 陕西省博物馆、乾县文教局唐墓发掘组：《唐懿德太子墓发掘简报》，《文物》1972年第7期。
④ 郑州市文物考古研究院、上海城建职业学院：《河南郑州唐郑仲淹夫妇合葬墓发掘简报》，《文物》2021年第8期。
⑤ （唐）徐坚：《初学记》卷二十一《文部》（《钦定四库全书》子部类书类）。

图一　白居易宅院遗址出土釉陶辟雍砚　　图二　长乐公主墓出土白瓷辟雍砚

图三　隋炀帝萧后陵出土青瓷辟雍砚　　图四　朝阳孙则墓出土绿釉辟雍砚

图五　固原史索岩墓出土绿釉辟雍砚

图六　懿德太子墓出土绿釉辟雍砚　　图七　郑州郑仲淹墓出土黄绿釉辟雍砚

108　人间瓷话——中国古陶瓷的文化解读

白居易宅院遗址中时代不晚于盛唐的唐代遗物中，其例可举的还有一件三彩扁壶(图八)[1]。这种釉陶及瓷扁壶，北朝隋唐时期均有发现[2]，但唐代的纪年材料，仅有河北文安麻各庄唐咸亨三年（672年）董满墓三彩扁壶一例（图九）[3]。洛阳杨文村唐墓，根据墓葬形制等推测为盛唐时期，也出土了一件类似的三彩扁壶[4]。

　　白居易宅院遗址之外，洛阳城宫城大内（西区中部一号发掘区）[5]、宫城西隔城九洲池遗址[6]也都出土了陶瓷辟雍砚（GT642④：55、GT289②：46），从两者所在地层共存遗物来看，均在初唐至盛唐时期。

　　既然圆形多足的辟雍砚8世纪初退出历史舞台，那么这一时段前后至白居易在洛阳履道坊生活的时代，流行什么形制的陶瓷砚台呢？纪年唐墓给出的证据可见表二。

表二　纪年唐墓出土箕形陶砚

序号	年代	出土单位及件数	插图
1	699年	宁夏固原梁元珍墓[7]	
2	706年	河南郑州郑仲淹夫妇合葬墓	图一〇

---

[1] 这件三彩扁壶编号LT2⑦：80，探方LT2与LT1相邻，辟雍砚出土于LT1⑦层，报告并未披露LT1⑦层和LT2⑦层是否连通并共时，但两者处于相邻探方的相同层位颇值得关注。
[2] 冯恩学:《胡风扁壶的时代风格》,《北方文物》2013年第2期。
[3] 董满墓清理简报未报道此三彩扁壶，廊坊市文物管理所、文安县文物管理所:《河北文安麻各庄唐墓》,《文物》1994年第1期。扁壶现藏廊坊博物馆，具体情况见曲金丽:《唐三彩凤鸟纹扁壶》,《文物春秋》2009年第5期。
[4] 洛阳市文物工作队:《洛阳杨文村唐墓C5M1045发掘简报》,《考古与文物》2002年第6期。
[5] 《隋唐洛阳城——1959～2001年考古发掘报告》，第541页。
[6] 《隋唐洛阳城——1959～2001年考古发掘报告》，第797页。
[7] 宁夏固原博物馆:《宁夏固原唐梁元珍墓》,《文物》1993年第6期。

续　表

序号	年代	出土单位及件数	插图
3	706年	河南偃师杏园宋祯墓[①]	
4	724年	河南偃师山化卢鹍墓[②]	
5	738年	陕西西安南郊沈和墓[③]	
6	745年	河南偃师杏园崔悦墓[④]	图一一
7	778年	河南偃师杏园郑洵墓[⑤]	
8	783年	河南偃师杏园崔绚墓[⑥]	
9	784年	河南洛阳十六工区M76[⑦]	
10	798年	陕西西安月登阁村杜华墓[⑧]	
11	798年	河南郑州市河南电力工业学校孙和墓[⑨]	
12	823年	河南偃师薛丹夫妇合葬墓[⑩]，2件	
13	869年	河南偃师杏园李梲墓[⑪]，2件	图一二
14	882年	河南偃师杏园李杼与卢夫人合葬墓[⑫]，2件	

[①] 中国社会科学院考古研究所：《偃师杏园唐墓》，科学出版社，2001年，第55页。
[②] 郑州大学历史学院、洛阳市文物考古研究院：《偃师山化M75唐墓发掘简报》，《洛阳考古》2021年第1期。
[③] 西安市文物保护考古研究院：《西安南郊唐吴兴郡夫人沈和墓发掘简报》，《文物》2019年第7期。
[④] 《偃师杏园唐墓》，第125页。
[⑤] 《偃师杏园唐墓》，第125页。
[⑥] 《偃师杏园唐墓》，第126页。
[⑦] 洛阳市博物馆：《洛阳市十五年来出土的砚台》，《文物》1965年12期。
[⑧] 陕西省考古研究院：《陕西西安月登阁村唐杜华墓发掘简报》，《考古与文物》2021年第6期。
[⑨] 郑州市文物考古研究院：《郑州市区西北部两座唐墓发掘简报》，《中原文物》2011年第4期。
[⑩] 赵会军、郭宏涛：《河南偃师三座唐墓发掘简报》，《中原文物》2009年第5期。
[⑪] 《偃师杏园唐墓》，第192页。
[⑫] 《偃师杏园唐墓》，第192页。

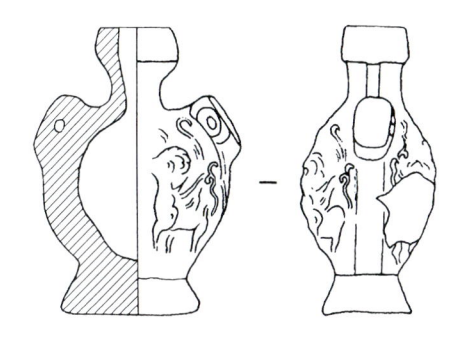

图八　白居易宅院遗址出土三彩扁壶 　　　　图九　文安董满墓出土三彩扁壶

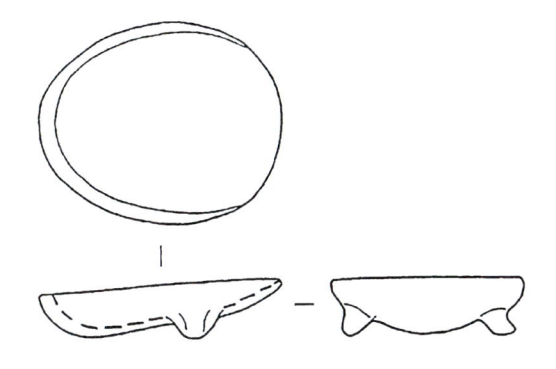

图一〇　郑州郑仲淹墓出土灰陶砚

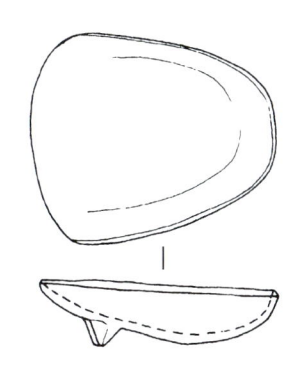

图一一　偃师杏园崔悦墓出土陶砚 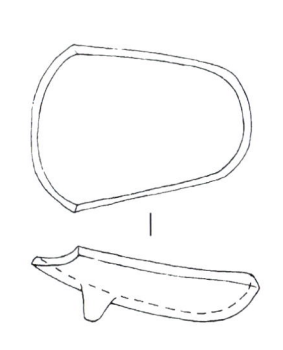　　　　图一二　偃师杏园李棁墓出土陶砚

吟来携笔砚　III

从表二可以看出，8世纪初之后至9世纪末，陶质的箕形砚（包括风字砚）取代了辟雍砚，成为流行的砚台形制。706年合葬的郑州郑仲淹夫妇墓中，可以看到箕形陶砚与酱绿釉瓷辟雍砚台共存的情况。尽管唐代墓葬出土的部分箕形陶砚器形小、质地薄脆，不排除是明器砚的可能[1]，但固原梁元珍墓等陶砚出土时尚存墨迹，应为实用器，且即使是明器，也是对当时流行的实用砚台的模仿。这样来看，白居易宅院遗址出土的泥质灰陶箕形砚，才有可能是白居易在此生活的时代的遗物。然而发掘报告并未披露这件陶砚的线图和照片，这不能不说是一个遗憾。

二、"魏家虢州澄泥砚瓦"铭陶砚

后唐庄宗同光二年（924年）白居易宅院改建为普明禅院，北宋时期改为大字寺园。1992～1993年发掘出土的被推定为北宋的遗物中，一件"魏家虢州澄泥砚瓦"（报告误作"虢州魏家澄泥砚瓦"）印铭陶砚（图一三）[2]的时代还可以商榷。

1. 关于虢州澄泥砚

虢州澄泥砚，唐代最为流行，是虢州土贡物产之一。《唐六典·尚书户部》记载各州土贡有"虢州砚瓦、地骨、白皮"[3]。唐代杜佑《通典》卷六记："弘农郡，贡麝香十颗，砚瓦十具，今虢州。"[4]宋人欧阳修提到，

---

[1] 俞伟超：《西安白鹿原墓葬发掘报告》，《考古学报》1956年第3期。
[2] 此砚残存约三分之一，报告刊布了黑白照片，铭文的细部照片见李俊林：《"四大名砚"之前的虢州澄泥砚》，载上海博物馆编：《砚学与砚艺学术研讨会论文集》，上海书画出版社，2016年，第135页。
[3] （唐）李林甫等撰，陈仲夫点校：《唐六典》卷三，中华书局，2014年，第66页。
[4] （唐）杜佑：《通典》卷六（《钦定四库全书》史部十三政书类）。

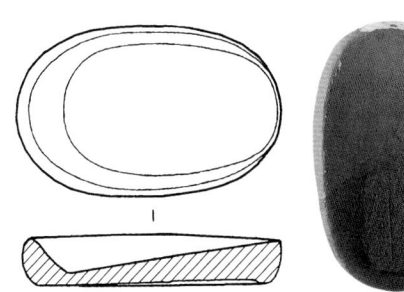

图一三　白居易宅院遗址出土澄泥砚

"虢州澄泥，唐人品砚以为第一，而今人罕用矣。《文房四谱》有造瓦砚法，人罕知其妙"①，"罕用""罕知其妙"，表明北宋时虢州澄泥砚业已式微。虢州砚台，除澄泥砚外，唐元和年间还开发出石砚，即唐李匡乂（济翁）《资暇集》所记之"稠桑砚"②。米芾《砚史》提到宋代陶砚有相州砚、泽州砚，不言虢州澄泥砚，反倒说"虢州石，理细如泥，色紫可爱，发墨不渗，久之石渐损回硬，墨磨之则有泥香"③。宋人苏易简《文房四谱》记载："今睹岁贡方物中，虢州钟馗石砚二十枚，未知钟馗得号之来由也。"④《宋史·地理志》所记虢州贡砚⑤，应即石砚。可见宋人语境中的虢州砚，往往是指虢州石砚，而非澄泥陶砚。

---

① （宋）欧阳修：《欧阳文忠公文集》卷七十二《砚谱》（《四部丛刊初编》本）。
② （唐）李匡乂撰，张秉成点校：《资暇集》卷下："稠桑砚，始因元和初愚之叔翁宰虢之耒阳邑，诸季父温清之际，必访山水以游。一日于涧侧见一紫石……可琢为砚矣。"辽宁教育出版社，1998年，第26页。
③ （宋）米芾：《砚史》（《百川学海》本）。
④ （宋）苏易简：《文房四谱》卷三《砚谱（附水滴器）》，《生活与博物丛书·器物珍玩编》，上海古籍出版社，1993年，第266页。
⑤ （元）脱脱等撰：《宋史》卷八十七《地理志三》："虢州……贡麝香、地骨皮、砚。"中华书局，1977年，第2145页。

2."砚瓦"名称的时代性

白居易宅院遗址澄泥砚自铭"砚瓦"。宋人邵博《闻见后录》记载："曰'砚瓦'者,唐人语也,非谓以瓦为砚。"[1] 米芾《书史》说:"唐皆凤池砚,中心如瓦凹,故曰砚瓦。"[2] 前引《唐六典》《通典》也把砚台称为"砚瓦",唐人李咸用、释贯休分别有题为《谢友生遗端溪砚瓦》[3]《砚瓦》[4]的诗。《唐摭言》卷九载:"咸通四年……击翻砚瓦。"[5] 唐人称砚台为"砚瓦",但宋人已不作此称呼,否则邵博不会发出砚瓦是"唐人语"的议论。宋人编《新唐书》载"虢州弘农郡……土贡……瓦砚"[6],这一对《唐六典》《通典》"砚瓦"的细微改动,或正反映唐宋对于砚台称呼的时代变化。此外,宋人对砚台的另一习见称谓是"砚子",《梦粱录》卷十三《诸色杂货》条载:"文具物件,如砚子、笔墨、书架、书攀、裁刀、书剪、簿子、连纸。"[7] 自铭"砚子"的砚台实物,考古发现已有多例[8]。

---

[1] (宋)邵博:《闻见后录》卷二十八(《钦定四库全书》子部小说家类)。
[2] (宋)米芾:《书史》(《百川学海》本)。
[3] (唐)李咸用:《唐李推官披沙集》卷四(《四部丛刊初编》本)。
[4] (唐)释贯休:《禅月集》卷四(《四部丛刊初编》本)。
[5] (五代)王定保:《唐摭言》卷九:"房玥,河南人,太尉之孙,咸通四年垂成而败。先是名第定矣,无何写录之际,仰泥落击翻砚瓦。"(《钦定四库全书》子部小说家类)
[6] (宋)欧阳修、宋祁:《新唐书》卷三十八《地理志二》,中华书局,1975年,第986页。
[7] (宋)吴自牧:《梦粱录》卷十三,据《知不足斋丛书》本排印,浙江人民出版社,1980年,第121页。
[8] 浙江慈溪市天东西花家墓出土越窑青瓷砚刻"嘉祐八年十月二十二日造此砚子东海记",见浙江省博物馆:《浙江纪年瓷》,文物出版社,2000年,第199页。江苏宝应安宜东路12号宋墓出土歙砚底刻"婺水同家龙尾细砚子",见赵进、季寿山:《江苏宝应出土的几方宋砚》,《收藏家》2003年第2期。上海博物馆藏陶砚底刻"邢州平乡县王固村王功靖自造砚子绍圣五年三月日",见华慈祥:《宋、辽、金出土砚研究》,《上海博物馆集刊》第十辑,上海书画出版社,2005年。

3. 与澄泥砚共存的唐代遗物

报告述及这方砚台出土于宋代地层LT17②层，此层共出的还有LT17②：127三彩钵（图一四）、LT17②：104黑釉花瓷罐（图一五）、LT17②：67白釉盏、LT17②：99白釉盏、LT17②：78越窑青釉盏、LT17②：109黑釉钵、LT17②：125白釉炉等。这些陶瓷器，报告统归之为唐代遗物，其中三彩钵、花瓷罐确有鲜明的唐代特征。如果视这些遗物为混入晚期（宋代）地层（单位）的早期（唐代）遗物，那么这方澄泥砚瓦也有很大的可能归入此类。

图一四　白居易宅院遗址出土三彩钵　　图一五　白居易宅院遗址出土黑釉花瓷罐

既然虢州澄泥砚为唐人尊崇，宋人罕用，"砚瓦"一词也是唐人而非宋人对砚台的习惯称谓，且与澄泥砚在地层上共存不少唐代遗物，那么白居易宅院遗址出土的"魏家虢州澄泥砚瓦"陶砚就很有可能是唐代遗物。

三、结　语

洛阳白居易宅院遗址出土的釉陶辟雍砚，从形制特征来看，时代不会晚于8世纪初的盛唐时期,其为白居易居洛时用砚的可能性不大。箕形砚是白居易在履道坊生活的时代流行的砚式,而根据文献及地层共存标本,"魏家虢州澄泥砚瓦"铭陶砚不排除是混入宋代地层的唐代遗物。这两方砚台,或是白居易晚年翰墨生涯的实物写照。

渤海国的陶腰鼓
——兼谈唐代陶瓷腰鼓

> 不是青州石末,即是鲁山花瓷。
>
> (唐)南卓《羯鼓录》

一

渤海国(698~926年)是东北亚地区的唐代地方民族政权,在其统治盛期,"地有五京、十五府、六十二州",有"海东盛国"之称[1]。渤海国的制度文化,深受唐王朝影响,即所谓"宪象中国制度"[2]。唐朝设太常寺,太常寺卿"掌邦国礼乐、郊庙、社稷之事"[3]。渤海模仿唐朝,亦设置太常寺,寺有卿。《金史·本纪一》记渤海"有文字、礼乐……"[4]完成于797年的日本官修史书《续日本纪》,有两处提到了渤海使节演奏"本国乐""本国之乐",有一处则记载"作大唐、渤海、吴乐"[5]。《金史·乐志上》记金"有散乐,有渤海乐,有本国旧音"[6]。《宋会要辑稿·刑

---

[1] (宋)宋祁、欧阳修等:《新唐书》卷二百一十九《渤海传》,中华书局,1975年,第6183页。
[2] 《新唐书》卷二百一十九《渤海传》,第6184页。
[3] (唐)李林甫等撰,陈仲夫点校:《唐六典》卷十四,中华书局,2014年,第394页。
[4] (元)脱脱等撰:《金史》卷一《本纪一》,中华书局,1975年,第1页。
[5] 转引自刘晓东:《"渤海乐"性质的文献学考察》,《北方文物》2011年第2期。
[6] 《金史》卷三十九《乐志上》,第881页。

法二》:"今著乐有名《渤海乐》者,盛行于世,都人多肆(肄)习之。"[1]《宋史·孝宗三》记淳熙十二年(1185年)三月,"禁习渤海乐"[2]。可见唐代具有本土特色的渤海音乐,为金代女真承继,并在宋地颇为流行。

有关渤海乐的具体演奏形式以及使用的乐器,宋代文献提供了零星的线索。《梦粱录》记:"若合动小乐器,只三二人合动尤佳,如双韵合阮咸,嵇琴合箫管,锹琴合葫芦琴,或弹拨十四弦,独打方响,吹赚动鼓《渤海乐》一拍子至十拍子。"[3]《宋史·乐志六》记:"有曰夏笛、鹧鸪、曰胡卢琴、渤海琴,沉滞抑郁。腔调含糊,失之太浊。"[4]渤海乐器使用的图像,在吉林和龙市龙头山贞孝公主墓(792年)壁画上也有体现,种类有拍板、箜篌、琵琶3种[5]。而苏密城城址的陶腰鼓,则是渤海国音乐文物的首次考古发现,对于讨论渤海音乐文化,具有重要的学术价值。

苏密城城址位于吉林省桦甸市,学术界多认为其为渤海国长岭府治所[6]。2015、2016年吉林省文物考古研究所发掘苏密城时[7],出土陶腰鼓残件3件:1件为鼓身(2015HSⅣT2089③:8)(图一,1),夹砂灰陶,束腰,中部贴塑凸棱,残长21、直径6.6厘米;2件为鼓首(2016HSIG1:4、2016HSIG1:5)(图一,2、3),泥质灰褐陶,喇叭形,中部有凸棱,口部略高,残长分别为10、11厘米,直径分别为15、13厘米,这两件疑为同一腰鼓的鼓首。

---

[1] (清)徐松辑,刘琳等点校:《宋会要辑稿·刑法二》,上海古籍出版社,2014年,第8350页。
[2] (元)脱脱等撰:《宋史》卷三十五《孝宗三》,中华书局,1985年,第683页。
[3] (宋)吴自牧著:《梦粱录》卷二十,据《知不足斋丛书》本排印,浙江人民出版社,1980年,第192页。
[4] 《宋史》卷一百三十一《乐志六》,第3052页。
[5] 延边朝鲜族自治州博物馆:《渤海贞孝公主墓发掘清理简报》,《社会科学战线》1982年第1期。
[6] 李健才:《桦甸苏密城考》,《黑龙江文物丛刊》1983年第2期。
[7] 吉林省文物考古研究所发掘资料。

图一　吉林桦甸苏密城城址出土渤海陶腰鼓
1. 2015HSⅣT2089③：8　2. 2016HSIG1：4　3. 2016HSIG1：5

二

学术界一般认为，腰鼓起源于印度，汉晋时由西域东渐内地[①]。中国境内陶腰鼓的实物，目前最早者见于河南偃师前杜楼北魏石棺墓[②]。《通典》（801年成书）记："近代有腰鼓，大者瓦，小者木，皆广首而纤腹。"[③]《旧唐书·音乐志二》："腰鼓，大者瓦，小者木，皆广首而纤腹，本胡鼓也。石遵好之，与横笛不去左右。"[④]唐人语境中，瓦往往可作陶器解[⑤]。木质腰鼓不易保存，故考古发现的唐代腰鼓，均为陶瓷质地。

有关唐代的陶瓷腰鼓，学界已有所讨论[⑥]。唐代中原地区陶腰鼓的出

[①] ［日］林谦三著，钱稻孙译：《东亚乐器考》，上海书店出版社，2013年，第116页。
[②] 洛阳市第二文物工作队：《偃师前杜楼北魏石棺墓发掘简报》，《文物》2006年第12期。
[③] （唐）杜佑：《通典》卷一百四十四《乐典》，中华书局，1988年，第3676页。
[④] （后晋）刘昫等撰：《旧唐书》卷二十九《音乐志二》，中华书局，1975年，第1079页。
[⑤] （唐）段成式撰，曹中孚校点：《酉阳杂俎》前集卷十一："李洪山人，善符箓，博知，常谓成式，瓷瓦器墼者可弃。昔遇道者言，雷鼍及鬼魅，多遁其中。"上海古籍出版社，2012年，第63页。
[⑥] 叶倩：《陶瓷腰鼓考》，《上海博物馆集刊》第十一辑，上海书画出版社，2008年。任志录：《从鲁山花瓷看腰鼓的几个问题》，《东方收藏》2018年第4期。袁胜文：《南窑出土腰鼓及相关问题》，载江西省文物考古研究所、乐平市博物馆编著：《景德镇南窑考古发掘与研究——2014年南窑学术研讨会论文集》，科学出版社，2015年。

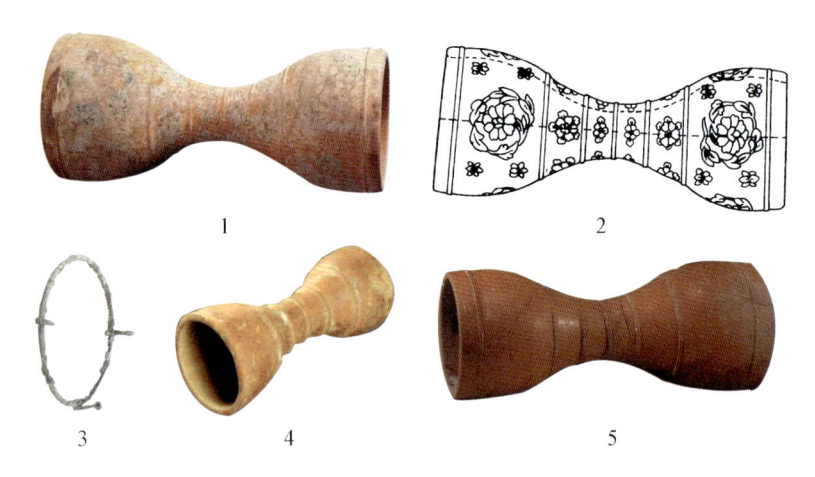

图二　唐代中原地区陶腰鼓及配件

1～3.李宪墓（3为铁箍圈）　4.李洪钧墓　5.西北大学历史博物馆藏

土实例，见于陕西蒲城县唐让皇帝李宪之惠陵（742年葬）[①]以及河南沁阳山王庄乡张庄村李洪钧墓（755年）[②]。均为泥质红陶，前者出土2件，长35.5厘米，分模合制，通体彩绘，伴出有鼓首蒙皮之用的铁箍圈（图二，1～3）；后者出土1件，长29、口径13厘米，两端蒙有皮革鼓面，出土时已腐朽（图二，4）。此外，西北大学历史博物馆亦收藏1件泥质红陶腰鼓，长48.9厘米（图二，5）[③]。

  吉林桦甸苏密城出土的陶腰鼓，陶质、陶色与该城址出土的其他渤海陶器相同，形制与唐代中原地区陶腰鼓近同，应为模仿中原陶腰鼓的渤海本地制品。文献记载渤海国"远慕华风，聿修诚节"[④]，"慕中华

[①]　陕西省考古研究所：《唐李宪墓发掘报告》，科学出版社，2005年，第98页。
[②]　李志军、郑卫：《河南沁阳唐代李洪钧墓发掘简报》，《洛阳考古》2015年1期。
[③]　西北大学文博学院考古专业编：《百年学府聚珍：西北大学历史博物馆藏品集》，文物出版社，2002年，第134页。
[④]　（宋）李昉：《文苑英华》卷四七一唐文宗与渤海王大彝震书："远慕华风，聿修诚节。"（《文渊阁四库全书》本）

文物"①、"与华夏同风"②，考古发现表明了渤海在制度、文化等方面与唐朝的趋同性。苏密城出土陶腰鼓，虽然在做工精细程度上不及中原地区，但仍是渤海音乐文化受到中原唐王朝文化影响的实物例证。

三

考古发现的唐代乐器实物，以花瓷腰鼓最为常见。烧造花瓷腰鼓的窑址，主要有河南鲁山段店窑③、禹州神垕下白峪窑④、陕西铜川黄堡窑⑤、山西交城窑⑥以及浙江温岭下园山窑⑦等，以黑（褐）釉白瓷为多，黄堡窑还有青釉黄彩、茶叶末釉黄彩产品。单色釉瓷腰鼓生产范围更

---

① （宋）王钦若：《册府元龟》卷四十一《帝王部·宽恕》记唐代宗八年（773年）闰十一月，"渤海质子盗修袭龙，擒之。词云：'慕中华文物。'帝矜而舍之"。中华书局，1960年，第468页。
② （唐）元稹：《元氏长庆集》卷四九唐穆宗敕制，"慎能至、王佺大公则等，洲（海）东之国，知义之道，与华夏同风者，尔辈是也"（《文渊阁四库全书》本）。
③ 李辉柄、李知宴：《河南鲁山段店窑》，《文物》1980年第5期。河南省文物研究所等：《河南鲁山段店窑的新发现》，《华夏考古》1988年第1期。河南省文物考古研究院等：《鲁山段店窑遗珍》，科学出版社，2017年。深圳市文物考古鉴定所等：《鲁山窑调查报告》，文物出版社，2017年。
④ 北京大学中国考古学研究中心、河南省文物考古研究所：《河南省禹州市神垕镇下白峪窑址发掘简报》，《文物》2005年第5期。
⑤ 陕西省考古研究所：《唐代黄堡窑址》，文物出版社，1992年，第198、199、274页。
⑥ 交城窑唐代是否生产花瓷腰鼓，学术界意见并不统一。中国硅酸盐学会主编《中国陶瓷史》（文物出版社，1982年，第213页）说交城窑唐代遗址出土不少黑釉斑点腰鼓标本，但形体较小，胎体薄，斑点有明显笔痕。赵恒富《交城窑制瓷工艺及衰落原因考》（山西省考古学会等编：《山西省考古学会论文集（三）》，山西古籍出版社，2000年，第437页）报道了窑址采集的花瓷腰鼓残片1件，并认为是唐代的。孟耀虎《宋金介休窑瓷器装饰》（冯小琦主编：《磁州窑瓷器研究》，故宫出版社，2013年，第371页）认为交城窑唐代遗存是不确定的，交城窑是受介休窑完全影响下生产的，介休窑也烧花瓷腰鼓，但时代为金代。
⑦ 故宫博物院编：《故宫博物院藏中国古代窑址标本·浙江·中》，故宫出版社，2015年，第645页。

广，除段店、下白峪、黄堡等北方窑场外，江西景德镇兰田大金坞窑[①]、乐平南窑[②]、余干黄金埠窑[③]等南方窑场也有出土。北方窑场均为黑釉，南方窑场则有青釉、黑（褐）釉两种。窑址之外，西安唐长安大明宫遗址[④]、西安东郊纺织城[⑤]、上海青浦青龙镇遗址[⑥]、成都杜甫草堂遗址[⑦]等也出土过瓷腰鼓。根据器形的差异，唐代瓷腰鼓可分为两型。

A型：两端为对称的喇叭口鼓首。此型数量最多，窑址及城镇遗址均有发现（图三）。

B型：一端为喇叭口鼓首，另一端为深杯形鼓首（图四）。此型数量较少，仅见于窑址，如鲁山段店、景德镇兰田、余干黄金埠等窑。

唐代南卓《羯鼓录》载：

> 宋开府璟，虽耿介不群，亦深好声乐，尤善羯鼓（乐部行王

[①] 北京大学考古文博学院等：《景德镇市兰田村大金坞窑址调查与试掘》，《南方文物》2015年第2期。秦大树等：《景德镇早期窑业的探索——兰田窑发掘的主要收获》，《南方文物》2015年第2期。
[②] 张文江等：《景德镇南窑遗址考古发掘的主要收获》，江建新：《从南窑、兰田窑出土青瓷看景德镇早期瓷业》，《景德镇南窑考古发掘与研究——2014年南窑学术研讨会论文集》。
[③] 余江安：《唐风胡韵之载体——江西余干黄金埠唐代窑址考古新收获》，《景德镇南窑考古发掘与研究——2014年南窑学术研讨会论文集》，第165页。
[④] 《中国音乐文物大系》总编辑部：《中国音乐文物大系·陕西卷、天津卷》，大象出版社，1999年，第120页。
[⑤] 中国陶瓷全集编辑委员会：《中国陶瓷全集·隋唐卷》，上海人民美术出版社，2000年，第206页。
[⑥] 青龙镇考古队：《上海市青浦区青龙镇遗址2012年发掘简报》，《东南文化》2014年第4期。叶倩：《青龙镇遗址出土唐代瓷器的相关探讨》，载上海博物馆编：《"城市与文明"学术研讨会论文集》，上海古籍出版社，2016年，第560页。
[⑦] 杨渝泉：《喧然名都会，草堂鼓声传——述杜甫草堂遗址出土唐鼓》，《杜甫研究学刊》2006年第3期。但2002年度杜甫草堂遗址的发掘报告并未见这件瓷鼓的报道。成都市文物考古研究所、成都杜甫草堂博物馆：《成都杜甫草堂唐—宋遗址发掘报告》，载成都市文物考古研究所编著：《成都考古发现2002》，科学出版社，2004年。

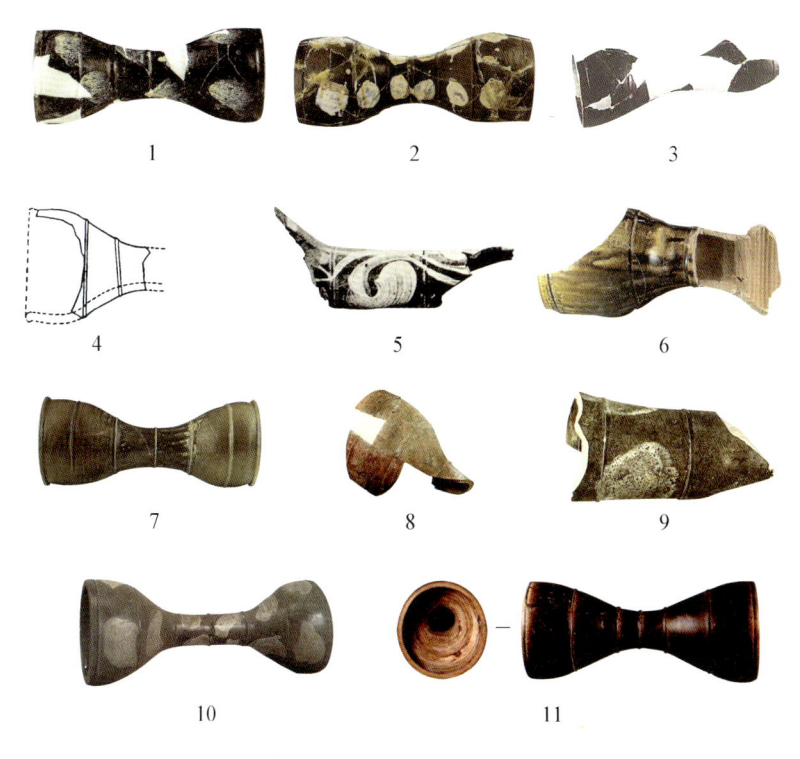

图三　唐代窑址及城镇遗址出土A型瓷腰鼓

1、2.鲁山段店窑（LD唐0120、0270）3.禹州下白峪窑（XBT4③：126）4、5.铜川黄堡窑（Ⅱ T6④：2、ⅠT13③：60）7、8.乐平南窑（2011JNT1④：146、2011JNT1⑤：90）6.余干黄金埠窑　9.温岭下窑山窑　10.西安东郊纺织城　11.上海青龙镇遗址（T2662⑧：14）

询云，南山起云，北山起雨，即开府所为也）。始承恩顾，与上论鼓事，曰："不是青州石末，即是鲁山花瓷。捻小碧上，掌下须有朋肯之声。"据此乃是汉震（一作侲）第二鼓也。且鼓用石末、花瓷，固是腰鼓，掌下朋肯声，是以手拍，非羯鼓明矣。[①]

[①]（唐）南卓：《羯鼓录》，上海古籍出版社，1956年，第6页。

渤海国的陶腰鼓　123

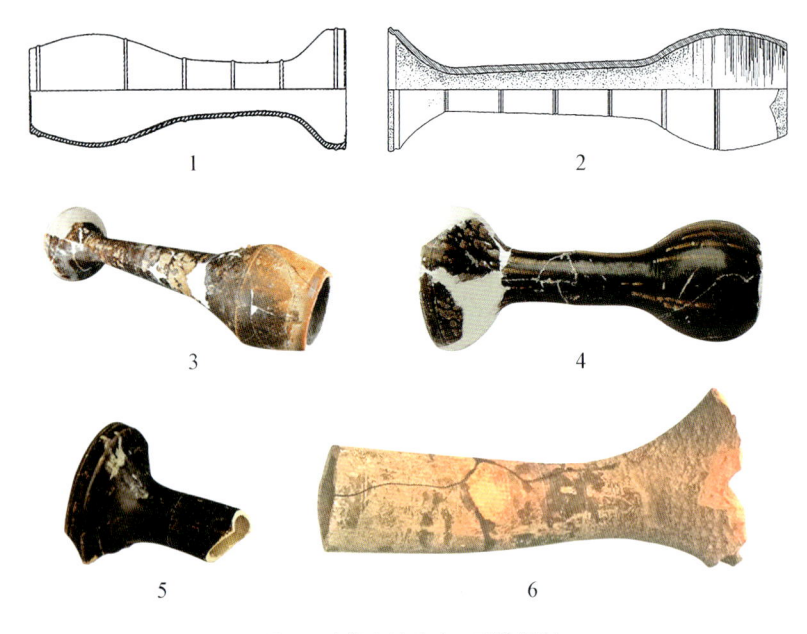

图四　唐代窑址出土 B 型瓷腰鼓

1. 鲁山段店窑（LD 唐 0235） 2、3. 景德镇兰田窑 12JLCT1②：12　4. 余干黄金埠窑　5. 乐平南窑 2013JNT05②：16　6. 南窑 2013JNY1③：10

前述花瓷腰鼓的考古发现，证明了南卓所言不虚。"青州石末"何谓？前人讨论不多。按《羯鼓录》文意，"青州石末"亦应为腰鼓。《旧唐书·柳公权传》载："（柳公权）常评砚，以青州石末为第一，言墨易冷，绛州黑砚次之。"①北宋晁载之《续谈助》卷三："潍州北海县石末砚，土人取烂石研澄其末，烧之为砚。即柳公权为第一者。潍乃唐青州北海县也。"②《欧阳文忠公集》记："青州、潍州石末研，皆瓦砚也。"③苏轼

---

① 《旧唐书》卷一百六十五《柳公权传》，第 4312 页。
② 《丛书集成初编》据清《十万卷楼丛书》排印本，中华书局，1985 年。
③ （宋）欧阳修：《欧阳文忠公集》外集卷二十一《砚谱》（《四部丛刊》本）。

《东坡志林》卷一：

> 柳公权论研（即砚），甚贵青州石末，云："墨易冷。"世莫晓其语。此研，青州甚易得，凡物尔，无足珍者。盖出陶灶中，无润泽理。唐人以此作羯鼓鞚，与定州花瓷作对，岂研材乎？研当用石，镜当用铜，此其材本性也。以瓦为研，如使铁镜耳。人之待瓦研铁镜也微，而责之也轻，粗能磨墨照影，便称奇物，其实岂可与真材本性者同日而语哉。①

据此可知，青州石末，既是柳公权盛赞的陶砚原材，也可以用来烧造与鲁山花瓷齐名的陶腰鼓。只是前述李宪陵、李洪钧墓出土以及西北大学等收藏的泥质红陶腰鼓，是否以青州石末烧成就不得而知了。

---

① （宋）苏轼：《东坡志林》卷一（《钦定四库全书》本）。苏轼在这里把"鲁山花瓷"误作他那个时代的"定州花瓷"了。

耀州烧瓷扑不朽
——说宋代耀州窑青瓷狮盖香炉

> 道人导我启圆龛,五百金仙争突兀。
> 耀州烧瓷扑不朽,狮子座中莲叶绕。
> (宋)赵蕃《鉴山主以天圣宣赐行道者
> 五百金装罗汉青瓷香炉为示复用韵》

南宋人赵蕃(1143~1229年)是江西诗派的代表人物,他受知于杨万里,与丞相兼文坛盟主周必大关系密切,曾问学于朱熹。《两宋名贤小集》说他"喜作诗,读者以为有靖节之风。江南文士赴都者,多求其作,得其片言只字,无不珍重,学者称为章泉先生"[1]。他的一首《鉴山主以天圣宣赐行道者五百金装罗汉青瓷香炉为示复用韵》[2],文学价值虽无足轻重,但却留下了关于宋代耀州窑青瓷香炉的唯一一条文献记载:"高林杲杲日欲出,却视诸山云自入。道人导我启圆龛,五百金仙争突兀。耀州烧瓷扑不朽,狮子座中莲叶绕。"

诗中的鉴山主是谁无从考证,天圣应为宋仁宗年号(1023~1032年)。仁宗虽然不像真宗赵恒那样痴迷道教,但其崇道政策并无根本改变[3]。

---

[1] (宋)陈思辑,(元)陈世隆补:《两宋名贤小集》卷二百二十四《章泉诗集》小传(《钦定四库全书》本)。
[2] (宋)赵蕃:《淳熙稿》卷五(《武英殿聚珍版丛书》本)。
[3] 卿希泰:《简明中国道教史》,中华书局,2013年,第92页。

宣赐行道者五百金装罗汉青瓷香炉就是一个具体的例子。《元丰九域志》卷三记："耀州华原郡，土贡瓷器五十事。"[1]《宋史·地理志》记："耀州华原郡……崇宁……贡瓷器。"[2] 既往认为耀州贡瓷的时间在元丰至崇宁间（1078~1106年）[3]，不过从这首诗来看，耀州贡瓷似可早至仁宗天圣年间。

耀州黄堡镇发现的德应侯碑[4]，赞誉耀瓷"精比琢玉"，"击其声铿铿如也"，正是诗中"耀州烧瓷扑不朽"的注脚。而"狮子座中莲叶绕"的形态，也可以在考古出土以及传世耀州窑青瓷香炉中寻到对应。2020年发掘的陕西西安长安区杜回村M12，为1123年迁葬的孟珪墓[5]，该墓出土成组的耀州窑青瓷器24件，其中两件香（熏）炉引人注目。M12∶19通高29.7厘米（图一），由底座、炉身和炉盖三部分组成。底座呈六足三层台阶形；炉身为深钵形，腹壁贴塑莲瓣一周；炉盖呈覆盘形，上塑一张口蹲坐的狮子（狻猊），腹腔中空。宁夏固原小岔乡出土的耀州窑青瓷香炉（图二）[6]，与孟珪墓出土者形制近似。类似香炉的底座及狮形盖残件，在耀州窑址均有出土（图三~图五）[7]。已故美国著名收藏家安思远藏品中，有两件耀州窑青瓷狮形器盖，一件为母狮

---

[1] （宋）王存：《元丰九域志》卷三（《钦定四库全书》本）。
[2] （元）脱脱等撰：《宋史》，中华书局，1977年。
[3] 中国硅酸盐学会编：《中国陶瓷史》，文物出版社，1982年，第254页。
[4] 陈万里：《我对于耀瓷的初步认识》，《文物参考资料》1955年第4期。
[5] 苗轶飞、张锦阳：《陕西长安杜回村发现北宋宣和五年耀州窑瓷器》，《收藏》2021年第1期。
[6] 此器现藏固原博物馆，《中国出土瓷器全集》（张柏主编，科学出版社，2008年）第16卷第125页说是小岔乡出土；《固原文物精品图集》（宁夏固原博物馆、宁夏人民出版社，2013年）下册第118页著录的瓷狮子，应是此熏炉的盖子，但说是石岔乡出土。小岔乡、石岔乡均位于今固原市彭阳县，准确出土地点难以判定。
[7] 陕西省考古研究所：《五代黄堡窑址》，文物出版社，1997年，第139页，图七五、1、3。陕西省考古研究所等：《宋代耀州窑址》，文物出版社，1998年，第399页，图一九七、4。

图一 长安杜回村孟珪墓耀州窑青瓷香炉　　图二 固原小岔乡耀州窑青瓷香炉

图三 黄堡窑址青瓷香炉　　图四 黄堡窑址青瓷香炉

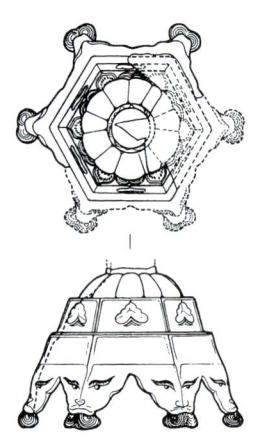

怀抱小狮（图六），另一件为两狮戏耍（图七）[1]，应该也是此类熏炉的盖子。

宋人洪刍（1066～1128年）《香谱》卷下记载："香兽，以涂金为狻猊、麒麟、凫鸭之状，空中以燃香，使烟自口出，以为玩好。复有雕木、埏土为之者。"[2]所谓"埏土为之者"，就是指陶瓷质地的香炉。徐兢《宣和奉使高丽图经》[3]记述北宋使节见到的香炉："兽炉，子母兽炉，以银为之，刻镂制度精巧。大兽蹲踞，小兽作搏攫之形，返视张口，用以出香。""陶炉，狻猊出香，亦翡色也，上有蹲兽，下有仰莲以承之，诸器惟此物最精绝。"《图经》云高丽器具"皆窃仿定器制度""窃效中国制度"，其狮盖香炉的形制，也应是模仿宋代香炉而来。

狮盖香炉的形制，在宋代其他窑场产品中不乏其例。对此，扬之水[4]、霍小骞[5]都做过讨论。耀州窑北宋此类青瓷产品，既是流风所及，又可追溯至该窑唐代的传统。黄堡耀州窑址唐代遗存中就有发现。两件蹲狮盖香炉均为三彩产品的素烧器（图八、图九），炉体为典型的唐代五足盘式样制[6]。唐代的玉石香炉中，以蹲狮为盖者也有一些发现[7]。如河南偃师杏园唐墓M1921（843年李郁与崔氏合葬墓）滑石香炉（图一〇）[8]、

---

[1] 高阿申：《浅议安思远与他的耀州窑狮子》，《东方收藏》2016年第2期。
[2] （宋）洪刍：《香谱》卷下（《百川学海》本）。
[3] （宋）徐兢：《宣和奉使高丽图经》，今西龙据《知不足斋》本点校，近泽书店，1932年。
[4] 扬之水：《两宋香炉源流》，《中国典籍与文化》2004年第1期。
[5] 霍小骞：《宋代香炉形制研究》，复旦大学硕士学位论文，2014年。
[6] 陕西省考古研究所：《唐代黄堡窑址》，文物出版社，1992年，第454页，图版一二六，3、4。
[7] 冉万里：《略论唐代狮形香炉造型的宗教含义及其源流——一个印度造型创意的传播》，《文博》2013年第4期。
[8] 中国社会科学院考古研究所：《偃师杏园唐墓》，科学出版社，2001年，第226页，彩版12。

图五　耀州窑址青瓷香炉盖

图六　安思远藏耀州窑青瓷香炉盖

图七　安思远藏耀州窑青瓷香炉盖

图八　黄堡窑址出土素烧香炉

图九　黄堡窑址出土素烧香炉

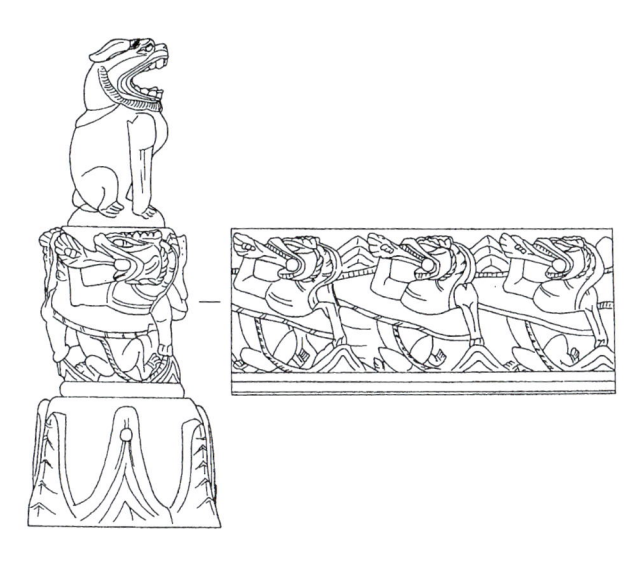

图一〇　偃师杏园唐李郁与崔氏合葬墓滑石熏炉

耀州烧瓷扑不朽　131

图一一　西安唐代曹氏墓滑石香炉

陕西西安雁塔区月登阁村杜华墓（798年）[1]、东郊纺织城乾符三年（876年）曹氏墓滑石香炉（图一一）[2]、西安西郊第三印染厂晚唐墓汉白玉香炉[3]等。在渤海国上京城遗址也出土过这种玉石香炉[4]，但狮盖及底座缺失。造型艺术在不同材质器物之间的互动，于此可见一斑。

---

[1] 陕西省考古研究院：《陕西西安月登阁村唐杜华墓发掘简报》，《考古与文物》2021年第6期。
[2] 王自力：《西安唐代曹氏墓及出土的狮形香薰》，《文物》2002年第12期。
[3] 杨军凯：《陕西省第三印染厂两座唐墓清理简报》，《考古与文物》1992年第5期。
[4] 黑龙江省文物考古研究所：《渤海上京城——1998～2007年度考古发掘调查报告》，文物出版社，2009年，第222页，图版二一八，1。彭善国：《渤海上京城2号宫殿址出土玉石"杖首"应为"熏炉"考辨》，《北方文物》2017年第4期。

马家处鼎同青瑶
——宋元龙泉窑青瓷香炉纵论

> 马家处鼎同青瑶，左右梁耳圆索绚。
> 预忧凝尘助脆滑，失声脱腕春冰抛。
> （元）姚燧《谢马希声处瓷香鼎》

元代名臣姚燧，官至翰林学士承旨、知制诰兼修国史，"为世名儒"，"盖自延祐以前，文章大匠，莫能先之"[1]。其《谢马希声处瓷香鼎》诗中写道：

> 吴侯建碗俦紫铁，表里鬼毫莹铺雪。每愁射日动精采，倒景过目睛电掣。人云煮茗何足道，黄金百炼终不裂。惠然持饷耽诗兄，供啜幽斋真一绝。马家处鼎同青瑶，左右梁耳圆索绚。预忧凝尘助脆滑，失声脱腕春冰抛。我思焚香固其物，丹砂九转疑可烧。何当去求善画史，取并清玩谁相高。[2]

这大概是元代文献关于龙泉青瓷香炉唯一的明确记载。

诗中的"处瓷"，是处州瓷器即龙泉窑瓷器的简称。至元十三年

---

[1] （明）宋濂等撰：《元史》卷一百七十四《姚燧传》，中华书局，1976年，第4059页。
[2] （元）姚燧：《牧庵集》卷三二（《四部丛刊初编》本）。

（1276年），元朝设立处州路总管府，辖丽水、龙泉、松阳、遂昌、青田、缙云、庆元七县[①]。元代汪大渊《岛夷志略》对当时外销各地的龙泉瓷器，有"处州瓷器""处州瓷""处瓷器""处瓷""处器"等多种表达[②]。青瑶，青色的美玉，与诗里的"春冰"一样，用来形容龙泉瓷器的青碧，与唐人赞誉越窑瓷器"千峰翠色""类玉类冰"异曲同工。马希声馈赠姚燧的这件鼎式香炉，有对称的圆形绳索状双耳（左右梁耳圆索绹），具有这种双耳的龙泉青瓷炉，见于韩国新安海底元代沉船[③]以及浙江省龙泉市道太乡明代墓葬[④]，后者虽然是一座1518年的纪年墓，但有学者已指出香炉为元代[⑤]。明代墓葬出土元代龙泉香炉，其例可举者还有浙江桐乡1601年吕媄墓[⑥]。成书于1621年的《长物志》卷七《香炉》记："三代秦汉鼎彝及官、哥、定窑、龙泉、宣窑，皆以备赏鉴，非日用所宜。"[⑦]已有将龙泉香炉与三代鼎彝、官哥定窑一并视为前朝古物的倾向。

宋代以来，烧香点茶、挂画插花，被称为"四般闲事"[⑧]。"香鼎茶

[①]　《元史》卷六十二《地理五》，第1499页。
[②]　（元）汪大渊著，苏继顾校释：《岛夷志略校释》，中华书局，1981年，第17、38、89、178、213、234页。
[③]　国立海洋遗物展示馆：《新安船发掘30周年纪念特别展——新安船与东亚的陶瓷贸易》（图录），2006年，第61页。
[④]　张柏主编：《中国出土瓷器全集·浙江卷》，科学出版社，2008年，第233页。
[⑤]　张仲淳：《韩国新安海底沉船的发现对龙泉窑青瓷断代的意义》，载中国古陶瓷学会编：《龙泉窑研究》，故宫出版社，2011年，第443页。
[⑥]　张倩红：《桐乡市博物馆藏的龙泉窑青瓷》，《东方博物》第63辑，浙江大学出版社，2017年。
[⑦]　（明）文震亨：《长物志》卷七，《丛书集成初编》本，商务印书馆，1936年，第47页。
[⑧]　（宋）灌圃耐得翁：《都城纪胜·四司六局》："故常谚云，烧香点茶，挂画插花，四般闲事，不许冗家。"（宋）孟元老等著，周峰点校：《东京梦华录（外四种）》，文化艺术出版社，1998年，第84页。（宋）吴自牧：《梦粱录》卷十九《四司六局筵会假赁》："俗谚云，烧香点茶、挂画插花，四般闲事，不宜累家。"前引《东京梦华录（外四种）》，第296页。

瓶只自随，先生有兴只吟诗"①。然焚香并不局限于文人清供，还用于各种祭祀场合。《（至正）四明续志》卷七记"祭器……香炉、花瓶一副，青瓷器"②。广泛的需求促使南北窑场大量烧造瓷质香炉，龙泉窑也概莫能外。

　　成书于南宋初的《鸡肋编》卷上记："处州龙泉县多佳树，地名豫章，以木而著也。……又出青瓷器，谓之'秘色'，钱氏所贡，盖取于此。宣和中，禁庭制样须索，益加工巧。"③吴越钱氏所贡秘色瓷取自越窑而非龙泉殆无疑问，宋徽宗朝宫廷是否向龙泉窑制样须索瓷器尚无证据，但考古发现表明，北宋晚期龙泉窑已经有了较大发展④。这一时期龙泉青瓷香炉的实物资料，见于浙江松阳西屏镇云岩山下宋墓（图一，1）。炉展沿宽平，直筒腹，花口状台足。此炉《青色流年——全国出土浙江纪年瓷图集》著录为1093年⑤，不知何据。《浙江松阳宋墓出土瓷器》⑥报道了这座墓葬出土的青白瓷器和漆器上有墨书或朱书的"辛未""丁巳""癸酉"3个干支年号，并推测其为北宋晚期墓。《松阳博物馆藏北宋龙泉窑青瓷》一文，则说该墓出土的龙泉青瓷香炉底部有"□戌"款⑦。11世纪的"丁巳"为1017、1077年，"辛未"为1031、1091年，"癸酉"为1033、1093年，至于"□戌"，则有甲戌（1034、1094

---

① （元）李孝光：《五峰集》卷八《香鼎》（《文渊阁四库全书》集部别集类）。
② （元）王元恭修，王存孙、徐亮纂：《（至正）四明续志》卷七《学校》，《宋元方志丛刊》第七册，中华书局，1990年，第6542、6543页。
③ （宋）庄绰：《鸡肋编》卷上，据涵芬楼旧版影印，上海书店，1990年，第7页。
④ 沈岳明：《北宋时期的龙泉窑业》，载沈岳明、郑建明主编：《北宋龙泉窑纵论》，文物出版社，2018年，第1~14页。
⑤ 浙江省博物馆编，汤苏婴、王轶凌主编：《青色流年——全国出土浙江纪年瓷图集》，文物出版社，2017年，第256页。
⑥ 宋子军、刘鼎：《浙江松阳宋墓出土瓷器》，《文物》2015年第7期。
⑦ 王永球：《松阳博物馆藏北宋龙泉窑青瓷》，《文物天地》2015年第8期。

图一　北宋龙泉青瓷香炉及对比图

1. 松阳云岩山下宋墓　2. 江宁徐伯通墓　3、4. 龙泉窑址征集　5. 景德镇湖田窑址　6. 德兴流口村胡夫人墓

年)、丙戌(1046年)、戊戌(1058年)、庚戌(1070年)、壬戌(1022、1082年)等可能。此香炉的形制,与江苏江宁区祖堂山下冯村徐伯通墓(1081年)出土的青白瓷香炉(图一,2)几乎相同[①],因此,"□戌"为1070、1082、1094年中某年的可能性较大。

不过,在金村等北宋时期龙泉窑址的调查和发掘中,香炉却极少发现[②]。龙泉青瓷博物馆藏季盛和捐赠的青瓷香炉(图一,3),上刻"□(龙)泉县小梅窑匠李熟同妻陈十二娘捨□香炉□觉(?)□",展沿,

---

① 《中国出土瓷器全集·江苏卷》,第97页。
② 张翔:《龙泉金村古瓷窑址调查发掘报告》,载浙江省轻工业厅编:《龙泉青瓷研究》,文物出版社,1989年,第68~91页。浙江省文物考古研究所、龙泉青瓷博物馆:《龙泉金村窑址群——2013~2014年调查试掘报告》,文物出版社,2019年。

盂形腹部深直，外腹部剔雕仰莲，类似的香炉窑址征集（私人收藏）多件（图一，4）[1]，其形制与江西德兴海口乡流口村胡夫人墓（1092年）出土青白瓷香炉（图一，6）近似[2]，而炉腹剔雕莲瓣的做法，亦见于景德镇湖田窑址青白瓷香炉（图一，5）[3]。综上，私人收藏的这几件龙泉青瓷香炉的年代，约在北宋晚期。

南宋人杨万里（1127～1206年）《烧香七言》写道："琢瓷作鼎碧于水，削银为叶轻如纸。不文不武火力匀，闭合下帘风不起。诗人自炷古龙涎，但令有香不见烟。"[4]学者经常将这首诗与南宋龙泉青瓷香炉联系起来，但迄今为止尚未发现12世纪龙泉香炉的纪年材料，诗中的"琢瓷作鼎"，是否就是明确指代龙泉青瓷产品还不宜定论，因为杨万里的时代，包括慈溪越窑在内不少窑场都烧造高质量的青瓷[5]。南宋龙泉香炉的纪年材料，目前都集中于13世纪。朱伯谦曾提到江西南昌纪年墓（1209年）出土过龙泉窑三足炉[6]，这个重要的纪年材料每每为研究者引用，但此墓以及三足炉的详情却一直未见报道。陈柏泉介绍过1970年江西南昌嘉定二年（1209年）陈氏墓（颇疑即朱伯谦提及的那座）出土的文物有两件吉州窑瓷器，其中一件为三足炉，但未提及伴出有龙泉窑瓷器[7]。因此，这座纪年墓葬是否出土有龙泉青瓷香炉尚存

---

[1] 叶英挺：《龙泉窑莲花炉与供养款铭文》，《收藏与投资》2019年第12期。
[2] 孙以刚：《江西德兴流口北宋墓》，《南方文物》1994年第3期。江西省博物馆编著：《江西宋代纪年墓与纪年青白瓷》，文物出版社，2016年，第82页。
[3] 江西省文物考古研究所、景德镇民窑博物馆：《景德镇湖田窑址》，文物出版社，2007年，彩版九九，2。
[4] （宋）杨万里：《诚斋集》卷八（《四部丛刊》景宋本）。
[5] 浙江省文物考古研究所、慈溪市文物管理委员会办公室：《慈溪南宋越窑址2010～2018年调查发掘报告》，文物出版社，2019年。
[6] 朱伯谦：《龙泉窑青瓷》，艺术家出版社，1998年，第310页表格。
[7] 陈柏泉：《江西出土的几件宋代吉州窑瓷器》，《文物》1975年第3期。

疑问。

13世纪早期开始，龙泉窑烧造的青瓷香炉形制与北宋晚期已截然不同。以仿古铜器为主，造型丰富，可以分为鬲式炉、簋式炉、鼎式炉、洗式炉、奁式炉等5种[①]（附表一）。

1. 鬲式炉

纪年墓有浙江云和正屏山（1248年）、德清吴奥墓（1268年）、丽水三岩寺叶梦登妻潘氏墓（1275年）3例。朱伯谦曾提到浙江金华傅村畈田蒋钱塘县尉童恮墓（1229年）出土缠枝牡丹鬲式炉1件[②]，但目前考古发现及传世宋元龙泉青瓷鬲式炉均为素面，未见有装饰花纹者，故此纪年材料也需要重新考虑。南宋至元代鬲式炉形制几无差别，均无耳，3个扉棱将腹部分为三等份并延伸到鬲足处（图二）。

2. 簋式炉

圆口外侈，曲腹，宽圈足，双螭耳（图三）。依照《宣和博古图》[③]《考古图》[④]，这种形制的器物被称为"彝"，而簋则"外圆而内方"。南宋晚期成书的蒋祈《陶记》记景德镇窑场产品，"则炉之别：曰猊，曰鼎，曰彝，曰鬲，曰朝天，曰象腿，曰香奁，曰桶子"[⑤]，这里的彝炉，或是指簋式炉而言。簋式炉出土数量不多，且目前缺乏纪年材料，不好遽断南宋和元代之间存在形制差别。

[①] 本文龙泉香炉资料均为考古出土品。
[②] 朱伯谦：《龙泉大窑古瓷窑址发掘报告》，《龙泉青瓷研究》，第64页。
[③] （宋）王黼著，诸莉君点校：《宣和博古图》，上海书店出版社，2017年，第132页。
[④] （宋）吕大临著，廖莲婷整理点校：《考古图（外五种）》，上海书店出版社，2016年，第61页。
[⑤] 白焜：《宋·蒋祈〈陶记〉校注》，刘新园：《蒋祈〈陶记〉著作时代考辨——兼论景德镇南宋与元代瓷器工艺、市场及税制等方面的差异》，均载《景德镇陶瓷》1981年《陶记》研究专刊。

图二 出土宋元龙泉青瓷鬲式炉

1. 云和正屏山墓 2. 德清吴奥墓 3. 丽水潘氏墓 4. 遂宁金鱼村窖藏 5. 南充顺庆窖藏 6. 扬州宝祐城西城门外 7. 青浦大盈镇宋井 8. 南安石壁水库 9. 杭州江干排灌站 10. 镇江市内 11. 新安沉船 12. 集宁路窖藏 13. 太仓樊村泾遗址 14. 龙泉大窑窑址 15、16. 龙泉枫洞岩窑址

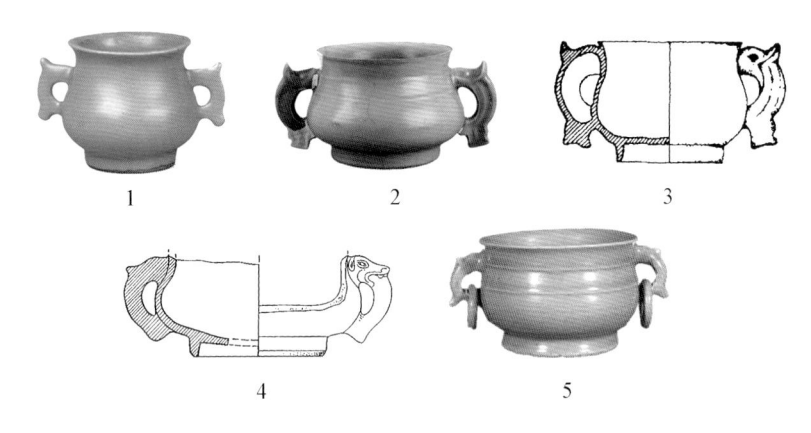

图三 出土宋元龙泉青瓷簋式炉

1. 湖州石泉村宋墓 2. 遂宁金鱼村窖藏 3. 简阳园艺场窖藏 4. 杭州卷烟厂南宋御街 5. 韩国新安沉船

3. 鼎式炉

数量较多，形制丰富，普遍设置对称双立耳，兽蹄状足或圆柱形三足，依据腹部的差异，可以分为罐形鼎、筒形鼎、钵形鼎和方鼎4型（图四）。罐形鼎直领，球腹或扁圆腹。简阳园艺场"元墓"[①]炉，为簋式炉下加三足。杭州元代鲜于枢墓（1302年）罐形鼎式炉与两件贯耳瓶共出，应是一组供器。筒形鼎有盘口和直口两种，立耳均置于口部。蒋祈《陶记》所说的"桶子"，或即此类香炉。方鼎仅见于江苏太仓樊村泾遗址以及韩国新安海底沉船，造型和装饰都较为复杂。钵形鼎浅腹，口部置两个半圆绳索状耳，柱状足粗壮，或即蒋祈《陶记》所记之"象腿"。罐形鼎、筒形鼎流行于南宋中晚期至元代，形制演变规律性不强，钵形鼎、方鼎主要见于元代。

---

① 实际为南宋晚期窖藏，参黄晓枫：《四川简阳东溪园艺场遗迹性质与年代探讨》，《考古与文物》2013年第3期。

图四 出土宋元龙泉青瓷鼎式炉

1. 瑞安隆山宋墓　2. 简阳园艺场窖藏　3、4、15. 龙泉大窑窑址　5. 湖州凡石桥遗址　6. 荣昌窖藏　7. 杭州鲜于枢墓　8、10、16、18. 韩国新安沉船　9、17、19. 太仓樊村泾遗址　11、13. 遂宁金鱼村窖藏　12. 杭州严官巷御街遗址　14. 龙游寺后乡　20. 龙泉道太乡明代墓葬（1～10. 罐形鼎　11～15. 筒形鼎　16、17. 方鼎　18～20. 钵形鼎）

图五　出土元代龙泉青瓷洗式炉

1、2. 韩国新安沉船　3. 太仓樊村泾遗址　4. 义乌市工人路窖藏　5. 湖州凡石桥遗址
6. 樟树市临江　7、8. 龙泉枫洞岩窑址

4. 洗式炉

数量不多，敛口、浅腹、无耳，腹部往往贴塑两排乳钉纹（图五）。龙泉大窑枫洞岩窑址出土者圜底内凹，三足起承重作用[①]。其他洗式炉之洗均为圈足承重，三兽蹄状足离地，不具备实际功能。洗式炉主要流行于元代。

5. 奁式炉

敛口，筒腹，三兽蹄状足，无耳，数量最多，是宋元龙泉青瓷香炉最为流行的形制。奁式炉也称为樽（尊）式炉，不过，宋代文献里的

[①] 浙江省文物考古研究所、北京大学考古文博学院、龙泉青瓷博物馆：《龙泉大窑枫洞岩窑址》，文物出版社，2015年。

"奁"，多是指贮藏器，《重修广韵》载："奁，盛香器也，又镜奁也，俗作奁。"①北宋名臣邢昺生病后，"上亲临问疾，赐名药一奁"②。《龙川文集》记："柑子一奁，内有真柑五十枚，乃是黄岩柑，闻其味颇胜温州者。"③内蒙古扎鲁特旗辽墓出土的青白盒子，外底戳印"郑家奁合"的款记④。扬之水认为宋人每以"奁""大奁""小奁"来称奁式炉⑤，这大概是个片面的理解，因为它们往往是指盛放香料的香盒，对此牟宝蕾已作了审慎辨证⑥。宋元人将这种香炉称之为奁，如蒋祈《陶记》所记"炉之别，……香奁"，应该是受到《考古图》《宣和博古图》等的影响。

南宋时期奁式炉的纪年材料有两例，一是丽水市下仓李屋妻姜氏墓（1222年），二是绍兴环翠塔基地宫（1265年）；元代的则有满城张弘略墓（1296年）、南安潘八墓（1310年）以及樟树吴城乡元墓（1343年）。南宋奁式炉口径与底径大体相若，三足落地，炉腹以弦纹、凸雕花纹为主（图六），此种形制的炉元代仍然存在，此外还流行腹壁斜直（口径大于底径）、三足凌空（炉底逐渐抬高）的新形制⑦（图七），除了弦纹、凸雕花纹外，还增加了八卦纹。

宋元龙泉青瓷香炉，因使用的场合不同，大小尺寸不一。如鬲式炉的口径，大者如金鱼村窖藏出土，达19.8厘米，小者如德清吴奥墓出土，仅9厘米，也有14厘米左右的。奁式炉的口径，从太仓樊村泾遗址

---

① （宋）陈彭年等重修：《（覆宋本）重修广韵》卷二，《丛书集成初编》本，商务印书馆，1936年。
② （元）脱脱等撰：《宋史》卷四百三十一《邢昺传》，中华书局，1977年，第12800页。
③ （宋）陈亮：《龙川文集》卷二十，《丛书集成初编》本，商务印书馆，1936年。
④ 彭善国：《辽代陶瓷的考古学研究》，吉林大学出版社，2003年，第259页。笔者在内蒙古文物考古研究所宁城工作站观摩过这件青白瓷盒。
⑤ 扬之水：《两宋香炉源流》，《中国典籍与文化》2004年第1期。
⑥ 牟宝蕾：《奁炉小考》，《华夏考古》2013年第4期。
⑦ 朱伯谦：《龙泉青瓷简史》，《龙泉青瓷研究》，第27页。

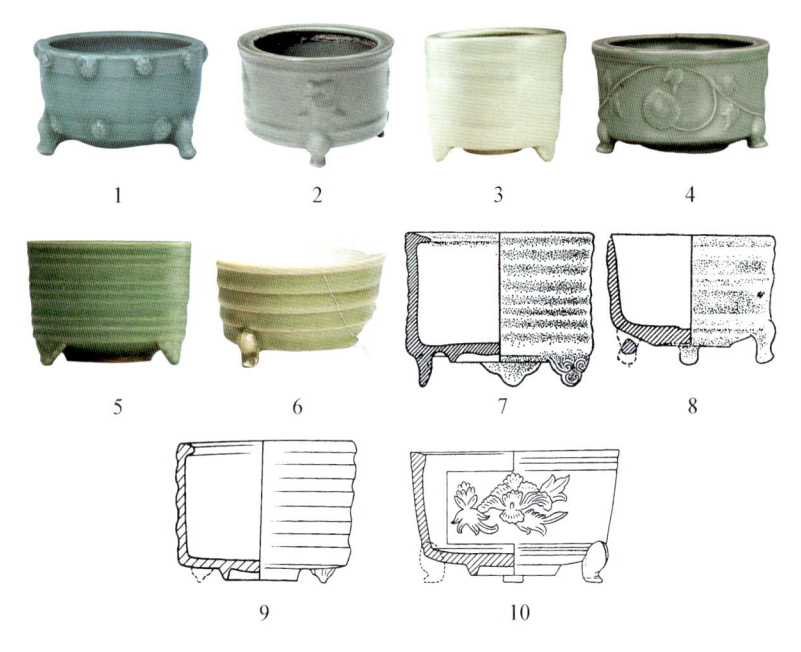

图六　出土南宋龙泉青瓷奁式炉

1. 丽水姜氏墓　2. 绍兴环翠塔地宫　3、4. 遂宁金鱼村窖藏　5. 杭州葛岭　6. 杭州南宋临安府治　7、8. 龙泉大窑窑址　9、10. 龙泉枫洞岩窑址

出土材料来看，有的达21厘米左右，有的仅8.5厘米，12～15厘米左右的也有不少。前引《（至正）四明续志》卷八记载："从祀廊帘，瓷器大香炉一个，花瓶一副，小香炉九个。"表明即使是用于祭祀的香炉，也有大有小。《遵生八笺》记："亦有中样鼎炉、兽面脚桶炉，止可清供，不堪焚香手玩。"[①]虽然是明代人论铜香炉，但也可以看出对于清供和手玩的香炉，其尺寸大小的选择是有明显的倾向性的。

---

① （明）高濂撰：《遵生八笺》卷十四《燕闲清赏笺》上（清嘉庆十五年刻本）。

图七 出土元代龙泉青瓷香炉

1. 南安潘八墓 2. 青浦任氏家族墓地 3. 集宁路窖藏 4. 南平福建林学院 5、8、12. 韩国新安沉船 6、7、9、19. 太仓樊村泾遗址 10. 青田前路街窖藏 11. 满城张弘略墓 13. 龙泉枫洞岩窑址 14. 樟树吴城乡元墓 15. 武义马路头元墓 16. 上海志丹苑水闸 17. 茌平肖庄窖藏 18. 溧水永阳镇窖藏 20. 福州大梦山

附表　出土宋元龙泉青瓷香炉一览表

序号	地点	单　位	纪年	数量	尺寸（厘米）
1	浙江松阳	西屏镇宋墓[①]	1094年？	1	口径13.2、高7
2	浙江丽水	李垕妻姜氏墓[②]	1222年	1	口径7.2、高4.7
3	浙江云和	正屏山宋墓[③]	1248年	1	口径14、高10.6
4	浙江绍兴柯桥	环翠塔基地宫[④]	1265年	1	口径14.2、高9.5
5	浙江德清	吴奥墓[⑤]	1268年	1	口径6.5、高6.5
6	浙江丽水	叶梦登妻潘氏墓[⑥]	1275年	1	高13.6
7	河北满城	张弘略墓[⑦]	1296年	1	口径12.6、高6.4
8	浙江杭州	鲜于枢墓[⑧]	1302年	1	口径3.4、高9.9
9	福建南安	潘八墓[⑨]	1310年	2	口径10.8、高8.7
10	江西樟树	吴城乡元墓	1343年	1	口径11.2、高6.2
11	上海青浦	任氏墓葬[⑩]	1338～1353年	1	口径13.5、高9.6

[①] 宋子军、刘鼎：《浙江松阳宋墓出土瓷器》，《文物》2015年第7期。
[②] 《青色流年——全国出土浙江纪年瓷图集》，第277页。
[③] 浙江省文物考古研究所：《浙江宋墓》，科学出版社，2009年，第149页。
[④] 浙江省博物馆：《浙江两处塔基出土宋青花瓷》，《文物》1980年第4期。
[⑤] 袁华：《浙江德清出土南宋纪年墓文物》，《南方文物》1992年第2期。
[⑥] 北京艺术博物馆编：《中国龙泉窑》，中国华侨出版社，2015年，第419页。
[⑦] 河北省文物保护中心、保定市文物管理所、满城县文物管理所：《元代张弘略及夫人墓清理报告》，《文物春秋》2013年第5期。
[⑧] 张玉兰：《杭州市发现元代鲜于枢墓》，《文物》1990年第9期。
[⑨] 林剑：《福建省四年来古墓葬情理简况》，《文物参考资料》1957年1期。
[⑩] 沈令昕、许勇翔：《上海市青浦县元代任氏墓葬记述》，《文物》1982年第7期。《中国出土瓷器全集·上海卷》，第235页。

续　表

序号	地点	单　位	纪年	数量	尺寸（厘米）
12	浙江桐庐	象山桥南宋墓①		1	残
13	浙江瑞安	隆山宋墓②		1	口径10.3、高12.6
14	浙江湖州	下昂石泉宋墓③		1	口径8.5、高8.4
15	浙江杭州	南宋恭圣仁烈皇后宅④		多件	未统计
16	浙江杭州	南宋太庙遗址⑤		多件	未统计
17	浙江杭州	杭州卷烟厂、严官巷南宋御街⑥		多件	未统计
18	浙江杭州	南宋临安府治遗址⑦		多件	未统计
19	浙江杭州	江干排灌站⑧		1	不详
20	浙江丽水	原处州府行春门⑨		1	口径9、高4.6
21	浙江青田	前路街窖藏⑩		2	口径19.2、高14.5；口径14.8、高10

①　《浙江宋墓》，第12页。
②　任世龙、汤苏婴：《龙泉窑》，江西美术出版社，2016年，第41页。
③　《中国出土瓷器全集·浙江卷》，第193页。
④　杭州市文物考古所：《南宋恭圣仁烈皇后宅遗址》，文物出版社，2008年。
⑤　杭州市文物考古所：《南宋太庙遗址》，文物出版社，2007年。
⑥　杭州市文物考古所：《南宋御街遗址》，文物出版社，2013年。
⑦　杭州市文物考古所：《南宋临安府治与府学遗址》，文物出版社，2013年。
⑧　沈芯屿：《西湖西子，梅青无瑕——杭州出土宋元龙泉窑青瓷》，《收藏》2017年第10期。
⑨　曹辉：《丽水市博物馆藏元代龙泉窑青瓷撷英》，《东方博物》第64辑，浙江大学出版社，2017年。
⑩　王友忠：《浙江青田县前路街元代窖藏》，《考古》2001年第5期。

续 表

序号	地点	单 位	纪年	数量	尺寸（厘米）
22	浙江义乌	工人路窖藏①		1	口径10.2、高4.8
23	浙江武义	马路头元墓②		1	口径12.7、高6.2
24	浙江龙游	寺后乡③		1	高7.7
25	浙江湖州	凡石桥遗址④		多件	未统计
26	江苏扬州	南宋宝祐城西城门外⑤		1	口径8.8、高7.3
27	江苏溧水	永阳镇窖藏⑥		1	口径12.6、高7
28	江苏镇江	市内工地⑦		1	不详
29	江苏太仓	樊村泾遗址⑧		多件	未统计
30	江西樟树	临江⑨		1	口径13.6、高10.5
31	福建福州	大梦山⑩		1	口径11.5、高6.3

---

① 《中国出土瓷器全集·浙江卷》，第227页。
② 薛骁百：《武义马路头元墓清理简报》，《东方博物》第43辑，浙江大学出版社，2012年。
③ 《中国龙泉窑》，第423页。
④ 浙江省博物馆、浙江省文物考古研究所、湖州市文物保护管理所：《最忆是江南——湖州凡石桥南宋遗址出土文物》，文物出版社，2020年。
⑤ 王小迎、王睿：《江苏扬州南宋宝祐城西城门外出土陶瓷器》，《中国国家博物馆馆刊》2015年第9期。
⑥ 高茂松：《江苏溧水永阳镇元代窖藏出土的瓷器与初步认识》，《东南文化》2011年第2期。
⑦ 刘丽文：《镇江出土的宋元明龙泉窑青瓷》，《收藏》2017年第10期。
⑧ 苏州市考古研究所、太仓博物馆：《大元·仓——太仓樊村泾元代遗址出土瓷器精粹》，上海古籍出版社，2018年。
⑨ 《中国出土瓷器全集·江西卷》，第116页。
⑩ 《中国出土瓷器全集·福建卷》，第85页。

续 表

序号	地点	单 位	纪年	数量	尺寸（厘米）
32	福建南安	石壁水库工地①		1	口径10.5、高10.8
33	福建政和	林屯村元墓②		1	口径9、高6.2
34	上海普陀	志丹苑水闸③		1	口径11.4
35	上海青浦	大盈镇宋井④		1	口径13.1、高11.1
36	天津武清	十四仓遗址⑤		1	口径13.1、高7.4
37	山东茌平	肖庄窖藏⑥		1	口径13.1、高7.4
38	内蒙古察右前旗	集宁路故城窖藏1977年⑦		1	口径13.5、高11
39	内蒙古察右前旗	集宁路故城窖藏2003年⑧		1	口径20、高14.7
40	四川成都	驷马桥宋墓⑨		1	不详
41	四川简阳	园艺场元墓⑩（南宋窖藏）		3	口径14.5、高11.7；口径8.6、高7；口径14.2、高16.5

① 《中国出土瓷器全集·福建卷》，第84页。
② 《中国出土瓷器全集·福建卷》，第148页。
③ 上海博物馆编著，宋建主编：《志丹苑——上海元代水闸遗址考古报告》，科学出版社，2018年，第201页。
④ 《中国出土瓷器全集·上海卷》，第227页。
⑤ 《中国出土瓷器全集·天津卷》，第18页。
⑥ 聊城地区博物馆：《山东茌平县发现一处元代窖藏》，《考古》1985年第9期。《中国出土瓷器全集·山东卷》，第188页。
⑦ 潘行荣：《元集宁路故城出土的窖藏丝织物及其他》，《文物》1979年第8期。
⑧ 内蒙古文物考古研究所编，陈永志主编：《内蒙古集宁路古城遗址出土瓷器》，文物出版社，2004年，第90、91页。
⑨ 转引自易立：《四川地区出土龙泉窑青瓷的类型与分期》，《四川文物》2013年第5期。
⑩ 四川省文物管理委员会：《四川简阳东溪园艺场元墓》，《文物》1987年第2期。

续 表

序号	地点	单 位	纪年	数量	尺寸（厘米）
42	四川遂宁	金鱼村窖藏[1]		9	未统计
43	四川南充	顺庆区南门新城窖藏[2]		不详	不详
44	四川大邑	安仁镇窖藏[3]		1	口径6、高7
45	四川峨眉山市	罗目镇窖藏[4]		1	口径7.8、高6
46	四川中江	龙华村窖藏[5]		1	口径12.6、高6.6
47	重庆市	忠县窖藏[6]		1	高12.4
48	重庆市	北碚元墓[7]		1	口径12.1、高12.4
49	重庆市	荣昌窖藏[8]		不详	不详
50	韩国木浦市	新安沉船[9]		多件	未统计

[1] 成都文物考古研究所、遂宁市博物馆：《遂宁金鱼村南宋窖藏》，文物出版社，2012年。
[2] 王兴堂：《南充地区宋代窖藏瓷器初步研究》，《中国陶瓷工业》2018年第4期。
[3] 大邑县文化馆：《四川大邑县安仁镇出土宋代窖藏》，《文物》1984年第7期。
[4] 陈黎清：《峨眉山市罗目镇出土宋代窖藏》，《四川文物》1990年第2期。
[5] 王启鹏、吴梅：《四川省中江县出土宋元窖藏》，《四川文物》2005年第2期。
[6] 《中国龙泉窑》，第450页。
[7] 《中国出土瓷器全集·重庆卷》，第213页。
[8] 重庆市博物馆、荣昌县博物馆：《重庆市荣昌县宋代窖藏瓷器》，载四川省文物考古研究所编：《四川考古报告集》，文物出版社，1998年，第407页。有学者认为此窖藏出土青瓷香炉为耀州窑产品。见杜文：《窖藏发现耀州窑瓷器概述（下篇）》，《收藏》2015年第5期。
[9] 《新安船发掘30周年纪念特别展——新安船与东亚的陶瓷贸易》（图录）。沈琼华主编：《大元帆影——韩国新安沉船出水文物精华》，文物出版社，2012年，第82～84、155、156页。

四时畋猎是生涯
——陶瓷器与辽代社会生活

辽代陶瓷，狭义上是指辽国境内陶瓷窑场生产的陶器、低温铅釉陶器和高温钙釉瓷器，可以称为"辽产陶瓷"或"辽陶瓷"；广义上包括输入到辽境内的中原、南方窑场的陶瓷产品。陶瓷器在辽代社会生活中广泛使用，其功能有三类：一是建筑构件，二是日常生活用具，三是随葬明器。建筑构件为陶或釉陶质地，迄未发现瓷质的，有砖、瓦（板瓦、筒瓦、瓦当）、兽头、鸱吻各种，既用于宫室寺庙，也用于墓室营建；日常生活用具以各类高温钙釉瓷器及釉陶器为常见，高火候的泥质灰陶使用也很普遍；随葬明器以辽南京、西京等地汉人墓葬的各种陶质模型明器为主。

辽陶瓷在中国陶瓷史上占有一席之地。这一时期低温铅釉陶器和高温钙釉瓷器的生产向北扩展到松漠草原地带；具有地域和民族特色的辽三彩是唐三彩之后中国铅釉陶发展的又一个新阶段。20世纪以来，基于考古材料的辽代陶瓷研究取得了不少成果[1]，本文拟在这些成果的基础上，对陶瓷器所反映的辽代社会生活的几个方面讨论如下。

---

[1] 彭善国：《辽代陶瓷的考古学研究》，吉林大学出版社，2003年。彭善国：《辽金元陶瓷考古研究》，科学出版社，2013年。路菁：《辽代陶瓷》，辽宁画报出版社，2003年。

一、辽釉陶与制瓷手工业出现的动因

辽朝政权建立之前及之初，游牧于松漠草原地带的契丹人的日常生活用具以陶器为主，基本见不到釉陶和瓷器。从这一时期内蒙古通辽乌斯吐、扎鲁特旗乌日根塔拉、荷叶哈达、库伦旗秦家沟[①]、科左后旗呼斯淖[②]、赤峰市巴林右旗塔布敖包[③]、锡林郭勒盟陈巴尔虎旗西乌珠尔[④]、辽宁辽阳三道壕[⑤]、北票柳条沟[⑥]、阜新水泉沟[⑦]等墓葬出土的陶器来看，有夹砂、泥质两种，烧造火候很高，器形多为大口罐、盘口瓜棱壶、喇叭口高领壶等，器表饰以滚轮压印的篦纹，器底绝大多数内凹，常见刻划或模印符号。916年契丹建国后即开始东征南伐的大规模军事扩张，926年灭渤海，在其故地置东丹傀儡政权，此后又陆续将渤海移民西迁至辽国腹地。受唐三彩的影响，渤海的釉陶工艺较为发达，渤海移民中不排除有掌握釉生产工艺的匠人。内蒙古林西县小城子乡西樱桃沟城址（辽太祖迁渤海民所建之饶州）[⑧]、辽祖州（太祖祖陵之奉陵邑）、辽怀陵（太宗之陵）等地出土的莲花纹瓦当[⑨]，与渤海

---

① 哲里木盟博物馆：《内蒙古哲里木盟发现的几座契丹墓》，《考古》1984年第2期。
② 张柏忠：《科左后旗呼斯淖契丹墓》，《文物》1983年第9期。
③ 齐晓光：《巴林右旗塔布敖包石砌墓及相关问题》，载内蒙古文物考古研究所编：《内蒙古文物考古文集》第一辑，中国大百科全书出版社，1994年。
④ 白劲松：《陈巴尔虎旗西乌珠尔古墓清理简报》，《辽海文物学刊》1989年第2期。
⑤ 李庆发：《辽阳三道壕辽墓》，《辽宁文物》1981年第1期。
⑥ 冯永谦：《北票柳条沟辽墓》，《辽宁文物》1981年第1期。
⑦ 阜新市博物馆筹备处：《辽宁阜新县契丹辽墓的清理》，《考古》1995年第11期。
⑧ 冯永谦、姜念思：《辽代饶州调查记》，载东北考古与历史编辑委员会：《东北考古与历史》第1辑，文物出版社，1982年。
⑨ ［日］向井佑介：《契丹の徙民政策と渤海系瓦当》，载［日］吉川真司、古松崇志、向井佑介编：《辽文化·庆陵一带调查报告书2011》，京都大学大学院文学研究科，2011年。

上京等地出土者花纹颇为近似[1];阿鲁科尔沁旗耶律羽之墓(942年葬)的主室全以绿釉琉璃砖营建[2],主室地面也均铺绿釉方砖,从发表的1件方砖来看,其形制、装饰与渤海上京城址出土的方砖接近。这些发现表明辽代建国初期的陶器生产,尤其是釉陶生产,可能存在渤海釉陶制作工艺的影响。辽国建立之初,南侵燕云,掠地燕赵;邢窑、定窑所在的河北,屡为契丹袭扰,其中的"磁窑务"亦未幸免。辽灭后晋,方技、百工等数千人被驱至上京[3]。北宋夏竦(985～1051年)《文庄集》云:"幽蓟陷敌之余,晋季蒙尘之后,中国器度、工巧、衣冠士族,多为犬戎所有。"[4]在这一历史过程中,应有一定数量的瓷器产品及制瓷工匠北播辽境,对辽国制瓷手工业产生深刻影响。内蒙古赤峰缸瓦窑[5]、北京龙泉务窑[6]、内蒙古阿鲁科尔沁旗宝山窑[7]、辽宁辽阳江官屯窑[8]等辽境内窑场的兴烧,中原南方瓷器以供奉、走私、榷场贸易等各种途径大量输入,使辽国釉陶和瓷器的消费群体不断扩大,到12

---

[1] 中国社会科学院考古研究所:《六顶山与渤海镇——唐代渤海国的贵族墓地与都城遗址》,中国大百科全书出版社,1997年。黑龙江省文物考古研究所:《渤海上京城:1998～2007年度考古发掘调查报告》,文物出版社,2009年。
[2] 内蒙古文物考古研究所、赤峰市博物馆、阿鲁科尔沁旗文物管理所:《辽耶律羽之墓发掘简报》,《文物》1996年第1期。盖之庸:《探寻逝去的王朝——辽耶律羽之墓》,内蒙古大学出版社,2004年。
[3] (元)脱脱等撰:《辽史》卷四《太宗下》,中华书局,1974年。
[4] (宋)夏竦:《文庄集》卷一三《计北寇》(《文渊阁四库全书》集部别集类)。
[5] 王大方、郭治中:《赤峰市松山区缸瓦窑遗址发掘获重大新成果》,《中国文物报》1996年4月28日第1版。刘冰等:《缸瓦窑考古发掘综述》,载高延青著:《北方民族文化新论》,哈尔滨出版社,2001年。
[6] 北京市文物研究所编:《北京龙泉务窑发掘报告》,文物出版社,2002年。
[7] 彭善国、周兴启:《内蒙古阿鲁科尔沁旗辽代窑址的调查》,《边疆考古研究》第8辑,科学出版社,2009年。
[8] 辽宁省文物考古研究所:《辽宁辽阳市江官屯窑址第一地点2013年发掘简报》,《考古》2016年第11期。

世纪初，釉陶和瓷器已经成为辽人寻常器用。这一事实屡为辽代墓葬、城址考古发现所验证。

二、辽陶瓷使用的等级性

辽代瓷器使用的等级性主要体现在输入瓷器上，在辽代早期，这种等级差异尤为显著。输入辽境的瓷器，主要有浙江越窑的青瓷，河北邢窑、定窑的白瓷，陕西耀州窑的青瓷，以及江西景德镇的青白瓷。这些窑场产品输入辽境所呈现出的阶段性，既是各窑手工业生产兴衰的鲜明反映，也是辽与五代北宋政权间关系变化的生动写照。河北邢窑10世纪初已经衰落，故其产品在辽境目前只有个别发现，以阿鲁科尔沁旗耶律羽之墓（942年葬）出土的碗最具代表性。碗底正中刻行书"盈"字，胎、釉均十分精细。这件碗的生产年代约在9世纪前半，距离其入葬的年代要晚近百年。耶律羽之是辽太祖堂兄弟，曾任东丹国左相，是东丹的实际执政者。辽墓出土的越窑青瓷，可以960年为界分为前后两个阶段[①]，前段数量不多，以耶律羽之墓、赤峰大营子驸马墓（959年）[②]、辽祖陵陪葬墓M1（推测为太祖第三子耶律李胡墓，960年）[③]为代表；后段数量大增，以巴林左旗韩匡嗣夫妇墓（983、993年）[④]、奈曼旗陈国公主墓

[①] 彭善国：《试述4～11世纪越窑青瓷在东北地区的流布》，载沈琼华主编：《2007年中国越窑高峰论坛论文集》，文物出版社，2008年。
[②] 前热河省博物馆筹备处：《赤峰县大营子辽墓发掘报告》，《考古学报》1956年第3期。
[③] 中国社会科学院考古研究所内蒙古第二工作队等：《内蒙古巴林左旗辽祖陵一号陪葬墓》，《考古》2016年第10期。
[④] 内蒙古文物考古研究所等：《白音罕山辽代韩氏家族墓地发掘报告》，《内蒙古文物考古》2002年第2期。

（1018年）①为代表。两个阶段越窑青瓷的特征变化与寺龙口越窑址的阶段发展相吻合，出土数量的增加则表明越窑产品可能经历了从吴越对辽的航海输贡到北宋与辽的榷场贸易的输入过程。11世纪中期以后，随着宋辽榷场贸易的展开，输入到辽境内的定窑白瓷②与景德镇青白瓷③数量大增，且其使用也不局限于高等级的人群了。

三、生活方式与辽代陶瓷器

辽国统治地域广大，境内存在草原、沙漠、山地等多种自然地理形态，有契丹、汉、奚、渤海等多个民族，不同地区、不同人群的生业形态和生活方式差异显著。《辽史》卷三二《营卫志》载："天地之间，风气异宜，人生其间，各适其便。王者因三才而节制之。长城以南，多雨多暑，其人耕稼以食，桑麻以衣，宫室以居，城郭以治。大漠之间，多寒多风，畜牧畋渔以食，皮毛以衣，转徙随时，车马为家。此天时地利所以限南北也。"沈括《熙宁使虏图抄》对此记述更详："（契丹）大率其俗简易，乐深山茂草，与马牛杂居，居无常处。……奚、渤海之俗类燕，而渤海为夷语，其民皆屋居，无瓦者墁上……山之南乃燕蓟八州，衣冠、语言皆其故俗。"④辽代陶瓷也因此表现出了适应不同生活习俗的特点。

游牧是契丹人的生业和生活方式。《辽史》卷五九《食货志》载：

---

① 内蒙古自治区文物考古研究所、哲里木盟博物馆：《辽陈国公主墓》，文物出版社，1993年。
② 彭善国：《定窑瓷器分期新探——以辽墓、辽塔出土资料为中心》，《内蒙古文物考古》2008年第2期。
③ 彭善国：《辽代青白瓷器初探》，《考古》2002年第12期。
④ 赵永春辑注：《奉使辽金行程录（增订本）》，商务印书馆，2017年，第95页。

"契丹旧俗……马逐水草，人仰湩酪，挽强射生，以给日用。"苏颂诗《契丹帐》："行营到处即为家，一卓穹庐数乘车。千里山川无土著，四时畋猎是生涯。"[1]适用于游牧生活的陶瓷器以各种穿带、提系类容器为主，数量最多的一类是鸡冠壶（酒水容器）[2]。鸡冠壶绝大多数出于契丹人墓葬中，所以常被视为代表契丹国俗的器物，它有陶、釉陶、瓷质三种，后两者常见。辽墓中鸡冠壶往往成对随葬，似乎可以理解为以绳穿系，一左一右置于马、驼背之两侧。南宋人楼钥《赋蒋甥若水番马图》诗[3]中所记之提壶，或即汉人对鸡冠壶的一种称谓。鸡冠壶上部一侧有管状的流（伴壶塞）。与管状流对称的提系，有穿孔和提梁两类（图一），前者为辽代的创新造型，后者唐代即已出现，但广泛流行还是在辽国境内。穿带扁壶数量不多，出土于内蒙古科右中旗代钦塔拉M3（图二）[4]、内蒙古翁牛特旗广德公墓（图三）[5]，辽宁省博物馆收藏有传内蒙古宁城杜家窝堡附近出土的一件[6]。这3件穿带扁壶分别为酱釉、绿釉和黄釉，长方直口，平沿，方厚唇，短颈，扁平椭圆形腹，高圈足外撇。腹部两侧各有三个竖直穿带，腹部两面都有装饰。内蒙古科左后旗呼斯淖墓[7]出土的2件磨光灰陶壶与这3件穿带扁壶形制近似，仅口部形状与穿系

---

[1] （宋）苏颂：《前后使辽诗》，《奉使辽金行程录（增订本）》，第87页。
[2] 《辽代陶瓷的考古学研究》。
[3] "胡人下马俱少休，背倚毡裘眠正熟。西豪拣箭畀奴捻，意欲射獐不遗镞。琵琶横倚续续弹，一夫坐听胡中曲。卧拥提壶将引饮，英气虬须皆贵族。沙碛坡陀髙复低，天寒不见寸草绿。我行燕冀颇见之，狼帽乌靴乃其俗。"（宋）楼钥：《攻媿集》卷四（《四部丛刊初编》集部）。
[4] 兴安盟文物工作站：《科右中旗代钦塔拉辽墓清理简报》，载内蒙古文物考古研究所编：《内蒙古文物考古文集》第二辑，中国大百科全书出版社，1997年，第651～667页。
[5] 项春松：《内蒙古翁牛特旗辽代广德公墓》，《北方文物》1989年第4期。
[6] 辽宁省博物馆编：《辽宁省博物馆藏辽瓷选集》，文物出版社，1961年。
[7] 张柏忠：《科左后旗呼斯淖契丹墓》，《文物》1983年第9期。

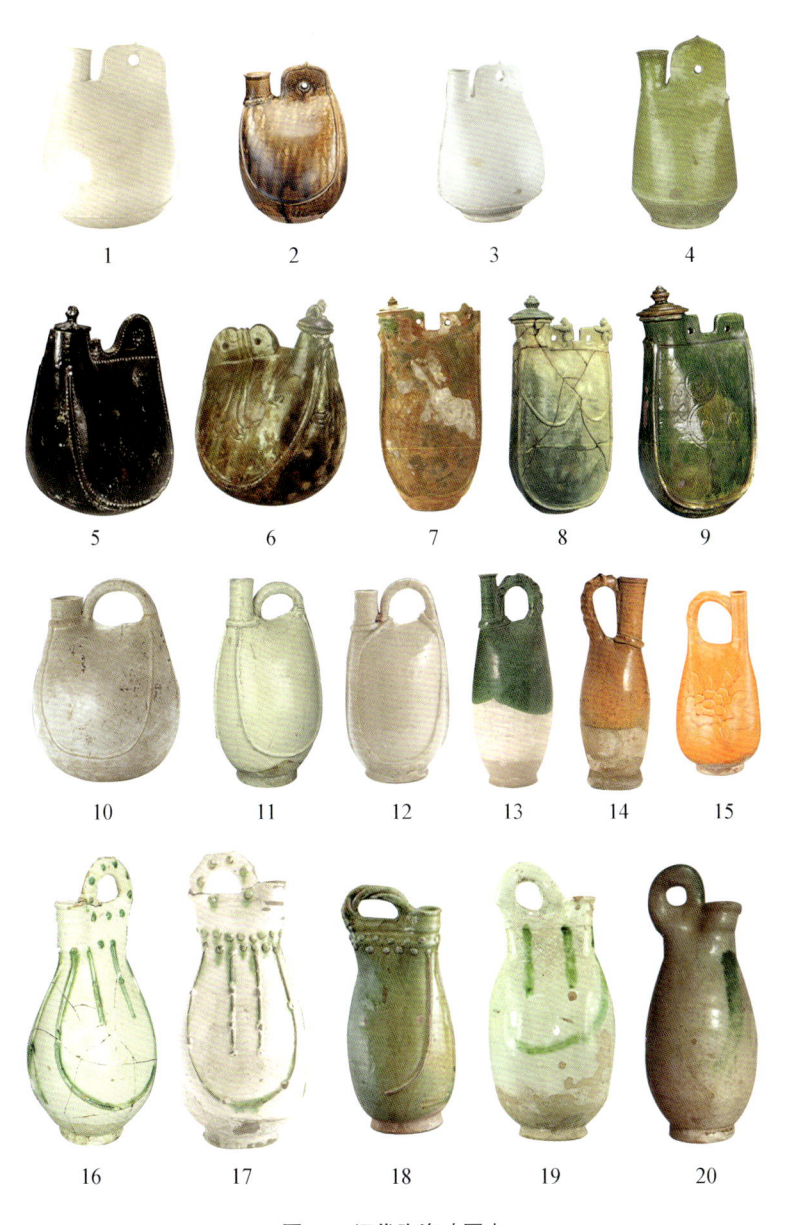

图一 辽代陶瓷鸡冠壶

1、10. 阜新海力板墓　2. 巴林左旗浩尔吐　3. 赤峰大营子驸马墓　4. 康平太平庄　5. 法库叶茂台M7　6. 尚义囵囵村墓　7. 朝阳耿延毅墓　8. 法库秋皮沟墓　9. 北票水泉M1　11. 法库叶茂台M2　12. 凌源喇嘛沟墓　13. 喀左西山根墓　14. 喀左棉麻站墓　15. 阿鲁科尔沁旗扎斯台图墓　16. 法库叶茂台M23　17. 凌源小喇嘛沟　18. 阿鲁科尔沁旗土井子墓　19. 阿鲁科尔沁旗灯吉格墓　20. 巴林左旗双胜村墓

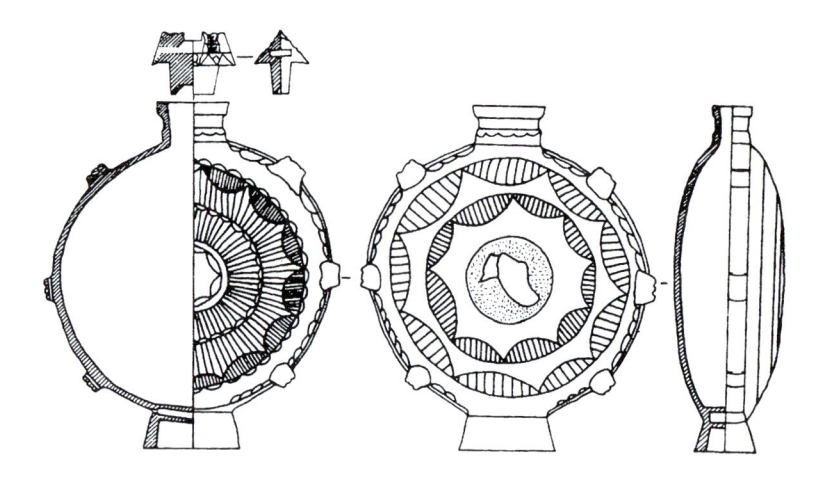

图二　科右中旗代钦塔拉M3绿釉穿带扁壶

图三　翁牛特旗广德公墓绿釉穿带扁壶

略有不同，它们的年代都在辽初或更早。盘口穿带瓶细长颈，鼓腹下敛，矮圈足或平底，腹两侧上下对称附设扁宽的桥状穿鼻，上下穿鼻间有的还做出带槽。以绿釉者居多，此外也有酱釉、白釉及白釉绿彩者（图四）。均出土于辽代早期墓葬，如耶律羽之墓（942年）、库伦旗奈林稿M2[①]、科右中旗代钦塔拉M3、阜新白玉都墓[②]等，流行于10世纪中期前后。克什克腾旗二八地M1壁画上绘有契丹人背负此类瓶走向毡帐的场景[③]。邢窑、定窑、黄堡（耀州）窑等晚唐五代产品中即有这类穿带瓶，巴林左旗韩匡嗣夫妇墓出土的青瓷穿带瓶，为罕见的耀州窑产品[④]。

穿带扁壶、穿带瓶仅见于辽代早期，穿孔类鸡冠壶11世纪中期以后的辽墓中就罕见出土了，提梁类者辽代晚期数量也趋于减少，这些似乎都是契丹在封建化过程中逐渐适应定居生活，即所谓"造馆舍以变穹庐"[⑤]的体现。

辽朝"一国两制"，经济形态有游牧、农耕的双重性。官分南、北，"以国制治契丹，以汉制待汉人。……辽国官制，分北、南院。北面治宫帐、部族、属国之政，南面治汉人州县、租赋、军马之事。因俗而治,得其宜矣"[⑥]。衣冠之制，亦分北班国制、南班汉制[⑦]。辽产陶瓷

[①] 内蒙古文物工作队：《内蒙古哲里木盟奈林稿辽代壁画墓》，《考古学集刊》第1集，文物出版社，1981年。
[②] 袁海波：《辽宁阜新县白玉都辽墓》，《考古》1985年第10期。
[③] 项春松：《克什克腾旗二八地辽墓》，《内蒙古文物考古》总第3期，1984年。
[④] 彭善国：《试析辽境内出土的陶瓷穿带瓶》，《边疆考古研究》第10辑，科学出版社，2011年。
[⑤] 大中祥符元年（1008年）出使辽国的路振在《乘轺录》中写道："（契丹）自与朝廷通好已来，岁选人材，尤异聪敏知文史者，以备南使，故中朝声教，皆略知梗概。至若营井邑以易部落，造馆舍以变穹庐，服冠带以却毡毳，亨厨爨以屏毛血，皆慕中国之义也。"《奉使辽金行程录（增订本）》，第22页。
[⑥] 《辽史》卷四五《百官志一》。
[⑦] 《辽史》卷五六《仪卫制二》。

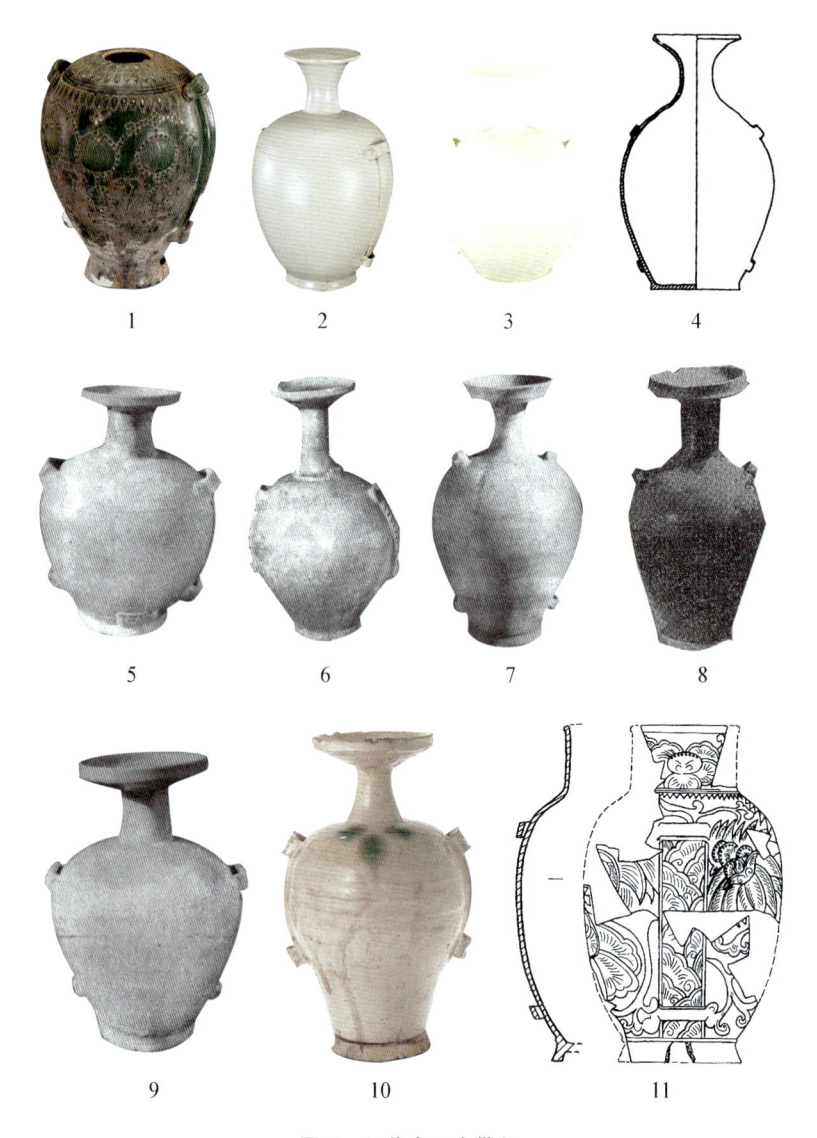

图四 辽代盘口穿带瓶

1~3. 耶律羽之墓 4. 科右中旗代钦塔拉M3 5. 辽上京汉城内 6. 朝阳波罗赤墓 7. 锦县张扛村M1 8. 库伦奈林稿M2 9. 巴林左旗狹夘沟墓 10. 阜新白玉都墓 11. 韩匡嗣墓

器中，契丹式样和汉地式样并存，可谓这种二元体制在物质文化上的独特表现。

四、辽代社会生活中陶瓷器使用举例

1. 饮酒与辽代陶瓷酒具

辽人好饮酒，文献记载比比皆是，所谓"北俗以酒池肉林为名"[1]。市中有酒家[2]、酒肆[3]，所饮之酒有羊酒[4]、菊花酒、茱萸酒[5]；来自后汉和北宋的酒品有葡萄酒[6]、法酒、糯米酒[7]等。辽墓壁画描绘备酒、饮酒的场景甚多，如敖汉旗羊山M1[8]、敖汉旗下湾子M1、下湾子M5[9]、宣化下八里辽代张氏家族墓地[10]等。

在这些壁画上，贮酒器多是高体的长瓶，与考古发现的陶瓷鸡腿瓶形制近同。鸡腿瓶在辽代墓葬、窑址、城镇遗址出土甚多，大部分为粗瓷胎、茶叶末釉，小口，溜肩，长腹，高度多在50厘米以上。11世纪中叶之后的鸡腿瓶，下腹部内收明显，整体显得不稳，更适于插入像羊山

---

[1] （清）厉鹗辑：《辽史拾遗》卷四引王保衡《晋阳见闻录》（《钦定四库全书》本）。
[2] 《辽史》卷七《穆宗下》："（穆宗）微行市中，赐酒家银绢。"
[3] （宋）叶隆礼撰，贾敬颜、林荣贵点校：《契丹国志》卷八："（法天后）变服微行，数入酒肆。"上海古籍出版社，1985年。
[4] 《辽史》卷一三《圣宗四》："霸州民李在宥年百三十有三，赐束帛、锦袍、银带，月给羊酒，仍复其家。"
[5] 时令酒品，见《辽史》卷五三《礼志六》。
[6] 《辽史》卷九《景宗下》。
[7] 《契丹国志》卷二一。
[8] 邵国田：《敖汉旗羊山1～3号辽墓清理简报》，《内蒙古文物考古》1999年第1期。
[9] 邵国田：《敖汉旗下湾子辽墓清理简报》，《内蒙古文物考古》1999年第1期。
[10] 河北省文物研究所：《宣化辽墓——1974～1993年考古发掘报告》，文物出版社，2001年。

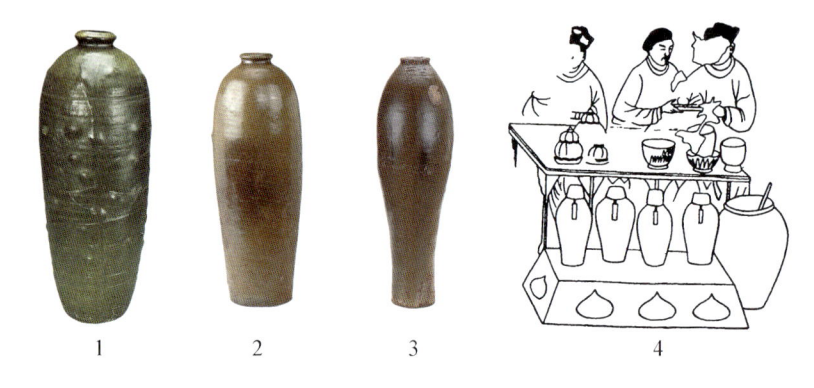

图五　辽代鸡腿瓶及辽墓备饮壁画
1. 法库叶茂台M7　2. 陈国公主墓　3. 巴林左旗碧流台墓　4. 敖汉旗羊山M1壁画

M1壁画描绘的那种木质瓶架之内（图五）。辽宁朝阳木头城子辽墓壁画饮酒图上[1]，二人豪饮正酣，一个烂醉如泥，旁边绘出两巨型鸡腿瓶，比例夸张，应是有意突出饮酒主题的绘法。内蒙古察右前旗出土元代鸡腿瓶上刻"葡萄酒瓶"四字[2]，表明其是盛酒的器皿。羊山M1东南壁侍宴图上插入瓶架内的鸡腿瓶不仅加以泥封，还绘出长条的标签，大概要表明瓶内所窖酒的日期或酒的品类。辽宁法库叶茂台M7鸡腿瓶出土时尚存红色液体[3]，经化验是葡萄酒。宣化张文藻墓鸡腿瓶出土时尚存红色液体，据化验也有可能是葡萄酒。

《辽史》卷七《穆宗下》记："（应历十八年）三月甲申朔，如潢河。

---

[1] 辽宁省文物考古研究所等：《辽宁朝阳木头城子辽代壁画墓》，《北方文物》1995年第2期。
[2] 内蒙古文物工作队编：《内蒙古文物资料选辑》，内蒙古人民出版社，1964年，图版五十九。
[3] 辽宁省博物馆、辽宁铁岭地区文物组：《法库叶茂台辽墓记略》，《文物》1975年第12期。

图六　辽代陶壶

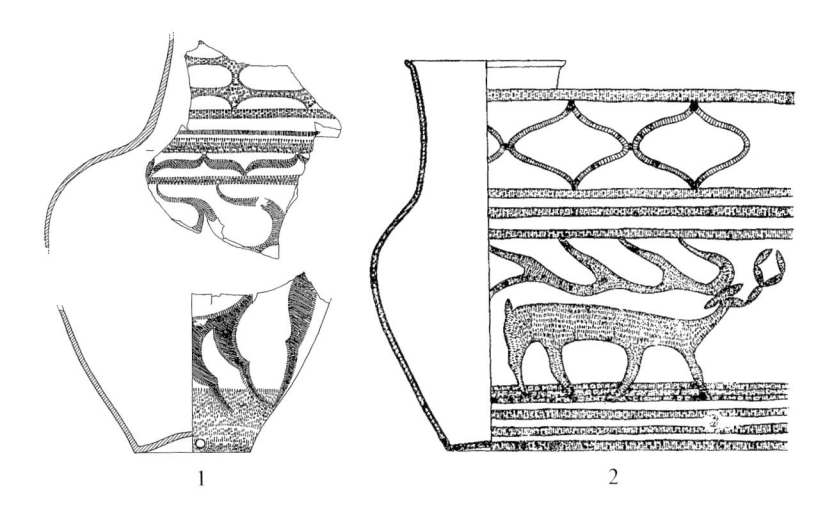

1. 渤海上京城址2号宫殿址出土　2. 辽怀州故城窖藏出土

乙酉，获驾鹅，祭天地。造大酒器，刻为鹿文，名曰'鹿觚'，贮酒以祭天。"鹿觚应为大型的陶质酒器。巴林右旗辽怀州故城内西南隅窖藏陶器中复原了6件长颈陶壶（图六，2）[①]，通高均在70厘米以上，其中最大的一件腹径56.3、通高达90厘米，腹部滚印鹿纹，渤海上京城址2号宫殿基址也出土了类似的装饰鹿纹的一件（图六，1）[②]。这些陶壶或属"鹿觚"类贮酒器。值得注意的是，这批巨型陶壶近底处均有一个直径1.8厘米左右的圆孔，显然是方便引流饮用而有意设置的。釉陶和瓷质的长颈壶、盘口长颈瓶，高度往往在50厘米左右，也可作为贮酒器，后者在敖汉旗七家辽墓壁画中被置于火盆之上，应是用于温酒。

[①] 韩仁信、青格勒：《辽怀州出土窖藏陶器》，《内蒙古文物考古》总第3期，1984年。
[②] 《渤海上京城——1998~2007年度考古发掘调查报告》，第146页，图九五，图版一七五。

四时畋猎是生涯　163

陶瓷长颈壶、鸡腿瓶、盘口长颈瓶等贮酒器，体量均较大，携带不便。适宜携带的盛酒具主要有前文已述的鸡冠壶、扁壶、穿带瓶等。至于饮宴时的酒器，主要是注壶及配套的注碗、盏与盏托、杯等。注壶有小口高领、盘口长颈、梨形、葫芦形、提梁等形制，造型非常多样化，其尺寸一般在20厘米上下，往往与用于注水温酒的注碗配套使用。辽代饮酒主要用盏，《辽史》卷五三《礼志六》、陈襄《神宗皇帝即位使辽语录》[1]等文献记载颇多。奉酒侍宴时，盏可以置于盏托上[2]。敖汉旗羊山M1、七家M2侍宴壁画上，花口盏还被置于海棠花式长盘上。此类长盘，在辽代以陶瓷器尤以三彩为多，大概也可以归入酒具类（图七）。辽地精致的陶瓷酒具，往往来自越窑、定窑、耀州窑和景德镇窑场。《乘轺录》记载，1008年路振等出使辽国，辽燕京留守兵马大元帅耶律隆庆设宴招待，"供帐甚备，大阉具馔，盏、斝皆颇璃、黄金扣器"[3]。扣器应是这一时期越窑、定窑、景德镇窑等口沿（圈足）包镶黄金的瓷器产品。

2. 饮茶与辽代陶瓷茶具

中国北方地区饮茶形成风尚始于8世纪上半，此后迅速扩散到边地。唐人封演《封氏闻见记》卷六《饮茶》载："（茶）南人好饮之，北人初不多饮。开元（713～741年）中，泰山灵岩寺有降魔师大兴禅教，学禅务于不寐，又不夕食，皆许其饮茶。人自怀挟，到处煮饮。从此转相仿效，遂成风俗。自邹、齐、沧、棣，渐至京邑，城市多开店铺，煎茶卖之，不问道俗，投钱取饮……古人亦饮茶耳，但不如今

---

[1] 《奉使辽金行程录（增订本）》。
[2] 《辽史》称为台盏。《辽史》卷五三《礼志六》载："契丹、汉人合班，进寿酒，舞蹈，五拜。引大臣一员上殿，栏外褥位搢笏，执台盏进酒，皇帝、皇后受盏。退，复褥位。授台出笏，栏内拜跪。"
[3] 《奉使辽金行程录（增订本）》，第14页。

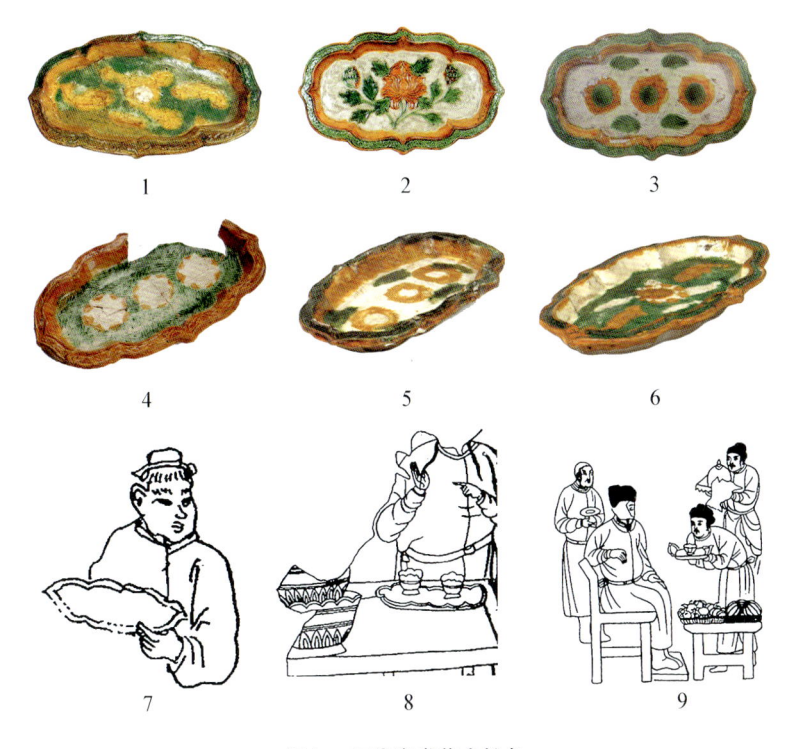

图七　辽代海棠花式长盘

1. 锦西萧孝忠墓　2. 新民巴图营子墓　3. 敖汉旗玛尼罕西沟墓　4. 凌源小喇嘛沟M5
5、6. 宁城小刘仗子墓　7. 朝阳耿延毅墓壁画　8. 敖汉旗羊山M1壁画　9. 敖汉旗七家M2壁画

人溺之甚，穷日尽夜，殆成风俗。始自中地，流于塞外。"[1]后梁开平元年（907年），割据幽州的卢龙节度使刘仁恭曾禁江南茶商入境，且荒唐到自采山中草木为茶，卖给百姓[2]。可见幽燕属辽之前，当地已有深

---

[1] （唐）封演撰，赵贞信校注：《封氏闻见记校注》，中华书局，2005年。
[2] （宋）司马光编著，（元）胡三省音注：《资治通鉴》卷二六六《后梁纪一》，中华书局，1956年。

厚的饮茶传统。

辽境内并不产茶,茶的来源均靠输入。输入的途径有进奉、馈赠、赏赐、走私等各种途径,以榷场贸易为大宗[1]。北宋贺契丹国主生辰的礼物中有滴乳、岳麓等茶品[2]。契丹国使每岁入宋境时,常得到宋朝赐赏的茶叶[3]。宋使入辽往往携茶前往。张舜民《画墁录》记:"熙宁中,苏子容使辽,姚麟为副。曰:'盍载些小团茶乎?'子容曰:'此乃上供之物,畴敢与北人!'未几有贵公子使辽,广贮团茶。自尔北人非团茶不纳也,非小团不贵也。"[4] 与前文所述香料一样,茶叶是宋辽间榷场贸易大宗商品。

朱彧《萍洲可谈》卷一记:"先公使辽,辽人相见,其俗先点汤,后点茶,至饮会亦先水饮,然后品味以进。"[5] 从文献和辽墓壁画可以看出,辽人饮茶也是与北宋相同的点茶法。辽代日常饮宴中的备茶图景,突出表现在河北宣化下八里辽代晚期张氏家族墓(张世古墓、张恭诱墓、张文藻墓等)、内蒙古敖汉旗羊山 M1、敖汉旗下湾子 M5 等辽墓壁画中。壁画所表现的茶事活动有选碾、烹点和奉茶等。辽墓壁画描绘的茶具有贮茶的箱子、茶笼,碾茶的茶碾,罗茶的茶罗,候汤之燎炉,烹点之汤瓶,饮茶的茶盏与盏托以及其他辅助用具如匙、毛刷、砧椎、夹子、箸等。精致的茶具,是北宋馈赠辽朝的珍贵礼物。《契丹国志》卷二一载:"契丹帝生日,南宋赐金酒食茶器三十七件。"契丹国使岁入宋境,每每

---

[1] 彭善国:《辽代的茶叶与饮茶风俗》,《北方文物》1998 年第 2 期。
[2] (宋)李焘撰,上海师范大学古籍整理研究所、华东师范大学古籍整理研究所点校:《续资治通鉴长编》卷六一,中华书局,1992 年。
[3] 《契丹国志》卷二一"宋朝劳契丹人使物件"条:"契丹每岁国使入南宋境,宋遣常参官、内职各一人……至白沟驿赐设,至贝州赐茶、药各一银合。"
[4] 《钦定四库全书》本。
[5] (宋)朱彧撰,李伟国校点:《萍洲可谈》,上海古籍出版社,1989 年,第 10 页。

也能得到赐赏的茶器如银瓶、合盒、注碗等[①]。苏辙《龙川别志》记:"予后从事齐州,(李)允则之孙昭叙为兵马都监,试问其遗事。昭叙曰:'雄州谍者常告,虏中要官间遣人至京师造茶笼、燎炉。'"[②]契丹饮茶之风由此可见一斑。

辽代的陶瓷茶具数量很多(图八)。一些陶瓷盒,尤其是套盒,如河北迁安上芦辽墓[③]、内蒙古翁牛特旗解放营子辽墓[④]出土者,可能是贮茶之具。注壶(汤瓶)用于点茶,在辽墓壁画的备茶图中,它被放在风炉或三足炭盆之上加热或保温。注壶形制多样,既有辽地自产,也有不少来自景德镇窑、定窑或耀州窑。辽早期的个别注壶,如辽宁锦县张扛村辽墓出土的白釉注壶[⑤],大口、粗高领、短直流,还保留着晚唐遗风。饮茶主要用盏,其口径一般在12厘米以下,有别于口径在18厘米以上用于盛食的碗[⑥]。与茶盏配套的瓷盏托有浅盘和高台两种,前者主要流行于10世纪,后者流行于10世纪末到辽代灭亡。辽代陶瓷渣斗均为大敞口、斜直腹、束腰,与辽墓壁画备茶图上绘出的渣斗形制相似。

3. 焚香与辽代陶瓷香具

辽代的香料[⑦],一部分来自中原或西域的进奉或馈赠,如《辽史》卷四《太宗下》记后晋遣使进香药,《契丹国志》卷三十一记西域诸国进

[①]《契丹国志》卷二一。
[②](宋)苏辙撰、俞宗宪点校:《龙川别志》卷下,中华书局,1982年。
[③] 唐山市文物管理所:《迁安上芦出土辽代瓷器》,《文物春秋》1990年第1期。
[④] 翁牛特旗文化馆、昭乌达盟文物工作站:《内蒙古解放营子辽墓发掘简报》,《考古》1979年第4期。
[⑤] 刘谦:《辽宁锦州市张扛村辽墓发掘报告》,《考古》1984年第11期。
[⑥]《萍州可谈》卷三记:"先公使辽,日供乳粥一碗。"《辽史》卷五十三《礼志六》"嘉仪下"条记,皇太后生辰朝贺仪,"行茶、行肴膳,皆如。大馔入,行粥碗"。
[⑦] 彭善国:《辽代的香料与焚香习俗》,《博物馆研究》1998年第3期。

图八　辽代陶瓷茶具

1、2. 翁牛特旗解放营子墓套盒　3. 巴林左旗出土　4. 敖汉旗羊山M1壁画　5. 北京龙泉务窑址　6. 朝阳前窗户墓　7. 敖汉旗台吉营子

乳香,《宋会要辑稿·蕃夷二》记北宋皇室的回赠礼品中有龙脑[①],等等;更多是通过榷场贸易从北宋获得。《宋史》卷一三八《食货志七》载:"宋之经费,茶、盐、矾之外,惟香之为利博,故以官为市焉。"《续资治通鉴长编》卷一八载:"契丹在太祖朝,虽听沿边互市,而未有官司。是月(太平兴国二年七月),始令镇、易、雄、霸、沧州各置榷务,命常参官与内侍同掌,辇香、药、犀、象及茶,与相贸易。"巴林右旗辽

---

① (清)徐松辑,刘琳等点校:《宋会要辑稿》,上海古籍出版社,2014年。

庆州白塔内曾出土过公丁香、乳香、肉豆蔻、槟榔、沉香、白檀香片等多种香料[1]。焚香用于辽代各种重要仪式和场合，如丧葬、腊仪、吊祭等，《续资治通鉴长编》卷五九记北宋使节孙仅"等入契丹境，其刺史皆迎谒，又命幕职、县令、父老捧卮献酒于马前，民以斗焚香相迎，门置水浆盂杓于路侧，接伴者察使人中途所须，即供应之。具蕃汉食味，汉食贮以金器，蕃食贮以木器"。辽国佞佛，"我国家尊居万乘，道贯百王，恒崇三宝之心，大究二宗之理，处处而敕兴佛事，方方而宣创精蓝"[2]。各种佛事活动都离不开焚香。"于佛诞之辰，卢香盘食，以供其所"。"继日沉香，龙脑满炉；□香为枺，师散佛上"[3]。辽代用于焚香的香炉，有金属、石质各种质料，而以陶瓷器为多（图九）。北京龙泉务窑出土素胎、黑釉、白釉、酱釉等各种釉色香炉32件，发掘报告推定为辽代晚期[4]。北京丰台王泽墓（1053年）出土白瓷香炉应为龙泉务窑产品[5]。景德镇青白瓷香炉在辽境内出土数量颇多，如河北易县净觉寺塔基[6]（1115年）、敖汉旗白塔子辽墓[7]、阿鲁科尔沁旗温多尔敖瑞山辽墓[8]等，形制也较为多样。

4. 砚台与笔洗——辽代陶瓷中的文具

《辽史》卷四五《百官志一》记契丹皇太后、皇太妃皆有著帐诸

---

[1] 德新等：《内蒙古巴林右旗庆州白塔发现辽代佛教文物》，《文物》1994年第12期。
[2] 大安五年安次县祠垡里寺院内起建堂殿并内藏碑记，向南编：《辽代石刻文编》，河北教育出版社，1995年，第418页。
[3] 彭善国：《辽代的香料与焚香习俗》，《博物馆研究》1998年第3期。
[4] 《北京龙泉务窑发掘报告》。
[5] 北京市文物管理处：《近年来北京发现的几座辽墓》，《考古》1972年第3期。
[6] 河北省文物管理处：《河北易县净觉寺舍利塔基地宫清理记》，《文物》1986年第9期。
[7] 敖汉旗文化馆：《敖汉旗白塔子辽墓》，《考古》1978年第2期。
[8] 赤峰市博物馆考古队等：《赤峰市阿鲁科尔沁旗温多尔敖瑞山辽墓清理简报》，《文物》1993年第3期。

图九　辽代陶瓷香炉

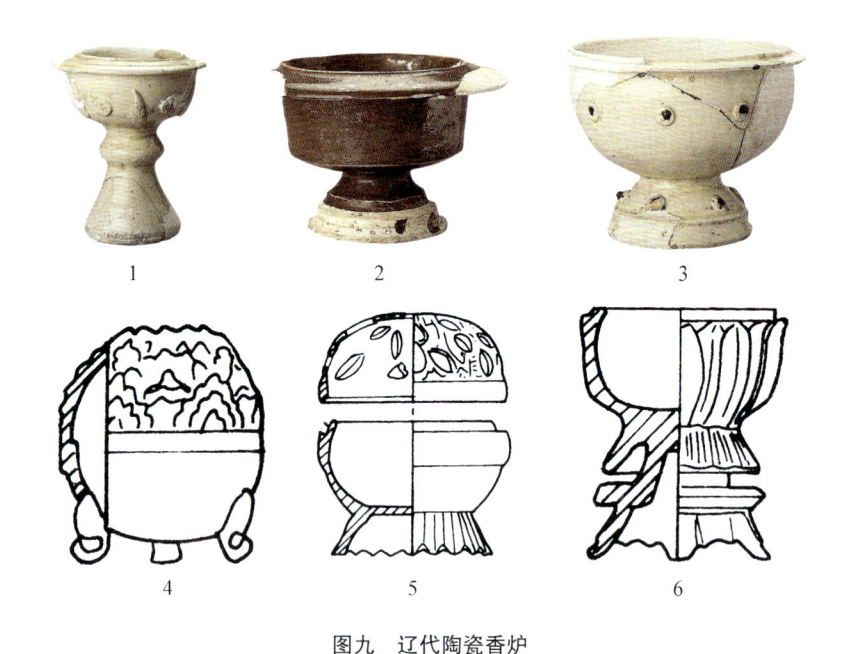

1～3. 北京龙泉务窑址　4. 易县净觉寺塔基　5. 敖汉旗白塔子辽墓　6. 阿鲁科尔沁旗温多尔敖瑞山辽墓

局，其中包括笔砚局，局中设笔砚祗候郎君、笔砚史等职；又有承应小底局，中亦设笔砚小底之职。砚在辽境屡有发现，其质料有银、石、玉质，辽代陶瓷文具，以砚台和笔洗最为典型。多数为三彩器（图一○），也有个别白瓷砚台。泥质灰陶砚台见于阜新海力板一号辽墓[①]，呈簸箕形（即"风"字砚），背面刻"水井台""长命"等字样。三彩砚台通体呈八方形或圆形，台体中空，边壁上印施植物纹（牡丹最多）、几何纹（如米字纹）或胡人驯兽纹。砚面作云头形，一面斜凹，下部露胎以磨

[①] 李宇峰：《阜新海力板辽墓》，《辽海文物学刊》1991年第1期。

170　人间瓷话——中国古陶瓷的文化解读

图一〇　辽代陶瓷砚台与笔洗

1. 宁城萧阆墓　2. 翁牛特旗解放营子墓　3. 宁城小刘仗子墓　4. 新民巴图营子墓　5. 赤峰缸瓦窑址　6. 凌源付家屯　7. 建平烧锅营子

墨，上部多印水波莲花。笔洗外壁无釉，整体作宽平沿的浅腹盘形，可置于台座内。砚台和笔洗往往配套使用。赤峰缸瓦窑出土素胎砚台和笔洗多例。纪年墓葬中三彩砚台以宁城埋王沟辽萧阆墓（1071年）最早[①]。

5. 辽代的陶瓷围棋子

辽代的陶瓷娱乐用具主要是围棋。《舆地纪胜·潼川府路·昌州》

---

① 内蒙古文物考古研究所、辽中京博物馆：《宁城县埋王沟辽代墓地发掘简报》，《内蒙古文物考古文集》第二辑，第609~630页。

载宋辽间举行围棋赛事,宋派"天下善弈棋者"李啓参加,辽棋手"望风知畏,不敢措手"[1]。《契丹国志》卷二十三"渔猎时候"条载:"国主皆佩金玉锥,号杀鹅、杀鸭锥……夏月以布易毡帐,籍草围棋、双陆或深涧张鹰。"北宋人陈襄使辽时,辽的接伴副使送他水晶棋子一副[2]。辽宁阜新萧德温墓[3]、河北宣化张文藻墓[4]壁画上描绘有三老者对弈围棋(三教会棋图)的场景。木质的围棋方桌见于内蒙古敖汉旗白塔子辽墓,棋盘上布围棋子纵横各13行,存黑子79枚,白子76枚。石质的围棋盘见于辽宁北镇洪家街辽韩德让墓(1011年葬)[5],纵横各17行。围棋子有木质(如陈国公主墓出土的80枚,圆形,侧柏木做成[6])、玛瑙质(如朝阳刘承嗣墓[7]、朝阳常遵化墓[8])、石质(北镇韩德让墓)者。陶瓷围棋子最为常见,如辽宁锦西西孤山大安五年(1089年)萧孝忠墓[9],共出76枚棋子,其中黑色棋子43枚,白色棋子33枚,直径1.5厘米左右,两面均模印莲瓣纹;内蒙古宁城小刘仗子M1、M4[10]出土白瓷围棋子62枚,灰陶棋子22枚,直径1.3厘米。此类围棋子在缸瓦窑、龙泉务窑都有烧造,

---

[1] (宋)王象之编著,赵一生点校:《舆地纪胜》卷一百六十一《潼川府路》,浙江古籍出版社,2012年。
[2] 《奉使辽金行程录(增订本)》。
[3] 李文信:《关于萧德温墓的笔记和资料》,载氏著:《李文信考古文集(增订本)》,辽宁人民出版社,2009年,第645页。
[4] 《宣化辽墓——1974~1993年考古发掘报告》。
[5] 辽宁省文物考古研究院、锦州市博物馆、北镇市文物处:《辽宁北镇市辽代韩德让墓的发掘》,《考古》2020年第4期。
[6] 《辽陈国公主墓》。
[7] 王成生:《辽宁朝阳市辽刘承嗣族墓》,《考古》1987年第2期。
[8] 刘桂馨:《辽代常遵化墓出土的围棋子》,《文物》1997年第11期。
[9] 雁羽:《锦西西孤山辽萧孝忠墓清理简报》,《考古》1960年第2期。
[10] 内蒙古自治区文物工作队:《昭乌达盟宁城县小刘仗子辽墓发掘简报》,《文物》1961年第9期。

窑址出土数量很多。

6. 辽代的陶瓷枕

辽代陶瓷枕发现不多，出土资料见于内蒙古通辽二林场墓[①]（长16、宽8.6厘米）、巴林右旗和布特哈达墓[②]（长10.2、宽8.7厘米）、扎鲁特旗浩特花M1[③]（残）、河北尚义刨囵村墓[④]（长20.4、宽11.7～12.3厘米）等（图一一）。釉色有黄釉、绿釉、黄绿二色釉和白釉等。形制基本相同，枕面近似长方形，出沿下凹，周壁斜直，平底，有通气孔一个。这些枕的年代约在11世纪初期前后，与洛阳后梁开平三年（909年）高继蟾墓、连云港五代墓出土的枕形制接近[⑤]。窑址材料见于北京龙泉务窑，共13件，均为素烧，但可复原者甚少，其中枕T43③：202（长18、宽10.1厘米）与前述4件枕形制相近，报告将其推定为辽代晚期是不妥当的。

辽境出土的枕有木质（翁牛特旗解放营子墓）、银质（奈曼旗陈国公主墓）、石质者（巴林右旗和布特哈达墓），文献记载还有盐枕[⑥]。陶瓷质虽然发现较少，但却是鲜明地受到汉俗影响而出现的器物。以上所举5件枕，尺寸均较小，不适合作为荐首的枕具，若不是小型化的明器，则可能是脉枕或腕枕。

[①] 张柏忠：《内蒙古通辽县二林场辽墓》，《文物》1985年第3期。
[②] 赵连季：《辽代黄釉菊花枕》，《内蒙古文物考古》2000年第2期。
[③] 中国社会科学院考古研究所内蒙古工作队、内蒙古文物考古研究所：《内蒙古扎鲁特旗浩特花辽代壁画墓》，《考古》2003年第1期。
[④] 河北省张家口地区文物保护管理所：《河北尚义刨囵村发现辽代石棺墓》，《文物春秋》1990年第4期。
[⑤] 《辽代陶瓷的考古学研究》，第175页。
[⑥] （宋）路振：《乘轺录》："上国西五百余里有大池，幅员三百里，盐生若岸，如冰凌，朝聚暮合，年深者坚如巨石，房菌之为枕。"《奉使辽金行程录（增订本）》，第21页。

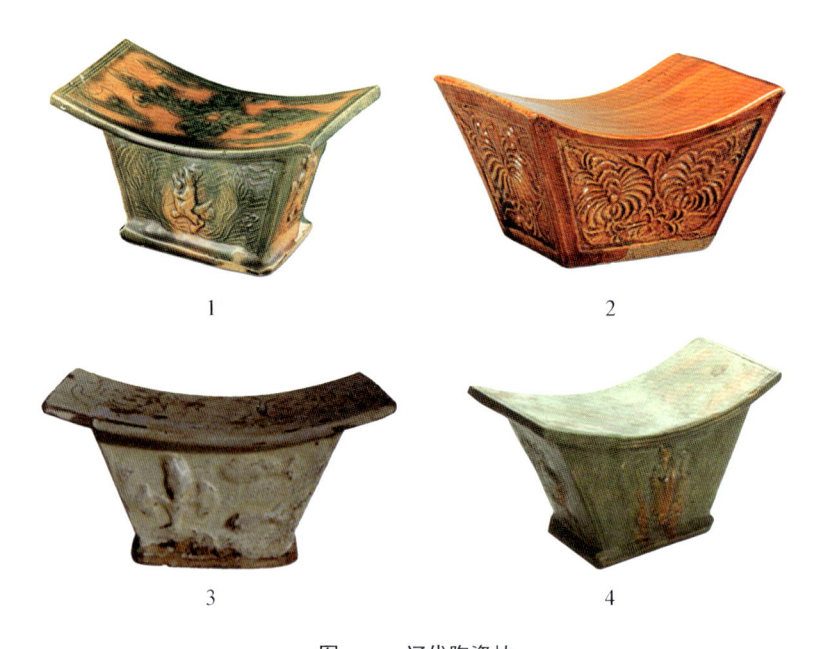

图一一　辽代陶瓷枕

1. 通辽二林场墓　2. 巴林右旗和布特哈达　3. 巴林左旗班布村　4. 北票西官营镇

五、结　语

陶瓷器在辽代社会生活中使用广泛，扮演着重要角色。辽代文物中，陶瓷器是数量最多的一类。契丹陶器多为高火候轮制泥质灰陶，壶、瓶、罐类器物往往装饰滚压的篦齿纹[①]，外底内凹。辽代的釉陶和瓷器，有一部分（如穿孔类鸡冠壶、盘口束颈壶、穿带扁壶、长颈壶等）的造型和装饰即脱胎于契丹陶器，更多的则是碗、盘、盏、注壶等中原

---

① 李含笑、彭善国：《辽代篦纹陶器施纹工艺研究——以城岗子城址出土陶器为例》，《北方文物》2019 年第 1 期。

式样。辽境内窑场的陶瓷产品,既有适用于契丹游牧生活方式者,也有适用于定居生活方式者。这种二元性是辽陶瓷的突出特点。输入到辽境内的中原南方瓷器产品,从早到晚有数量逐渐增多的趋势,且其使用范围也有从契丹贵族汉人官僚到普通民众的普及,这既是澶渊之盟后宋辽间使节往来频繁、榷场贸易繁盛的结果,也是辽人追摹宋人生活方式,所谓"饮食服玩之盛,尽习汉风"[①]的真实写照。

[①] 《续资治通鉴长编》卷一四二记宋仁宗庆历三年(1043年)枢密副使韩琦上疏云:"……窃以契丹宅大漠,跨辽东,据全燕数十郡之雄,东服高丽,西臣元昊,至五代迄今,垂百余年,与中原抗衡,日益昌炽。至于典章文物、饮食服玩之盛,尽习汉风。故敌气愈骄,自以为昔时元魏之不若也,非如汉之匈奴、唐之突厥,本以夷狄自处,与中国好尚异也。"

叁

说纹饰

拍手问谁能笑我
——中国古代瓷器上的寒山、拾得

> 形模丑陋发鬅鬙,留得生来面目真。
> 拍手问谁能笑我,只今笑杀世间人。
> （宋）何梦桂《寒山拾得》

雍正十一年（1733年），清世宗下诏封寒山为"妙觉普度和圣寒山大士"，拾得为"圆觉合圣拾得大士"，并称"和合二圣"或"和合二仙"。这一意在图绘太平、强化人伦秩序的政治性敕封[1]，使寒山、拾得从宋元以来诸多民间和合神祇中脱颖而出[2]，获得了钦定的身份，成为中国传统和合文化的象征[3]。寒山本是唐代天台山隐士，与国清寺僧人拾得、丰干多有交往，《寒山子诗集》伪托唐台州刺史闾丘胤序中说："寒

---

[1] 罗时进：《伪托闾丘胤撰〈寒山子诗集序〉的接受与演化——以寒山、拾得之形象演变为中心》，《复旦学报（社会科学版）》2017年第4期。
[2] （清）翟灏撰，颜春峰点校：《通俗编（附直语补证）》卷十九《神鬼》"和合二圣"条："《游览志余》：'和合神即万回哥哥'……今和合以二神并祀，而万回仅一人，不可以当之矣。国朝雍正十一年封天台寒山大士为和圣，拾得大士为合圣。"中华书局，2022年，第267页。
[3] 前引罗时进文指出："在儒家思想中'和'是重要的思想基础，在道家文化中'合'是精神指向，而佛教的'众'的观念正是'和'与'合'的融会。所以说'和合'是中国传统文化中'三教'的一个理念汇交点，具有最大的共识性。历来重视社会结构稳定，重视人际关系和谐，重视家庭生活亲睦的官民士庶各阶层，总需要寻找或建构出一个'和合'的象征性典型，且必将其落根到民间文化的土壤之中，奉为'神'来祭祀。"

山文殊，遁迹国清；拾得普贤，状如贫子。"[1] 1072年，日本高僧成寻求法天台山，"参礼三贤院，三贤者：丰干禅师、拾得菩萨、寒山菩萨，弥陀、普贤、文殊化现"[2]。南宋时寒山、拾得已被时人视为禅门散圣的代表，明代中期以还，寒山、拾得更进入道教神祇的庞杂体系，最终以和合二仙的形象深入民间信仰。本文拟在前贤关于寒山、拾得图像渊源流变研究的基础上[3]，重点讨论中国古代瓷器中的寒山与拾得形象。

一、宋元瓷器中的寒山、拾得形象

宋元瓷器中目前仅见数例寒山、拾得塑像，未见人物纹饰体现。

1. 江西吉安吉州窑南宋寒山、拾得瓷像

见于报道者两件。一件2019年出土于吉州窑茅庵岭窑址[4]，通高8.3厘米，二人并立，一人头部残缺，白釉彩绘（图一）。另一件系窑址采集[5]，通高92厘米，二人并立，素胎褐彩（图二）。第一件瓷像夸张地张口大笑，正契合《寒山子诗集》伪闾序所记"呵呵大笑"。第二件瓷像须发披拂，则与宋人"君不见寒山子，蓬头垢面何所似"[6]"形模且陋发鬅鬙，留得生来面目真"[7]的描述相合。

---

[1] （唐）寒山：《寒山子诗集》，文物出版社，2020年，第2页。
[2] ［日］成寻：《参天台五台山记》卷一。
[3] 李舜臣：《从"禅门散圣"到"和合二仙"——图像艺术中寒拾形象的演变》，《宗教学研究》2021年第4期。崔小敬：《寒山题材绘画创作及演变》，《宗教学研究》2010年第3期。
[4] 江西省文物考古研究院：《吉简吉美——吉州窑遗址出土瓷器集萃》，文物出版社，2020年，第224页。著录时称为"和合二仙"。
[5] 高立人：《吉州永和窑》，文汇出版社，2002年，第171页。著录时称为"人物立俑"。
[6] （宋）吕本中：《东莱诗集》卷三，《观宁子仪所蓄维摩寒山拾得唐画歌》（《四部丛刊续编》本）。
[7] （宋）何梦桂：《潜斋集》卷三，《岳帅降笔命作画屏四景诗》其一《寒山拾得》（《钦定四库全书》本）。

图一　吉州窑茅庵岭窑址出土　　　　　图二　吉州窑窑址采集

吉州窑发现寒山拾得瓷像，应与窑址所在及周边地区禅寺林立有关。宋代江西，吉州境内禅宗寺庙最多，吉州窑窑场范围内就有南宋时期的本觉寺，其塔至今尚存（后期维修），吉州窑瓷器本身亦多具禅风[1]。本觉寺僧，甚至吉州窑的窑工，对作为禅门散圣的寒山、拾得应不陌生，瓷像也生动地抓住了两人蓬头、大笑的形貌特征。

2. 深圳望野博物馆藏金代红绿彩寒山、拾得瓷像

瓷像高27厘米，二人并立于台座之上，面带微笑，一人前擎双掌，

---

[1] 黄阳兴：《南宋吉州窑装饰与禅宗关系考释——也谈青原山与永和镇的禅宗传播》；郭学雷：《南宋吉州窑瓷器装饰纹样考实——兼论禅宗思想对南宋吉州窑瓷器的影响》，均载深圳博物馆、深圳市文物管理办公室、深圳市文物考古鉴定所编：《禅风与儒韵——宋元时代的吉州窑瓷器》，文物出版社，2012年。

一人攀肩搭背（图三）[①]。这种表现形式与耶鲁大学美术博物馆藏《仿李公麟寒山拾得图》（图四）颇为接近。红绿彩瓷器是中原地区金代中晚期兴烧的新品种，此像的年代约在金代晚期。刘涛曾对此像进行过解读[②]。关于寒山、拾得形象在金代北方地区的流传，史料文献未见记载。不过，从河南洛阳旭升村出土[③]、首都博物馆藏（图五）[④]金代三彩枕上所题北曲——"寒山拾得那两个，风风磨磨，拍着手，当街上笑呵呵，倒大来快活。词寄《庆宣和》"，以及甘肃瓜州榆林窟第27窟（西夏晚期）壁画寒山、拾得图像（图六）[⑤]来看，北方地区这一时期对寒山、拾得的形象和事迹似乎并不陌生。

此外，镇江市大市口的一口古井内出土2尊陶像，现藏镇江博物馆。像分别高19.5厘米及20.5厘米，分置于井壁下部两个相对的砖砌壁龛内，陶像坐于束腰台上，张口大笑（图七）。有研究者将此视为宋代寒山、拾得形象[⑥]。但这2尊陶像更有可能是井神——井泉童子。清人姚礼撰辑《郭西小志》卷十六记："杭人有井处皆穴墙，塑神如童子状，俗称井泉童子，不知始于何时。"[⑦]正与镇江古井内穴墙置塑神相合。

---

① 深圳博物馆、深圳望野博物馆、深圳市文物管理办公室、深圳市文物考古鉴定所编：《精彩——金元红绿彩瓷器中的神祇与世相》，文物出版社，2009年，第22、23页。
② 刘涛：《金代红绿彩寒山拾得像小识》，载《精彩——金元红绿彩瓷器中的神祇与世相》，第302页。
③ 黄明兰：《一对金代北曲三彩枕》，《中原文物》1987年第1期。
④ 首都博物馆编：《首都博物馆藏瓷选》，文物出版社，1991年，图51。
⑤ 司品晶、刘子明：《神密圆融思想下的西夏图像遗存——瓜州榆林窟第27窟初探》，《西夏学》2022年第2期。宁夏银川新华东街出土鎏金铜寒山、拾得像，以往多被认为是西夏的，金申已辨证其为明代无疑。详见金申：《银川市出土的铜佛像年代及伪造的西夏佛像》，载氏著：《佛教美术考证自选集》，北京时代华文书局，2017年，第350页。
⑥ 张剑：《镇江出土的宋代陶塑》编后语，《收藏》2010年第11期。周胤君：《西夏"寒山拾得"鎏金铜像解析》，《北方美术》2019年第3期。
⑦ （清）姚礼撰辑，周膺、吴晶点校：《郭西小志》，《杭州稀见文献辑刊》，浙江工商大学出版社，2013年，第296页。

图三 深圳望野博物馆藏金代红绿彩瓷

图四 仿李公麟寒山拾得图

图五 首都博物馆藏金代三彩枕

图六 榆林窟第27窟东壁壁画

图七　镇江市博物馆藏陶塑像

二、明至清初瓷器上的寒山、拾得

这一时期瓷器上的寒山、拾得形象均以纹饰呈现，未见塑像。

1. 明代中期瓷器上的寒山、拾得图像

民国许之衡《饮流斋说瓷》说："鸡缸始于成化，画石山牡丹，下有子母鸡跃跃欲动，小儿扬袂其侧。又器之中心，往往绘和合二仙也。"① 和合二仙的确立，在清雍正时期，许之衡的说法属于以今范古。明代中期瓷器上开始出现寒山、拾得人物形象，考古实例见于北京毛家湾明代瓷器坑（K1∶6656）（图八）②，更多为私人收藏（图九）③，多绘制

---

① 许之衡：《饮流斋说瓷·说花绘第五》，《生活与博物丛书·器物珍玩编》，上海古籍出版社，1993年，第22页。
② 北京市文物研究所：《毛家湾明代瓷器坑考古发掘报告》上册，科学出版社，2007年，第59页。
③ 马平：《元明清古瓷标本图释》，经济日报出版社，2008年，第90页。

图八　北京毛家湾明代瓷器坑青花碗　　　图九　私人藏弘治青花瓷盘

于青花碗、盘的内底，寒山、拾得二人相对站立，衣衫褴褛，蓬发跣足，张口大笑，一人双手展卷，一人手中持物。有人将这些碗盘内所绘人物解读为吕洞宾、张伯端，认为反映的是明初杂剧《冲漠子独步大罗天》神仙道化的故事①。但瓷器上并未绘出杂剧中的主人公冲漠子（皇甫寿），且展卷是寒山、拾得的经典象征，在传贯休《应真高僧像卷·寒山拾得卷》②、榆林窟第27窟壁画上均有表现，笑颜可掬也更合乎寒山、拾得的风貌。因此，明中期瓷器上的此类图像，还应视为寒山、拾得的形象。

2. 明代晚期至清初瓷器上的寒山、拾得图像

这一时期图绘寒山、拾得的瓷器存世较多，有单一图像和组合图像两种表现形式。

---

① 李熊熊：《明中期青花瓷画"吕张二仙图"解读》，《收藏》2016年第3期。
② 李舜臣《从"禅门散圣"到"和合二仙"——图像艺术中寒拾形象的演变》（《宗教学研究》2021年第4期）认为此画卷为南宋人所作。

拍手问谁能笑我　185

（1）单一图像

见于故宫博物院藏康熙青花五彩盒（图一〇）[1]、波士顿美术博物馆藏天启五彩盘（图一一）[2]、东京国立博物馆藏明末青花盘（图一二）[3]以及香港永宝斋藏天启青花盘（图一三）[4]等，时代多在明末天启崇祯至康熙时期，均为持帚人物形象。元人方回《题寒山拾得画像》[5]、明人李东阳《寒山拾得图二绝》[6]两诗均写出了寒山拾得扫帚的寓意，前者说："一帚天台国清寺，扫灭人世贪嗔痴。"后者说："闲向青山扫白云，青山那得有红尘。白云飞散红尘尽，山色长如清净身。"不过，持帚者是寒山还是拾得，古人的说法并不统一。宋代《五灯会元》记："拾得放下扫帚，叉手而立。主再问，拾得拈扫帚扫地而去。"明人王越《寒山拾得图》诗言："寒山一把竹扫帚，古往今来不离手。"明人李日华《六研斋笔记》则记："拾得跌大松根，植苔帚于傍松。"

（2）组合图像

包括寒山、拾得与刘海、铁拐李组合的"四仙图"，以及寒山、拾得与刘海、八仙等组合的"群仙图"。

绘制"四仙图"的瓷器，主要有如下几例。

吉林大学考古与艺术博物馆藏"大明万历年制"款青花四棱罐，四个瓜棱内分别绘制寒山、拾得、刘海及铁拐李（图一四）。寒山展卷，

---

[1] 故宫博物院编，王健华主编：《故宫博物院藏清代景德镇民窑瓷器》卷一，故宫出版社，2014年，第276页。
[2] 李颜珣：《明代天启崇祯时期景德镇五彩概说》，载黄清华主编：《东瀛异彩——明末日本来华订造瓷特展图录》，江西美术出版社，2021年，第107页。
[3] 座右宝刊行会：《世界陶磁全集·卷14·明》，小学馆，1976年，第212页，图223。
[4] 《东瀛异彩——明末日本来华订造瓷特展图录》，第177页。
[5] （元）方回：《桐江续集》卷二十八（《文渊阁四库全书》本）。
[6] （明）李东阳：《怀麓堂集》卷六十，上海古籍出版社，1991年，第622页。

图一〇　故宫博物院藏康熙青花五彩盒

图一一　美国波士顿美术博物馆藏天启五彩盘

图一二　日本东京国立博物馆藏明末青花盘

图一三　香港永宝斋藏天启青花盘

图一四 吉林大学考古与艺术博物馆藏青花四棱罐

图一五　香港颂德堂藏嘉靖青花四棱罐

图一六　苏州博物馆藏万历青花碗

拾得持帚,刘海左足下绘一金蟾,铁拐李右手执拐。形制、纹饰基本相同的青花四棱罐,见于香港颂德堂藏品(图一五)[1]及2009年纽约苏富比拍卖品[2],这两件都有"大明嘉靖年制"款。苏州博物馆藏万历青花碗(图一六)[3],底款"长命富贵",外壁绘"四仙图",其中寒山左手展卷,右手执笔。

---

[1]　《炉火纯青——嘉靖及万历官窑瓷器》,香港大学美术博物馆,2009年,第68、69页。
[2]　赵汝珍原著:《艺术品鉴藏大家讲坛·赵汝珍说陶瓷》,中国书店,2011年,第83页。又见谈雪慧等编著:《中国明代瓷器目录》,南方出版社,1998年,第113页。
[3]　苏州博物馆编:《苏州博物馆藏瓷器》,文物出版社,2009年,第92页。

绘制"群仙图"的瓷器，时代均在嘉靖，主要有如下几例。

日本根津美术馆藏青花大罐，上绘寒山展卷、拾得持帚，旁为刘海戏金蟾以及八仙（图一七）[①]。香港怀海堂收藏有相近纹饰的青花大罐（图一八）[②]。大英博物馆（图一九）[③]、河北民俗博物馆（图二○）[④]以及金明收藏（图二一）[⑤]的青花葫芦瓶，纹饰布局及内容相近，葫芦瓶下腹绘制八仙，上腹绘制寒山、拾得以及刘海戏金蟾。英国巴特勒家族藏顺治青花五彩瓶，上仅绘寒山、拾得及刘海戏金蟾（图二二），或是前述葫芦瓶纹样的简化形式[⑥]。

周丽丽曾将一件万历官窑五彩盘（图二三）上的两个人物判定为寒山、拾得[⑦]，然从台北故宫博物院藏万历青花盘（图二四）以及香港怀海堂藏万历五彩盘（图二五）[⑧]上的纹饰来看，此二人手持者均为彩灯，属于丰登图题材，与寒山、拾得应没有关系。

寒山、拾得与道教诸仙为伍的组合，起码在明宣德时期就已存在。李时勉（1374～1450年）《古廉文集》记载："京师近郊有贞明寺。予与二三友游至其地，坐僧房中。壁有白玉蟾、铁拐、寒山、拾得四像。"[⑨]

---

① 《世界陶磁全集·卷14·明》，第260页，图125；第316页。
② 《机暇明道——怀海堂藏明代中晚期官窑瓷器》，香港中文大学文物馆，2012年，第204页。
③ Jessica Harrison-Hall. *Ming Ceramics in the British Museum*. The British Museum Press, 2001, p.231.F9:36.
④ 穆青、汤伟建：《明代民窑青花》，河北人民出版社，2000年，第16页。
⑤ 耿宝昌主编：《金明集瓷选录》，国际文化出版公司，1994年，第156页。
⑥ 上海博物馆编：《上海博物馆与英国巴特勒家族所藏十七世纪景德镇瓷器》，上海书画出版社，2005年，第189页。
⑦ 周丽丽：《瓷器宗教纹样、吉祥图案综述》，《上海博物馆集刊》第七辑，上海书画出版社，1996年，第132页。
⑧ 《机暇明道——怀海堂藏明代中晚期官窑瓷器》，第97页。
⑨ （明）李时勉：《古廉文集》卷六（《文渊阁四库全书》本）。

图一七　日本根津美术馆藏青花大罐

图一八　香港怀海堂藏嘉靖青花大罐

拍手问谁能笑我　191

图一九　英国大英博物馆藏嘉靖青花葫芦瓶

图二〇　河北民俗博物馆藏嘉靖青花葫芦瓶

图二一　金明藏嘉靖青花葫芦瓶

图二二　英国巴特勒家族藏顺治青花五彩瓶

图二三　万历官窑五彩盘　　图二四　台北故宫博物院藏万历青花盘

图二五　香港怀海堂藏万历五彩盘

拍手问谁能笑我　193

李日华（1565～1635年）《六研斋笔记》记："雪中展黄越石携来四仙古像：一为铁拐李坐石上，对悬瀑仰视天际，隐隐一铁拐飞行空中；一为海蟾子哆口蓬发，一蟾玉色者戏踞其顶，手执一桃，连花叶鲜活如生，背绿竹六茎，不见枝梢；一为寒山子倚绝壁，双手展卷若题诗，竟而自为吟讽者；一为拾得趺大松根，植苕帚于傍松。"这一"古像"正可与明宣德间画家商喜的《四仙拱寿图》（图二六）对看。《四仙拱寿图》中除寿星、南极仙翁外，主题纹饰为四仙人：趺坐金蟾上的刘海、脚踏铁拐腰系葫芦的铁拐李、持卷及足踏扫帚的寒山拾得。明代万历刻本《新编目连救母劝善戏文》中的版画（图二七）[①]，持帚的寒山（或拾得）与手持钱串的刘海并排站立，大英博物馆藏明代王问（1497～1576年）

图二六　明商喜《四仙拱寿图》

[①] 转引自刘涛：《金代红绿彩寒山拾得像小识》，载《精彩——金元红绿彩瓷器中的神祇与世相》。

《寒山拾得与旺财金蟾图》，更是隐去了金蟾的主人刘海，变成寒山、拾得与金蟾相戏（图二八）。如果说手执扫帚的单一图像，还能体现寒山拾得作为禅门散圣的风貌的话，那么前述流行于嘉靖万历时期瓷器组合图像中的寒山拾得，已经完全仙道化，成为民间喜闻乐见的以八仙、寿星为主题的瓷器祝寿题材的配角了。

图二七　明万历刻本《新编目连救母劝善戏文》版画

图二八　明王问《寒山拾得与旺财金蟾图》

殷勤谢红叶
——说新安沉船元代釉里红"红叶题诗"瓷盘

> 流水何太急，深宫尽日闲，
> 殷勤谢红叶，好去到人间。
> （唐）宣宗宫人《题红叶》

  韩国全罗南道西南海域新安沉船是中国元代瓷器的宝库。引人注目的是一件1982年第八次打捞出水的青白瓷釉里红盘，通体呈椭圆形，折沿，平底。口部长径16.4、高1.4厘米。盘心以细线刻划出两片树叶，从树叶形状及叶脉纹路来看，应为梧桐树叶。树叶以铜料烧成淡红色并书写"流水何太急，深宫尽日闲"两句诗（图一）[1]。冯先铭很早就对这件瓷盘给予关注，他分析了其装饰的流程以及诗句的含义[2]。陆明华认为此盘似可看作目前所见元代最早的釉里红瓷器[3]。盘的釉里红部分有铜绿色块或色斑，其形成的机理，或与清代瓷器上的苔点绿相似[4]。江西景德镇落马桥元代窑址出土釉里红瓷器多件，均为青白釉，其中一件高足杯

---

[1] 韩国国立中央博物馆：《发掘40周年特展：新安沉船遗物》，2016年，第186、187页。
[2] 冯先铭：《南朝鲜新安沉船及瓷器问题探讨》，《故宫博物院院刊》1985年第3期。
[3] 陆明华：《新安海底打捞元代瓷器的思考》，载沈琼华主编：《2012年海上丝绸之路——中国古代瓷器输出及文化影响国际学术研讨会论文集》，浙江人民美术出版社，2013年，第82页。
[4] 张福康：《中国古陶瓷的科学》，上海人民美术出版社，2000年，第117页。

图一　新安沉船出水青白瓷釉里红题诗叶纹盘　　图二　新安沉船出水青白瓷双叶纹盘

上釉里红彩书"不饮空归去,桃花也笑人"诗句①。从釉里红的工艺以及题诗的做法来看,这件盘很有可能就是落马桥窑场的产品。新安沉船发现的另一件青白瓷盘,与前述釉里红盘造型相同,均是椭圆形折沿,尺寸相近(口部长径16.1、高1.3厘米),内底亦装饰两片梧桐树叶,但为模印出轮廓后刻划叶脉(图二)②。它的装饰意匠,同于红叶题诗盘,可视为后者的曲折隐喻。

新安沉船青白瓷釉里红盘上的题诗,全首应该为:"流水何太急,深宫尽日闲。殷勤谢红叶,好去到人间。"这类具有浪漫气息的"红叶题

---

① 景德镇市陶瓷考古研究所、北京大学考古文博学院、江西省文物考古研究所:《江西景德镇落马桥窑址宋元遗存发掘简报》,《文物》2017年第5期。江屿主编:《瓷言片语:景德镇新出元明瓷器》,浙江人民美术出版社,2016年,第52页。图录称其为"转心靶盏"。(宋)吴曾撰:《能改斋漫录》卷八《沿袭》:"唐李敬方劝醉诗云:'不向花前醉,花应解笑人。只应连夜雨,又过一年春。日月无穷事,区区有限身。若非杯酒里,何以寄天真。'杜子美绝句云:'二月已破三月来,渐老逢春能几回。莫悲身外无穷事,且尽生前有限杯。'二诗虽相沿,而杜则尤工者也。世所传'相逢不饮空归去,洞口桃花也笑人'之句,盖出于敬方云。"上海古籍出版社,1979年,第211页。
② 《韩国文化中的中国陶瓷器》特展图录,大邱国立博物馆,2004年,第103页。

殷勤谢红叶　**197**

诗"或"御沟流叶"是常见的文学典故[1],唐宋文献中与此相关的记载共有6个[2](表一),主题相近,人物、情节差别甚大[3]。唐人笔下的主人公有顾况、卢渥二人,题诗红叶的宫女都没有名字,也没有任何男女感情纠葛。到宋人笔下,唐人题材被铺陈演义,贾全虚与凤儿、于祐与韩氏终成眷属,李茵与云芳子的情爱却以悲剧告终。明代郎瑛《七修类稿》:"红叶题诗,凡有五焉……但后之小说《流红记》,又讹而为于祐之事,言多鄙妄,此则可笑。"[4]这一议论,只代表郎瑛本人的迂腐、鄙妄与可笑。在《青琐高议·流红记》的末尾,作者感慨道:"流水,无情也;红叶,无情也。以无情寓无情而求有情,终为有情者得之,复与有情者合,信前世所未闻也。"与唐人笔下着意于"深宫"即幽居深宫的宫女哀怨相比,宋人的改写更强调"到人间"即世俗的人间情感与离合悲欢。

表一 唐宋文献中"红叶题诗"的记载

序号	故事人物	故事时代	题诗内容	故事来源	文献时代
1	顾况	757年登进士第	一入深宫里,年年不见春。聊题一片叶,寄与有情人。花落深宫莺亦悲,上阳宫女断肠时。帝城不禁东流水,叶上题诗欲寄谁?	《本事诗》[5]	唐

---

[1] 俞香顺:《红叶辨》,《文学遗产》2001年第2期。
[2] (明)徐应秋:《玉芝堂谈荟》卷六"御沟题叶"条:"御沟题叶事,凡六见。"《四库笔记小说丛书》本,上海古籍出版社,1993年,第140页。
[3] (明)张燧:《墨卿谈乘》卷七"红叶"条:"按此等事,或文人寄思,偶然漫录,遂为好事者直指其人耳,世间多有寓言,遂成实迹。"《四库未收书辑刊》本,北京出版社,2001年。
[4] (明)郎瑛撰:《七修类稿》卷十九,上海书店出版社,2009年,第193页。
[5] (唐)孟棨撰,李学颖标点:《本事诗·情感第一》,上海古籍出版社,1991年,第9页。

续 表

序号	故事人物	故事时代	题诗内容	故事来源	文献时代
			一叶题诗出禁城，谁人酬和独含情？自嗟不及波中叶，荡漾乘春取次行。		
2	顾况	757年登进士第	旧宠悲秋扇，新恩寄早春。聊题一片叶，将寄接流人。愁见莺啼柳絮飞，上阳宫女断肠时。君恩不禁东流水，叶上题诗寄与谁。	《云溪友议》[1]	唐
3	卢渥	唐宣宗大中年间（847～860年）登进士第	水流何太急，深宫尽日闲。殷勤谢红叶，好去到人间。		
4	李茵/云芳子	唐僖宗幸蜀年（880年）	无	《北梦琐言》[2]	宋
5	贾全虚/凤儿	贞元中（785～805年）进士	一入深宫里，无由得见春。题诗花叶上，寄与接流人。	《补侍儿小名录》[3]	宋
6	于祐/韩氏	唐僖宗时（874～888年）	流水何太急，深宫尽日闲。殷勤谢红叶，好去到人间。曾闻叶上题红怨，叶上题诗寄阿谁？	《青琐高议》[4]	宋

---

[1] （唐）范摅撰：《云溪友议·题红怨》，古典文学出版社，1957年，第69页。
[2] （宋）孙光宪撰，林青、贺军平校注：《北梦琐言》卷九，三秦出版社，2003年，第162页。
[3] （宋）王铚撰，储玲玲整理：《补侍儿小名录》，《全宋笔记》第三一册，大象出版社，2019年，第8页。
[4] （宋）刘斧辑：《青琐高议》前集卷之五，《流红记》题下注：红叶题诗娶韩氏，上海古籍出版社，1983年，第51～53页。

元代文艺作品中,"红叶题诗"仍是常见的题材。刘仁本《宫怨》诗:"宫树西风疾,御沟流水迟。起来拾红叶,欲题恨无诗。"[1]卢挚《沉醉东风·重九》小令:"题红叶清流御沟,赏黄花人醉歌楼。天长雁影稀,月落山容瘦。冷清清暮秋时候。衰柳寒蝉一片愁,谁肯教白衣送酒?"[2]朱德润《红叶题诗》:"金殿风微拾坠红,题诗聊寄御沟东。芳情有意随流水,细字无心学断鸿。"[3]华幼武《红叶图》诗:"鸳鸯瓦冷不禁秋,采叶题诗出御沟。一点灵犀天地隔,殷勤随水向谁流。"[4]由此可见,"红叶题诗"亦见于元人绘画。元曲四大家之一白朴的杂剧《于祐之金沟送情诗,韩翠颦御水流红叶》[5]中,宋代传奇中的"韩氏"又有了具体的名字——韩翠颦。元代景德镇的窑工,将"红叶题诗"这一题材,巧妙地以瓷器装饰进行表达,不仅体现了高超的制瓷工艺,还寄寓了"红叶良媒"的美好情感。

有学者指出,元明戏曲独演于祐事[6],大概是这一红叶良媒的大团圆结局更为时人喜闻乐见。明代戏曲《霞笺记》第四出《霞笺题字》:"一幅霞笺隔院抛,把你做红叶传情出御桥。"第五出《和韵题笺》:"今日呵,好似唐朝于佑遇翠琼,红叶曾传伉俪情。"[7]于祐的故事,甚至还被

---

[1] (元)刘仁本:《羽庭集》卷二(《文渊阁四库全书》本)。
[2] 隋树森选编:《全元散曲简编》,上海古籍出版社,1984年,第47页。
[3] (清)陈邦彦选编:《康熙御定历代题画诗》卷四十四《故实类》,北京古籍出版社,1996年,第538页。
[4] 《康熙御定历代题画诗》卷四十四《故实类》,第537页。
[5] 此剧仅存第三折,见徐征等主编:《全元曲》第二卷,河北教育出版社,1998年,第830页。
[6] 李剑国:《宋代志怪传奇叙录》,南开大学出版社,1997年,第101页。
[7] (明)毛晋辑:《六十种曲》第七册《绣刻演剧十本·霞笺》,文学古籍刊行社,1955年。

编为评话传扬[1]。17世纪的青花瓷器上，树叶纹加文字题记是常见的纹饰[2]，这一主题更多是表现"梧桐一叶落，天下尽知秋"的含义，但江西南昌市佑民寺窖藏出土清初青花碗上用钴料书写"红叶传书信，寄与薄情人"（图三）[3]，表明"红叶题诗"作为瓷器装饰的传统仍存余绪。李渔（1611~1680年）《闲情偶寄》提到："御沟题红，千古佳事；取以制匾，亦觉有情。但制红叶与制绿蕉有异：蕉叶可大，红叶宜小；匾取其横，联妙在是。是亦不可不知也。"[4]画匾与画瓷，寓意可相通。故宫博物院藏清顺治青花盘（图四）[5]，盘内绘高墙深宫，宫女倚案而坐，案上树叶两片，墙内水沟飘浮落叶多片，墙外士子手执树叶，正向宫墙张望。盘内题"御沟拾叶"四字。这件青花瓷盘有人物，有场景，直白赤裸地表现主题，虽然故事性更强，但却多少缺失了新安沉船元代青白瓷釉里红盘那种婉转曲折的巧妙韵味。

---

[1] （明）冯梦龙：《醒世恒言》第十三卷《勘皮靴单证二郎神》："却是韩夫人设酒还席，叫下一名说评话的先生，说了几回书。节次说及唐宣宗宫内，也是一个韩夫人，为因不沾雨露之恩，思量无计奈何，偶向红叶上题诗一首，流出御沟。诗曰：'流水何太急？深宫尽日闲。殷勤谢红叶，好去到人间。'却得外面一个应试官人，名唤于佑，拾了红叶，就和诗一首，也从御沟中流将进去。后来那官人一举成名，天子体知此事，却把韩夫人嫁于佑，夫妻百年偕老而终。这里韩夫人听到此处，蓦上心来。"内蒙古人民出版社，2014年，第148页。
[2] 参谢明良：《关于叶形盘——从台湾高雄县左营清代凤山县旧城聚落遗址出土的青花叶形盘谈起》，载氏著：《陶瓷手记2——亚洲视野下的中国陶瓷文化史》，石头出版，2012年，第20页。
[3] 余家栋：《江西南昌发现一批窖藏瓷器》，《文物》1984年第8期。图见张柏主编：《中国出土瓷器全集·江西卷》，科学出版社，2008年，第232页。
[4] （清）李渔撰，郁娇校注：《闲情偶寄·居室部·联匾第四·秋叶匾》，江苏凤凰文艺出版社，2019年，第174页。
[5] 故宫博物院编，陈润民主编：《清顺治康熙朝青花瓷》，紫禁城出版社，2005年，第47页。

图三　南昌佑民寺窖藏出土清初青花碗

图四　故宫博物院藏顺治青花"御沟拾叶"纹盘

"鹦鹉啄金桃"与"饮中八仙歌"
——瓷器上的杜甫诗意

> 野寺残僧少,山园细路高。
> 麝香眠石竹,鹦鹉啄金桃。
> （唐）杜甫《山寺》

> 李白一斗诗百篇,长安市上酒家眠。
> 天子呼来不上船,自称臣是酒中仙。
> （唐）杜甫《饮中八仙歌》

一、鹦鹉啄金桃

"满目悲生事,因人作远游"[1]。唐肃宗乾元二年（759年）夏秋,杜甫携眷离开关中,流寓秦州。在此期间,他曾游历麦积山石窟并留下《山寺》一诗:"野寺残僧少,山园细路高。麝香眠石竹,鹦鹉啄金桃。乱水通人过,悬崖置屋牢。上方重阁晚,百里见秋毫。"颔联"麝香眠石竹,鹦鹉啄金桃"二句,历来为诗评家们称道,谓以丽句写荒凉,"以奇丽写幽寂"[2]。杜甫笔下这一生动的状物摹景,数百年后竟然成为元

---

[1]（唐）杜甫著,（清）杨伦笺注:《杜诗镜铨》卷六,《秦州杂诗》其一,上海古籍出版社,1980年,第240页。
[2]《杜诗镜铨》卷六,第253、254页。

明时期瓷器装饰的题材之一，在民窑及官窑产品上均有少量体现，可谓"以诗入瓷"佳例。

瓷器上装饰"鹦鹉啄金桃"最早见于韩国新安海底沉船打捞出水的元代青白瓷盘（图一），盘模制，四出花式，展沿平底。内底贴塑3枚桃子，桃枝、鹦鹉、卧鹿、石竹均为模印，两侧刻划"麝香眠石竹，鹦鹉啄金桃"诗句[1]。加拿大皇家安大略博物馆收藏元代青白瓷盘（图二），造型纹饰与之完全相同[2]。唐五代北宋时期屡见以鹦鹉为造型或纹样的瓷器及金银器[3]，但未发现反映鹦鹉啄桃主题者。新安沉船瓷盘上，以卧鹿来表现杜甫诗中的"麝香眠石竹"。杜诗的诠释者多认为"麝香"不是麝鹿，而是指"麝香鸟"。如南宋蔡梦弼《杜工部草堂诗笺》认为："麝香，小鸟，陇蜀人谓之麝香鹀，或云鹿也。石竹，绣竹花也，僧舍多种之。"[4]但清代人就对此表示怀疑。史炳《杜诗琐证》说："一说云麝香，小鸟，陇蜀人谓之麝香鹀。案鹀即伯鹀亦即伯劳，不闻有麝香之号，未详所本。"[5]古代文献中提及麝香，都是指麝（香獐）产香料而言，只有在解释杜诗《山寺》时才指一种小鸟，委实奇怪。景德镇的元代窑工，径直将眠于石竹花的麝香表现为麝鹿，可见他们并没有受到文人胶柱鼓瑟的解释的影响。

---

[1] 文化财厅、国立海洋文物展示馆：《新安船——The Shinan Wreck》，韩国国立中央博物馆，2006年，第104页。

[2] https://collections.rom.on.ca/objects/327527/jingdezhen-ware-dish?ctx=00d81f86-0ee9-4f17-adf4-afd6eb26569d&idx=111，此盘原为皮草商人乔治·克拉夫茨（George Crofts）收藏。

[3] 谢明良：《鹦鹉杯及其他》，原载《故宫文物月刊》2013年第1期（总第358期），补订后收入氏著：《陶瓷手记3——陶瓷史的地平与想象》，石头出版，2015年，第7~21页。

[4] 黎庶昌编：《古逸丛书》，江苏古籍出版社，2002年，第275页。相关考证参刘雁翔：《杜甫〈山寺〉诗与唐代的麦积山石窟》，《敦煌学辑刊》2007年第3期。

[5] （清）史炳：《杜诗琐证》卷下"麝香"条，据道光五年句俭山房刊本影印，上海书店，1988年，第203页。

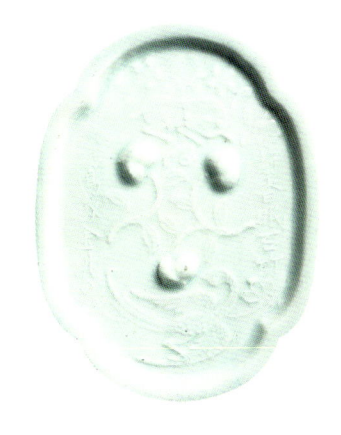

图一　新安沉船出水元代青白瓷盘　　图二　加拿大皇家安大略博物馆藏元代青白瓷盘

  元代王恽《秋涧先生大全文集》提到一方洮砚,是他应大名刘总卅的要求撰"忍济堂"铭而收受的谢礼,王恽为此作《鹦鹉啄金桃研铭》咏之:"翠鹦啄桃,翩欲飞去。栖影片洮,以慧之故。"①在其《洗研示孙阿鞔》一诗中又提及此砚:"更怜绿玉洮,金桃啄鹦鹉。石中有此理,面目开太古。"②推测是巧妙利用砚石的纹理,做出鹦鹉啄金桃的意趣。总体而言,以"鹦鹉啄金桃"作为装饰题材,在元代亦属凤毛麟角。

  明洪武年间工于绘画的史谨在其《宣和金桃鹦鹉图》诗中写道:"叶底金桃似弹悬,陇禽双啄味初全。披图自识宣和笔,流落人间几百年。"③宋代画家中有善画鹦鹉者,《宣和画谱》卷十四记:"王凝,不知何许人也。尝为画院待诏。工画花竹翎毛,下笔有法,颇得生意。又工为

---

① (元)王恽:《秋涧先生大全文集》卷六十六(《四部丛刊初编》集部)。
② 《秋涧先生大全文集》卷三(《四部丛刊初编》集部)。
③ (明)史谨:《独醉亭集》卷下,《四库全书珍本初集》集部六别集类五,商务印书馆,1935年,第5页。

图三　景德镇珠山明代御窑厂出土宣德青花大盘　　　图四　上海博物馆藏嘉靖青花大盘

鹦鹉及师猫等。"①明人笔下以"鹦鹉啄金桃"为主题的宋人绘画作品尚不得而见，明代瓷器上"鹦鹉啄金桃"的纹饰却有几处栩栩再现。1982年景德镇珠山明代御窑厂出土一件青花大盘（图三），口径达72厘米，外口沿处书"大明宣德年制"，内底折枝桃树，上立两只鹦鹉，其中一只正啄向桃子②。日本收藏的一件"大明宣德年制"铭青花盘③，口径也是72厘米，纹饰的布局、内容、画法与前述大盘几乎相同，两件盘子应出于同一画工之手。这一题材在嘉靖瓷器上也偶有体现，如上海博物馆藏嘉靖青花外穿花龙纹内鹦鹉桃纹盘（图四）④，但鹦鹉图像已完全没有了

---

① 俞剑华标点注释：《宣和画谱》卷十四《畜兽二》，人民美术出版社，1964年，第236页。
② 湖北省博物馆编：《浮梁翠色——江西景德镇元明青花瓷》，文物出版社，2013年，第129页。
③ 座右宝刊行会：《世界陶磁全集·卷14·明》，小学馆，1976年，第32、33页。
④ 陆明华：《上海博物馆藏品研究大系·明代官窑瓷器》，上海人民出版社，2007年，第41页。

宣德时期生动活泼的气息。明代瓷器上这种纹样题材，往往被称为鹦鹉寿桃或鹦鹉偷桃，大概是脱离了其源于杜甫诗句的本初含义。值得一提的是，明代邹德中编次的《绘事指蒙》记载当时绣衣花纹也有鹦鹉啄金桃的题材[①]。

二、饮中八仙歌

陈润民主编《清顺治康熙朝青花瓷》著录一件故宫博物院藏康熙青花八棱花口碗（图五），将外壁开光内所绘八个人物故事描述为"文人饮酒、品茶吟诗、挥毫作画"[②]。王健华主编《故宫博物院藏清代景德镇民窑瓷器》著录同一件器物时亦释读为"文人贵族的日常生活场景"[③]。山西博物院藏形制、纹饰相近的康熙青花碗（图六），著录时只提到绘人物纹[④]。景德镇陶瓷馆收藏有类似的康熙斗彩碗（图七）[⑤]。江西广昌县甘竹镇出土[⑥]以及江苏常熟博物馆藏[⑦]（图八）造型、纹饰近同的康熙青花八棱花口碗，在八个开光人物图景内分别题诗句，内容都是唐代诗圣杜甫的名篇《饮中八仙歌》。

---

① （明）邹德中编次，王世襄点校：《绘事指蒙·绣衣》："或胸背上作顺风牡丹，或海东青拿天鹅……或鹦鹉啄金桃。"中国书店，1959年。
② 故宫博物院编，陈润民主编：《清顺治康熙朝青花瓷》，紫禁城出版社，2005年，第236、237页。
③ 王健华主编：《故宫博物院藏清代景德镇民窑瓷器》卷一，故宫出版社，2014年，第342～345页。
④ 山西博物院编：《山西博物院藏品概览·瓷器卷Ⅱ》，文物出版社，2020年，第136、137页。
⑤ 周銮书主编：《中国历代景德镇瓷器·清卷》，中国摄影出版社，1998年，第81、82页。
⑥ 姚澄清、姚连红：《试析广昌纪年墓出土的景瓷瓷画特色》，《景德镇陶瓷》1992年第1期。
⑦ 杨新民、杨建华：《康熙款饮中八仙青花瓷碗》，《文物》1998年第8期。

图五　故宫博物院藏康熙青花酒中八仙图八棱碗

图六　山西博物院藏康熙青花八仙人物图八棱碗

208　人间瓷话——中国古陶瓷的文化解读

图七　景德镇陶瓷馆藏康熙斗彩酒中八仙图八棱碗

图八　常熟博物馆藏康熙青花酒中八仙图八棱碗

柏梁体《饮中八仙歌》写道："知章骑马似乘船，眼花落井水底眠。汝阳三斗始朝天，道逢曲车口流涎，恨不移封向酒泉。左相日兴费万钱，饮如长鲸吸百川，衔杯乐圣称避贤。宗之潇洒美少年，举觞白眼望青天，皎如玉树临风前。苏晋长斋绣佛前，醉中往往爱逃禅。李白一斗诗百篇，长安市上酒家眠。天子呼来不上船，自称臣是酒中仙。张旭三杯草圣传，脱帽露顶王公前，挥毫落纸如云烟。焦遂五斗方卓然，高谈雄辩惊四筵。"《旧唐书》记："（李）白自知不为亲近所容，益骜放不自修，与（贺）知章、李适之、汝阳王琎、崔宗之、苏晋、张旭、焦遂为'酒八仙人'。"[①]饮中八仙中的贺知章："性放旷，善谈笑，当时贤达皆倾慕之……晚年尤加纵诞，无复规检，自号四明狂客，又称'秘书外监'，遨游里巷。醉后属词，动成卷轴，文不加点，咸有可观。"[②]汝阳王李琎，唐睿宗嫡长子李宪之子，李宪因将帝位让给唐玄宗李隆基，死后被封为让皇帝，陪葬睿宗桥陵，其墓在陕西蒲城，2000年发掘[③]。左相为唐玄宗

---

① （宋）欧阳修等撰：《新唐书》卷二百〇二《李白传》，中华书局，1975年。
② （后晋）刘昫撰：《旧唐书》卷一百九十《贺知章传》，中华书局，1975年。
③ 陕西省考古研究所编著：《唐李宪墓发掘报告》，科学出版社，2005年。

"鹦鹉啄金桃"与"饮中八仙歌"　209

时左丞相李适之,天宝五年(746年)因李林甫陷害而罢相。崔宗之是齐国公崔日用之子,曾与李白诗酒唱和①。苏晋少时即负才名,被称誉为"后来王粲",曾任中书舍人、吏部侍郎等职,成书于北宋的《云仙杂记》记载:"苏晋作曲室为饮所,名'酒窟'。又地上每一砖,铺一瓯酒,计砖约五万枚。晋曰率友朋次第饮之,取尽而已。"②张旭"善草书,而好酒,每醉后号呼狂走,索笔挥洒,变化无穷,若有神助,时人号为张颠"③。焦遂事迹不详,唐人袁郊小说《甘泽谣》记其为布衣④,焦遂酒后卓然雄辩、苏晋酒醉逃禅之事则仅见于杜甫《饮中八仙歌》。

  关于杜甫《饮中八仙歌》的本义,多数学者认为反映了盛唐时期士人的浪漫、豪放,程千帆先生独持异论,认为描写了八人借酒浇愁的状态⑤。暂不说这些见仁见智的个人解读,自唐以后"饮中八仙"已成为文学史上的著名典故,"饮中八仙"也成为书画、陶瓷等工艺美术作品习见的题材,可谓杜甫诗意"跨媒介"传播的佳例。

  从五代周文矩、宋代琪师、元代任仁发、张渥,到明代尤求、唐寅、张翀、清代丁观鹏、任熊等,都绘过以"饮中八仙"为主题的诗意画⑥,既有像唐寅《临李公麟饮中八仙图》那样的长卷⑦,也有像张

---

① 《旧唐书》卷一百九十《李白传》:"时侍御史崔宗之谪官金陵,与白诗酒唱和。"
② 托名(唐)冯贽:《云仙杂记》卷四,《四部丛刊续编》子部,商务印书馆,1934年。
③ 《旧唐书》卷一百九十九《贺知章传》。
④ (唐)袁郊撰:《甘泽谣》"陶岘"条,载汪辟疆校录:《唐人小说》,古典文学出版社,1955年,第256页。
⑤ 程千帆:《一个醒的和八个醉的:杜甫〈饮中八仙歌札记〉》,《中国社会科学》1984年第5期。相关讨论见莫砺锋:《莫砺锋讲杜甫诗》,广西师范大学出版社,2019年,第130页。
⑥ 参万德敬:《明清唐诗诗意画的文献辑考与研究》,西北大学博士学位论文,2013年,第81、82页。
⑦ 现藏辽宁省博物馆。(明)唐寅等:《明四家画集(下)》,中国民族摄影艺术出版社,2003年,第224、225页。

翀《饮中八仙图》那样的八条屏[1]。万历末年刊刻的版画《酣酣斋酒牌》上，李白、贺知章、崔宗之、苏晋、张旭等酒中八仙人物栩栩如生（图九、图一〇），并配有相应的题诗[2]。明末的其他工艺品，如竹雕[3]、犀角器[4]、顾氏刺绣[5]等，也常以饮中八仙为题材。

瓷器上以杜甫《饮中八仙歌》诗意作为主题装饰，流行于清康熙时期。《陶雅》提到"康熙朝酒器，多画饮中八仙，类皆恢奇恣肆"[6]。"康彩饮中八仙酒杯，小者多系官窑，画笔特为生动，彩亦精美，极为难得。其高数寸者皆民窑也"[7]。故宫博物院在院内考古发掘时，于南大库探沟出土了康熙青花饮中八仙图杯残器多件，分别题写饮中八仙歌一句并配相应的人物图像[8]，可见这类酒杯有一部分确为清宫使用的景德镇官窑瓷器。故宫博物院（图一一）、上海博物馆（图一二）等均藏有类

---

[1] 现藏济南市博物馆。王健丽等：《醉里丹青——明张翀饮中八仙图》，《收藏家》2000年第10期。
[2] 郑振铎编：《中国古代版画丛刊·3·列仙全传、顾氏画谱、酣酣斋酒牌、天工开物》，上海古籍出版社，1988年，第589、591页。
[3] 中国国家博物馆藏明天启壬戌朱三松竹雕饮中八仙笔筒，见中国国家博物馆编：《中国国家博物馆馆藏文物研究丛书·杂项卷》，上海古籍出版社，2018年，第68、69页。
[4] 台北故宫博物院藏饮中八仙图犀觥，有"文枢"款，原藏乾清宫西暖阁。故宫博物院编：《故宫犀角图典》，故宫出版社，2012年，第31页。（清）赵怀玉：《亦有生斋集》卷十四《舍弟球玉书来，以余五十初度，寄兕觥为寿。觥雕饮中八仙，款有文枢制三字，镂刻极工，诗以答之》。
[5] 叶元龙藏顾氏刺绣《饮中八仙图》，年代为万历二十九年。见邓之诚，邓珂增订点校：《骨董琐记》，中国书店，1991年，第144页。
[6] （清）陈浏：《陶雅》卷上，载周思中主编：《中国陶瓷名著校读》，武汉大学出版社，2016年，第284页。
[7] 《陶雅》卷下，《中国陶瓷名著校读》，第320页。
[8] 《明清御窑瓷器——故宫博物院与景德镇陶瓷考古新成果》，故宫出版社，2016年，第320页。

图九　《酣酣斋酒牌》版画上的贺知章　　图一〇　《酣酣斋酒牌》版画上的苏晋

图一一　故宫博物院藏康熙青花酒中八仙图杯

212　人间瓷话——中国古陶瓷的文化解读

图一二　上海博物馆藏康熙斗彩饮中八仙图杯

似带有题诗的康熙青花或斗彩饮中八仙人物诗句纹杯①。故宫藏康熙青花人物纹杯（图一三），外壁绘一人立于车前，凝望车内，由于没有题诗，著录时未予阐释②。实际上应是酒中八仙中的"道逢曲车"，杯内底所绘或即李白醉卧。杯由于形体较小，"饮中八仙"图均为一器一个人物，这种表现方式也见于故宫博物院藏康熙青花笔筒（图一四）③。前述康熙青花或斗彩八棱碗以及洁蕊堂藏康熙钴蓝釉描金凤尾尊（图一五）④，人物图像以开光的布局，在同一件器物上集中描绘，将杜甫《饮中八仙歌》的诗意表现得淋漓尽致。

---

① 杯上题诗内容为："知章骑马似乘船，眼花落井水底眠。"见《清顺治康熙朝青花瓷》，第246页。杯上题诗内容为："长安市上酒家眠，天子呼来不上船，自称臣是酒中仙。"见故宫博物院编：《故宫博物院藏清康熙青花瓷器（上）》，故宫出版社，2016年，第348页。杯上题诗内容为："汝阳三斗始朝天，道逢曲车口流涎，恨不移封向酒泉。"见上海博物馆编：《上海博物馆藏康熙瓷图录》，上海博物馆、两木出版社，1998年，图164。
② 《故宫博物院藏清代景德镇民窑瓷器》卷一，第326、327页。
③ 故宫藏康熙青花人物诗句笔筒上诗句为："汝阳三斗始朝天，道逢曲车口流涎，恨不移封向酒泉。甲子桂月为玉成契兄清玩，春弟全先禄具。"《清顺治康熙朝青花瓷》，第310页。
④ Jeffrey P. Stamen and Cynthia Volk and Yibin Ni, *A Culture Revealed Kangxi-era Chinese porcelain from the Jie Rui Tang Collection*, JieRuiTang Publishing, 2017, p.38.

图一三　故宫博物院藏康熙青花酒中八仙图杯

图一四　故宫博物院藏康熙青花饮中八仙图笔筒

图一五　洁蕊堂藏康熙蓝釉描金饮中八仙图凤尾尊

柴进簪花入禁院
——古代瓷器上的水浒故事一则

> 姓名各异死生同，慷慨偏多计较空。
> 只为衣冠无义侠，遂令草泽见奇雄。
> （明）施耐庵《水浒传》第二回

"柴进簪花入禁院"纹青花盘现藏吉林大学考古与艺术博物馆（藏品编号：1-581），入藏时间约在20世纪50年代中期。盘通体方形，宽平沿外展，圆唇，折页状（L形）足。宽沿上饰毯形锦地，以4枚白色乳钉间隔。盘内四壁绘湖石花卉，内底绘人物故事纹饰，外四壁绘行龙纹。外底平坦，刮釉一周，中间双线方框内楷书"玉堂佳器"款。口部边长15、底部边长12.8、高4厘米（图一）。

此盘瓷土淘炼欠精，内底一角有明显的釉裂。青花的色调蓝中泛灰，晕染明显；内壁的花草、内底的山石纹、人物的裙端及帽顶的簪花，都存在溢出纹饰轮廓线的现象。这些均是明代晚期民窑青花瓷器的胎釉特点[1]。"玉堂佳器"款出现于万历时期，在晚明的青花瓷上较为常

---

[1] 参耿宝昌：《明清瓷器鉴定》，中国文物商店总店，1983年，第141页。王建华：《明代万历朝青花瓷器及梅瓶》，载中国古陶瓷研究会编：《中国古陶瓷研究》第六辑，紫禁城出版社，2000年，第140页。形制相近的出沿四方青花盘亦见于四川省广汉市南兴镇仁寿村明代嘉万时期的瓷器窖藏，参广汉市文物管理所：《四川省广汉市南兴镇仁寿村明代瓷器窖藏》，《四川文物》2014年第5期。

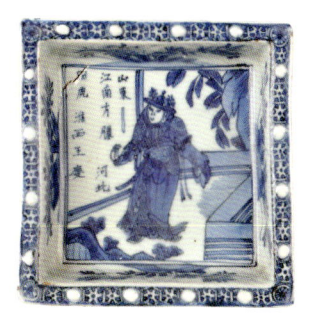

图一 "柴进簪花入禁院"纹青花盘

见①。据此将这件青花瓷盘定为明代晚期民窑作品应无问题。笔者陋见，考古出土以及传世品中，尚未发现与之相同的作品。

这件青花瓷盘内底的纹饰，描绘的显然是《水浒传》第七十二回，即柴进簪花入禁院的场景，节录如下：

且说柴进离了酒店，直入东华门去看那内庭时，真乃人间天上。但见：

祥云笼凤阙，瑞霭罩龙楼。琉璃瓦砌鸳鸯，龟背帘垂翡翠。正阳门径通黄道，长朝殿端拱紫垣。浑仪台占算星辰，待漏院班分文武。墙涂椒粉，丝丝绿柳拂飞甍；殿绕栏楯，簇簇紫花迎步辇。恍疑身在蓬莱岛，仿佛神游兜率天。

柴进去到内里，但过禁门，为有服色，无人阻当。直到紫宸殿，转过文德殿，殿门各有金锁锁着，不能勾进去。且转过凝晖殿，从殿边转将入去，到一个偏殿，牌上金书"睿思殿"三字，此是官家看书之处。侧首开一扇朱红槅子，柴进闪身入去看时，见正面铺着御座，两边几案上，放着文房四宝：象管、花笺、龙墨、端砚。书架上尽是群书，各插着牙签。正面屏风上，堆青叠绿画着山河社稷混一之图。转过屏风后面，但见素白屏风上御书四大寇姓名，写着道：

山东宋江，淮西王庆，河北田虎，江南方腊。

柴进看了四大寇姓名，心中暗忖道："国家被我们扰害，因此时常记心，写在这里。"便去身边拔出暗器，正把"山东

---

① 李正中、朱裕平：《中国古瓷铭文（修订本）》，天津人民出版社，1991年，第104页。

宋江"那四个字刻将下来,慌忙出殿。随后早有人来。①

明代晚期瓷器上出现"柴进簪花入禁院"纹样,与这一时期《水浒传》在民间的流行相关。主要活动于万历时期(1573~1620年)的学者胡应麟(1551~1602年),在其《少室山房笔丛》中谈道:"今世传街谈巷语,有所谓演义者,盖尤在传奇杂剧下。然元人武林施某所编《水浒传》特为盛行。"②明万历至崇祯是中国木刻版画的黄金时期,这一时期也恰好是《水浒传》刻本最多、版本演变最关键的时期。所刻各本几乎都有数量不等、质量优劣不一的插图③。试举三例"柴进簪花入禁院"图像如下。

万历二十二年(1594年)双峰堂余象斗校评《京本增补校正全像忠义水浒志传评林》是现存最早的《水浒传》完整刻本之一④。其插图采用了上图下文的连环画样式⑤,其中"柴进簪花、私入内廷"的插图(图二),图像既简陋粗略,也与书中描述的细节矛盾。如柴进既未簪花,且背对写有"四寇"的屏风,摆有文房四宝的几案竟被置于屏风之后。也许这正体现了建安刻书插图简率的风格。

约刻于万历三十年(1602年)前后的容与堂本《李卓吾先生批评忠义水浒传》⑥,插图的形式为分章分回。其中的"柴进簪花入禁院",尽

---

① (明)施耐庵、罗贯中著,唐富龄标点:《水浒全传》,岳麓书社,2001年,第562、563页。
② (明)胡应麟:《少室山房笔丛》卷四十一《庄岳委谈》,上海书店出版社,2009年。
③ 刘天振:《〈水浒传〉版画插图研究述略》,《水浒争鸣》第10辑,崇文书局,2008年。
④ 《京本增补校正全像忠义水浒志传评林》第十五卷,文学古籍刊行社据日本日光慈眼堂藏影印,1956年。
⑤ 有人认为从上图下文到分章分回插图体现了时间早晚。汪燕岗:《古代小说插图方式之演变及意义》,《学术研究》2007年第10期。
⑥ (明)施耐庵、罗贯中著,凌赓等校点:《李卓吾评本水浒传》,上海古籍出版社,1988年。

图二 《京本增补校正全像忠义水浒志传评林》插图

管陈设场景与书中描述相符，但表现的是柴进在观看屏风上的山河社稷混一图（图三），而不是本回的精彩之处——将四寇中的宋江从屏风上剜掉。

万历末年的杨定见序本《忠义水浒全传》中"柴进簪花入禁院"一回的插图①，最为详细逼真。按照书中的记载，事无巨细地描绘了睿思殿内的陈设，图中柴进已将"山东宋江"四字剜掉大半（图四）。

吉林大学考古与艺术博物馆所藏的这件晚明青花盘，由于盘心面积的局限（12厘米见方），故而集中放大了本回故事的焦点：图中柴进头戴笠帽（似有帽顶），帽两侧簪花，神色紧张；面前屏风上的"宋江"两字，已被挖去。湖石、栏杆本不属于殿内设施，出现在这个场景里，大约是因为画瓷器的匠人更为熟习这种手法而已。瓷盘绘图的表现形式，虽然与前述木刻插图并不相同，但均反映了同一时代出现的图像主题。

---

① 陈启明校订：《水浒全传插图》，人民美术出版社，1955年，第70页。杨定见本现藏北京大学图书馆。

图三 《李卓吾先生批评忠义水浒传》
　　　插图

图四 《忠义水浒全传》插图

　　瓷器上大量流行《水浒传》人物故事纹饰,是在清康熙朝[①]。明代晚期似为瓷器上装饰水浒故事的滥觞期,这件"柴进簪花入禁院"纹青花盘,正可谓滥觞期的代表性佳作。它既是研究晚明民窑瓷器的好材料,对于探究《水浒传》故事的社会传播也具有重要意义。

[①] 陈润民:《清顺治康熙朝青花瓷》,紫禁城出版社,2005年,第118页。

折花寿王母，嬴女解相怜
——古代瓷器上的毛女形象

> 拂黛逃秦苑，羞蝉入汉年。
> 羽毛滋异药，山谷遇真仙。
> 夜月思金屋，春风漱玉泉。
> 折花寿王母，嬴女解相怜。
>
> （明）王称《咏毛女》

吉林大学考古与艺术博物馆20世纪50年代入藏康熙青花碗一对，造型、纹饰相同，敞口、弧腹、圈足，外腹壁青花绘山水人物，但见群山苍黛，祥云流水，槲树苍松，有女四人，迤逦前行。四女子头梳丫形髻，上身穿槲叶衣，露乳，下身着花点草裙，赤足，两人有绑腿。背负伞盖及筐，下垂流苏，流苏中部结以方胜、毯路等。一人荷铲，一人手执灵芝，一人双手持渔鼓、简子。有一鹿、一鹤相随。足跟处绘缠枝卷草，外底青花双圈内楷书"大明成化年制"伪托款（图一）。碗胎地坚白，青花发色艳丽，是典型的康熙时期青花产品。

这件碗的纹饰内容较为罕见，值得关注。从人物形象的特点可以判定这四个女子即为文献记载的"毛女"。晚明人汪砢玉辑《珊瑚网》（1643年成书）卷二十五题《唐人作毛女图》：

白云堆毛女一双，丰姿端丽，错着彩缯，树皮背绊，筠

图一　吉林大学考古与艺术博物馆藏康熙青花毛女图碗

折花寿王母，嬴女解相怜

蓝插花枝,纷披如幕。咸握一偃月钩。其亭亭玉立者,丰跌着草兜;其皎皎傲雪者,系袜至胫,穿芒鞋,殊逼绢素细裂,古色黯然,殆唐人笔也。或问何以无彼时题者,余举唐诗曰:"曾折棕枝为宝帔,又编槲叶作罗襦。有时问著秦宫事,笑捻仙花问太虚。"是即为嵩华女写照焉。

该书卷三十一又记:

余又有宋人作毛女四幅,识之者曰:此亦钱舜举笔也。女形甚伟,貌多丰艳。或披翠羽,或遮锦裑,或编瑶草,或挂琼叶,五彩烂然。有络鞾者,有靳角者,有两两踹跰趾者,手各有执,为铲,为筐,为画卷,为云母;肩各有负,为琴,为扇,为书帙,为药物,为花果。又各有所随,为鹤,为鹿,为猿,为狸,逸致洒洒焉。①

从以树(草)叶为衣,到所持道具(偃月钩、铲),到赤足而行,再到鹤鹿相随,瓷碗图像上的这些特征都与文献记载相合。

毛女的传奇,最早见于汉代刘向《列仙传》:

毛女者,字玉姜,在华阴山中,猎师世世见之。形体生毛,自言秦始皇宫人也,秦坏,流亡入山避难,遇道士谷春,教食松叶,遂不饥寒,身轻如飞,百七十余年。所止岩中,

---

① (明)汪砢玉辑:《珊瑚网》,影印《文渊阁四库全书》第818册,上海古籍出版社,1987年,第514、594页。

有鼓琴声云：婉娈玉姜，与时遁逸。真人授方，餐松秀实。因败获成，延命深吉。得意岩岫，寄欢琴瑟。①

东晋葛洪《抱朴子》记载大同小异：

又汉成帝时，猎者于终南山中，见一人无衣服，身生黑毛，猎人见之，欲逐取之，而其人逾坑越谷，有如飞腾，不可逮及。于是乃密伺候其所在，合围得之，定是妇人。问之，言我本是秦之宫人也，闻关东贼至，秦王出降，宫室烧燔，惊走入山，饥无所食，垂饿死，有一老翁教我食松叶松实，当时苦涩，后稍便之，遂使不饥不渴，冬不寒，夏不热。计此女定是秦王子婴宫人，至成帝之世，二百许岁，乃将归，以谷食之，初闻谷臭呕吐，累日乃安。如是二年许，身毛乃脱落，转老而死。向使不为人所得，便成仙人矣。②

避乱山中的秦朝宫女，食松叶松实而延年，因形体生毛而得名"毛女"。晚唐裴铏的《传奇》(此书久佚，《太平广记》录文四则)③，则在《列仙传》及《抱朴子》的基础上，对毛女的故事铺陈演义，与秦宫女对应，增加了秦役夫（古丈夫），两人"形体改易，毛发怪异"，"但能绝其世虑，因食木实，乃得凌虚。岁久日深，毛发绀绿，不觉生之与死，俗之与仙。鸟兽为邻。猱狖同乐。飞腾自在，云气相随。亡形得

---

① （汉）刘向：《列仙传》卷上（《古今逸史》本）。
② （晋）葛洪：《抱朴子内篇》卷十一《仙药》，据世界书局《诸子集成》本影印，上海书店，1986年，第51页。
③ （宋）李昉：《太平广记》卷四十《陶尹二君》（《钦定四库全书》本）。

折花寿王母，嬴女解相怜　225

形，无性无情"。古丈夫还以"万岁松脂、千秋柏子"赠陶太白、尹子虚，助二人得道成仙。

汉唐时期产生、发展的毛女仙人传奇，到宋辽金时期，文本之外，又有多例图像或实物的表达形式。前引《珊瑚网》提到宋人钱舜举（钱选）作"毛女图"四幅，元人钱惟善也有过题咏："槲叶纫衣绀发青，宫妆变尽尚娉婷。君王若问长生药，只有胡麻与茯苓。"[1]宝庆年间（1225～1227年）画院待诏孙觉"善水墨白描毛女，笔力细巧"[2]。1974年山西应县佛宫寺木塔四层主像内发现一幅辽代纸画[3]，曾被定名为《神农采药图》[4]，扬之水指出纸画上的人物为毛女而非神农。故宫博物院藏宋代耀州窑人物塑像，既往一直被认为是药王孙思邈，扬之水亦释读为毛女像[5]，此说得到了一些学者的认同[6]。山西壶关县上好牢村宋末金初墓葬M1后室西壁壁画的两个人物形象，已被扬之水认定为毛女；而后室东壁的两个所谓"男子"，实际上也是草裙、赤足的毛女[7]。壁画上的毛女，与王祥、孟宗、管仲、鲍叔、许由、巢父等二十四孝人物及高士先贤在同一墓葬内表现，大概还只是具有道教色彩的仙人

---

[1] （元）钱惟善撰，吴晶、周膺点校：《江月松风集》卷六《题钱选毛女》，《杭州史料别集丛书》，当代中国出版社，2014年，第75页。
[2] （元）夏文彦：《图绘宝鉴》卷四（《钦定四库全书》本）。
[3] 国家文物局文物保护科学技术研究所、山西省古代建筑保护研究所、山西省雁北地区文物工作站、山西省应县木塔文物保管所：《山西应县佛宫寺木塔内发现辽代珍贵文物》，《文物》1982年第6期。
[4] 侯恺、冯鹏生：《应县木塔秘藏辽代美术作品的探讨》，《文物》1982年第6期。
[5] 扬之水：《人物故事图考二则》，《收藏家》2006年第1期。修改后题名作《宫妆变尽尚娉婷——毛女故事图考》，收入氏著：《新编终朝采蓝——古名物寻微（下）》，生活·读书·新知三联书店，2017年，第45～55页。
[6] 张小兰：《古瓷小考四则》，《考古与文物》2021年第4期。
[7] 山西省考古研究所、长治市文物旅游局、壶关县文体广电局：《山西壶关县上好牢村宋金时期墓葬》，《考古》2012年第4期。

属性而已。

及至元明时期，毛女已不仅是单一的神仙人物，而成为形象、装束相近的女仙群像①，且与八仙、寿星等众仙一道，被时人赋予了祝寿的功能角色，而庆寿的核心对象是王母。毛女所持的道具，则增加了八仙常用的渔鼓、简子。元杂剧《铁拐李度金童玉女》写道："众毛女喜颜开，共道侣笑哈哈，献蟠桃筵会排。"②明屠隆（1542~1605年）撰《彩毫记》："愿得如毛女炼轻身，好长随王母幢幡引。"③明代王称《咏毛女》："拂黛逃秦苑，羞蝉入汉年。羽毛滋异药，山谷遇真仙。夜月思金屋，春风漱玉泉。折花寿王母，嬴女解相怜。"④明李昌祺《毛女图》："衣纫檞叶不须裁，萝月秋悬宝镜开。鹤背几随王母去，峨眉曾识祖龙来。"⑤明谢士章《七言古赋得酒近南山作寿杯为门人陈子明两尊人齐开五衮寿》："岂有饮酒不长寿，寿星原是酒中星……更闻毛女多玄风。毛女瑶池张夜宴，胶梨火枣螭龙膳。"⑥明初朱有燉撰杂剧《群仙庆寿蟠桃会》中，与寿星队一起，四毛女持渔鼓、简子，吟唱"寿同天地永无疆……红颜不老春常在，自是仙家日月长"⑦。《留青日札》关于毛女的记载则比较诡

---

① 前引《珊瑚网》卷三十五记："余又有《瑶岛群真图》，亦元人卷，后女真数队，一乘䭅，一挑大葫芦作队，一荷箕，一束芝草，一倚鹿，一控鹤作队，一拥巨笠，一种芝盆中作队，一跨凤，一乘青鸾在海天云际作队。俱作毛女妆束焉。客阅而咤之曰：'毛女一而已矣，何若是其杂然耶？'余不答，惟简诸载记条列若干，为毛女女谱，分其仙，凡得六类，璀璀灿灿，怪怪奇奇，亦无形之丹青也。"
② （元）贾仲名撰：《铁拐李度金童玉女杂剧》，载王学奇主编：《元曲选校注》第三卷下册，河北教育出版社，1994年，第2768页。
③ （明）毛晋编：《六十种曲》第五册，文学古籍刊行社，1955年，第111页。
④ （明）王偁撰：《虚舟集》卷四（《钦定四库全书》集部别集类）。
⑤ （明）李昌祺：《剪灯余话》卷一（《诵芬室丛刊》本）。
⑥ （明）谢士章：《谢石渠先生诗集》卷一（明天启刻本）。
⑦ （明）朱有燉著，廖立、廖奔校注：《朱有燉杂剧集校注》，黄山书社，2017年，第331页。

折花寿王母，嬴女解相怜　　227

异:"今之大酒席,以糖为人,以粉为毛女、八仙,以供人食。"[1]此或是饮食供养仙佛的一种变相做法。

宋元瓷器上的毛女形象,目前仅见两件塑像。一件为前述故宫博物院藏宋代耀州窑青瓷人物塑像,另一件为韩国新安海底沉船出水元代青白瓷点褐彩人像[2],塑像袒胸赤足,左膝高盘,抱膝,右手肘下有一葫芦,坐在"工"字形高座之上,右膝下有一卧鹿。明至清初瓷器上的毛女图像发现较多,可以分为两类。A类为单纯的毛女人物。目前所知时代最早的为台北故宫博物院藏"大明宣德年制"款青花山水人物碗一对[3],这两件碗的造型、纹饰布局及内容,与吉林大学考古与艺术博物馆藏康熙青花碗颇为近似。陕西西安钟楼工地采集康熙青花碗残片,其上毛女人物图像与吉大藏瓷基本相同[4]。私人收藏的一件明中期青花梅瓶[5],上绘两个毛女,手捧灵芝仙草(图二)。私人收藏的一件明代中期民窑青花碗上,也有毛女纹饰[6]。上海博物馆藏明代晚期漳州窑五彩盘[7],内底绘毛女一人,荷铲负筐,前行一鹿,口衔灵芝(图三)。日本大阪市立东洋陶瓷美术馆收藏的一件盘(图四),与之基本相

---

[1] (明)田艺蘅撰:《留青日札》卷二十六(明万历三十七年重刻本)。
[2] 沈琼华主编:《大元帆影——韩国新安沉船出水文物精华》,文物出版社,2012年,第214、215页。
[3] 《故宫瓷器录》第二辑,明(甲),1962年,第133页。谢玉珍:《明初官方用器人物纹的意涵》,《故宫学术季刊》第25卷第1期(2007年)。这件青花碗的纹饰及底款参许文美:《避秦宫人成女仙——院藏二幅"毛女图"画题画意探讨》,《故宫文物月刊》2009年第12期(总第321期)。《故宫瓷器录》及这两篇文章认为两件碗是宣德时期的。台北故宫另有两件纹饰相同的青花碗,均无底款。以上几件,笔者认为不排除都是康熙时期制品的可能。
[4] 卢均茂、张国柱:《西安古瓷片》,陕西人民出版社,2003年,第103页。
[5] 林亦秋:《一件梅瓶的传奇》,《南方文物》2000年第4期。
[6] 穆青、汤伟建:《明代民窑青花》,河北人民出版社,2000年,第120页。
[7] 上海博物馆编:《故宫博物院上海博物馆藏明清贸易瓷》,上海书画出版社,2015年,第106、107页。

图二　私人藏明中期青花毛女图梅瓶

图三　上海博物馆藏明晚期漳州窑五彩盘

图四　日本大阪市立东洋陶瓷美术馆藏明漳州窑五彩毛女图盘

折花寿王母，嬴女解相怜

同①。B类为毛女与八仙、寿星、王母等仙人的组合故事。故宫博物院藏明代正统群仙庆寿图青花罐（图五）②，上面的毛女，穿树叶衣服，赤足过桥，荷铲负篮，手执灵芝，一鹿随行。故宫博物院收藏的另一件正统青花罐（图六）③，纹饰主题与前述罐相同，毛女也是赤足过桥，但无鹿随行。日本大和文华馆藏明代中期磁州窑系红绿彩瓷罐（图七）④，腹部开光绘制毛女两人，手持药篮，一猿一鹿相随。另一个开光内的场面，扬之水依葛洪《抱朴子》解释为毛女再食人间烟火而卒，实际床榻上安坐的应该是王母，一仙人奉酒进献，体现的是祝寿的情景。故宫博物院藏顺治五彩群仙祝寿纹筒瓶（图八）⑤，绘一群女仙为王母祝寿，其中两毛女身披针叶状衣，赤足，一手执篮，篮子内盛满灵芝，一手执灵芝。清代虽然仍以毛女作为祝寿的角色⑥，但已逐渐被麻姑取代，麻姑献寿成为清代瓷器上最为流行的庆寿题材⑦，至今长盛不衰，而毛女的故事及形

---

① 座右宝刊行会：《世界陶磁全集·卷14·明》，小学馆，1976年，第121页，图123。此器为矢桥重雄寄赠，盘内人物曾被认为是八仙之一的韩湘子。见大阪市立东洋陶瓷美术馆编：《东洋陶瓷的展开——大阪市立东洋陶瓷美术馆藏品选集》，大阪市立美术振兴协会，1999年，第84页，图60。

② 耿宝昌主编：《故宫博物院藏文物珍品大系——青花釉里红（上）》，上海科学技术出版社、商务印书馆（香港），2000年，第190、191页。

③ 故宫博物院、景德镇市陶瓷考古研究所编：《明代正统、景泰、天顺御窑瓷器》，故宫出版社，2019年，第26页，图003。

④ ［日］长谷部乐尔：《磁州窑》，平凡社，1996年，图88。

⑤ 王健华主编：《故宫博物院藏清代景德镇民窑瓷器》卷一，故宫出版社，2014年，第124页。

⑥ （清）陈维崧：《寿朱致一五十再用前韵》："秦时毛女，捧卮来寿。"《迦陵词全集》卷二十一（康熙二十八年刻本）。

⑦ 刘乐君：《明末清初景德镇五彩瓷中拜寿图像的演变研究》，《形象史学》第16辑，社会科学文献出版社，2020年。曹淦源：《云霞朝景，美意延年——"五彩麻姑献寿图盘"丛谈》，《收藏界》2007年第6期。图录解读为"樵夫过桥"。

图五　故宫博物院藏正统群仙庆寿图青花罐

象则渐渐被人淡忘①，以至寂寂无闻。

---

① （清）寂园叟：《陶雅》卷上："康熙官窑彩碗，上画过海八仙而并无海水。面目秀异，身段灵活。乃叹康窑画手，非后世所及。吕岩有一弟子，捧书立吕旁，俗呼柳树精，顶上生柳枝，殊怪特也。又有一鹤一鹿，鹿旁立一童子，鹿前一女，当是麻姑。后一翁脑绝巨，当是南极老人。寿星与麻姑，何时成一家眷属？世俗祝嘏者，辄为之撮合，使人哑然。此则六旬圣寿贡品也。"（《静园丛书》本）这里的"鹿前一女"，应该就是毛女，此康熙官窑彩碗，描绘的就是群仙庆寿的场景。但清末寂园叟已经误读为麻姑，且把寿星和毛女乱点鸳鸯谱，可见对毛女传说的隔膜之深。

折花寿王母，嬴女解相怜　231

图六　故宫博物院藏正统群仙庆寿图青花罐　　图七　日本大和文华馆藏明红绿彩瓷罐

图八　故宫博物院藏顺治五彩群仙祝寿纹筒瓶

加鞭赶上了翠眉娘
——瓷器上的明代戏曲《霞笺记》

> 你道是蹇驴行须慢，怎知我热心肠不放宽。
>
> 加鞭赶上了翠眉娘，重相见。
>
> （明）无名氏《霞笺记》第十七出

山西博物院收藏一件清代青花笔筒，系1962年于北京市征集。笔筒一侧绘一执扇书生骑驴疾走，帽带飘扬，后面一人持伞紧跟。河内船夫行舟，船头坐一执扇女子。另一侧楷书文字："你道俺倦驴儿行须慢，怎知我热心肠不放宽，加鞭赶上了翠眉娘，重相见。"后有"青云居玩"款及方章（图一）。外底部无框楷书"成化年制"寄托款[1]。

这件景德镇民窑青花笔筒著录时定为雍正时期，且未对图像内容进行阐释。故宫博物院藏青花山水人物图方瓶（图二），有"木石居"篆书闲章，并题"庚午秋日写于青云居玩"，庚午被定为康熙二十九年（1690年）[2]。此方瓶鳞片状水波的画法，与山西博物院藏笔筒非常相似。相近的形制以及水波画法，亦见于故宫博物院藏康熙青花山水人

---

[1] 山西博物院编：《山西博物院藏品概览·瓷器卷Ⅱ》，文物出版社，2020年，第165页。
[2] 故宫博物院编，陈润民主编：《清顺治康熙朝青花瓷》，紫禁城出版社，2005年，第465页。王健华主编《故宫博物院藏清代景德镇民窑瓷器》卷一第200页著录同一件器物，"木石居"误作"片石居"，"青云居玩"误作"青去居玩"，故宫出版社，2014年。

图一　山西博物院藏清代青花笔筒

物图笔筒(图三)[①]。此外,人物面目轮廓内轻点口目的画法也多见于康熙晚期[②]。综上,山西博物院这件笔筒的时代为康熙晚期的可能性较大。福建平潭"碗礁一号"沉船打捞出水的康熙青花戏曲人物图盖罐开光内所绘场景[③],人物骑驴狂奔,一手执扇,河内船头一妇人执扇,水波画法以及故事情景(图四),与青花笔筒颇为相似,或是同一题材的再现。

根据笔筒上题字内容,其毫无疑问为明代戏曲《霞笺记》的生动再现。万历年间广庆堂刻本《霞笺记》题"秦淮墨客校正、唐振吾刊行"[④],秦淮墨客即纪振伦。毛晋(1599~1659年)《六十种曲》收录《霞笺记》,不题撰人[⑤]。《六十种曲·霞笺记》共三十出,讲述元代松江华亭书生李彦直(小字玉郎)与青楼女子张丽容(小字翠眉)悲欢离合的爱情故事。双方以霞笺题诗私下定盟,但遭李的同窗损友洒银公子告密,李玉郎严父拆散鸳鸯。都统制阿鲁台欲取张丽容进献丞相伯颜,手下人铁木尔对行院老鸨威逼利诱,使其设计赚张丽容登船趱程。李玉郎得知消息后沿途追赶,此即青花笔筒上描绘的《霞笺记》第十七出《追逐飞航》的场景。

笔筒画面中扛伞光腿者是李玉郎的书童,且看戏曲中他的道白:

---

① 《清顺治康熙朝青花瓷》,第306页。
② 耿宝昌:《明清瓷器鉴定(下)》,中国文物商店总店,1985年,第39页。
③ 中国航海博物馆、福州市博物馆编著:《器成走天下——"碗礁一号"沉船出水文物大展图录》,文物出版社,2019年,第76~79页。
④ 广庆堂刻本见北京北堂图书馆藏《镌新编全相霞笺记》二卷。中国嘉德2021春拍亦征得相同刻本,见 http://www.zhuokearts.com/html/20210429/250333.html。
⑤ (明)毛晋辑:《六十种曲》第七册《绣刻演剧十本·霞笺》,文学古籍刊行社,1955年。

图二 故宫博物院藏青花山水人物图方瓶

图三 故宫博物院藏康熙青花山水人物图笔筒

图四 "碗礁一号"沉船出水康熙青花戏曲人物图盖罐

我家相公无道,撇了白头二亲,恋着个青春年少,只为一个小娘,弄得七颠八倒。老爷不在家,大相公因想翠眉娘,越墙而出,老爷奶奶着我追寻。出得门来,身边并无钱钞,好苦人也呵。似髡钳季布投张俭,忘(亡)命飘流客异乡。方才听得有人说,我相公为张丽容赶上京去了,我也只得赶上去。

画面中骑着驴子狂奔的书生即李玉郎:

一路问来,此间徐州了,且喜此处埠头多有生口,那赶脚的牵驴儿来。【丑上】客官要驴儿往哪里去?【生】我要赶铁木儿座船,你可见过去么?【丑】铁木儿是两支大座船么?【生】正是。【丑】若是,差两日路了。【生】你既看见过去,船中可见什么人么?【丑】不见什么。只见船舱里面有个妇人声音,不知唱曲儿,也不知是哭。又听得只顾叫道局长、局长。【生】呀,可怜呵,这分明叫我玉郎了。掌鞭的,可将快蹇驴赶上去,重重谢你。【丑】要一两银子。【生】就是一两。【上驴介】趁侵(清)晨跨上宝雕鞍,急煎煎揽辔更加鞭。【丑】慢行些。【生】你道是蹇驴行须慢,怎知我热心肠不放宽。加鞭赶上了翠眉娘,重相见。传也么言,愿赠你扬州十万钱。

青花笔筒上此段题字"蹇驴"作"倦驴儿",也很形象。翠眉娘端坐船头,正向李玉郎的方向凝望。按曲文记述,两人行程尚差两日,瓷器上的画面交错了不同的时空,蒙太奇般的糅合凸显了故事情节的焦点。"碗礁一号"沉船盖罐上,从城门疾驰而出的三个骑驴人物应为同一人,画工以类似连拍摄影的手法,生动地再现了李玉郎急迫追赶的心理。

《霞笺记》的结局无疑是俗套的:翠眉娘张丽容成了花花公主的侍女,李玉郎则高中状元,两人终成眷属,昼锦荣归。该曲第二十七出以"今宵久旱逢甘雨,况是他乡遇故知。重会洞房花烛夜,果然金榜挂名时"作结,汇人生四大乐事于一身,估计这也是"青云居玩"主人制作前述青花笔筒时隐含的初心。

《霞笺记》在明末的演出颇为流行。成书于此时的白话长篇历史小说《梼杌闲评》第三回"陈老店小魏偷情 飞盖园妖蛇托孕"即有记载:

(侯)一娘要奉承奶奶欢喜,遂道:"小的告罪了,先点一出《玉簪》上《听琴》罢。"他意中本是要写自己的心事燥燥脾,别人怎知他心事。又有个杨小娘,是王尚书的小夫人,道:"大娘,我也点出《霞笺·追赶》。"大娘笑道:"你来了这二年,没人赶你呀!我便点出《红梅》上《问状》,也是扬州的趣事。"一娘遂送出单子来。①

看来,《霞笺·追赶》因其故事情节的冲突性,以及这一出插科打诨的对白而为时人热衷。及至清末,还有京剧著名票友玉鼎臣将《霞笺记》的《追逐飞航》一出翻改为皮黄本,名曰《跑驴子》②。戏曲舞台上的生动情景,只能身临而见;青花笔筒上的画面,却将这一情景定格永传。

戏曲《霞笺记》以及清嘉庆年间据此改编的同名白话世情小说③的大团圆的喜剧结局,符合古代中国人的一般心理,但却缺乏震撼人心的艺术感染力。相比起来,《霞笺记》所本的明代传奇《心坚金石传》则是把美好的东西毁灭给人看。《心坚金石传》为弘治年间陶辅所作④,前面情节与《霞笺记》基本相同,但结局迥然不同:李彦直追赶途中扑地而死,张丽容亦自缢舟中。阿鲁台怒焚丽容尸,"火毕,其心宛然无改。舟夫以足踏之,忽出一小人物如指大。以水洗视,其色如金,其坚如石,衣冠眉发纤悉皆具,脱然一李彦直也,但不能言动耳"。又焚李彦直尸,"心亦不灰,其中亦有小人物,与前形色精坚相等,然妆束容貌

---

① (明)无名氏撰:《梼杌闲评(上)》,载《古本小说集成》编委会编:《古本小说集成》第二辑,据复旦大学图书馆藏清刊本影印,上海古籍出版社,2017年。
② 苏移:《京剧二百年概观》,北京燕山出版社,1989年,第160页。
③ 小说《霞笺记》又题《情楼迷史》,不题撰人,孙韧点校:《中国古代珍稀本小说(3)》,据醉月楼刊本排印,春风文艺出版社,1994年,第223~296页。
④ (明)陶辅:《花影集》卷三,载苗深等标点:《明清稀见小说丛刊》,齐鲁书社,1996年,第897~901页。

则一张丽容也"。与梁山伯祝英台、焦仲卿刘兰芝等家长专制导致的离合悲欢相较,《心坚金石传》演义的爱情悲剧,不仅逾越了传统的封建礼法(士子迎娶妓女),而且鞭挞了黑暗的社会现实(强权草菅人命),具有更为深邃的思想意义。成书于明万历间的《百家公案》第五回《辨心如金石之冤》对《心坚金石传》进行了改编[1],情节大体未变,时代改为北宋,文末增加了李、张二人后来"托生于宋神宗之世,结为夫妇。盖亦天道有知,报应之速也"。成书于1899年的白话短篇世情小说集《跻春台》收录小说《心中人》,即借《心坚金石传》情节敷衍成文[2],时代由元至正变为明正德,男女主人公由李彦直、张丽容改为胡长春、张流莺,保留了焚心成金石的结局,由此可见这一悲剧主题恒久的生命力。

晚明以降,瓷器上人物故事画题材丰富,直可以"乱花渐欲迷人眼"来形容,至康熙时期尤为显著。山西博物院藏青花笔筒上描绘的明代戏曲《霞笺记》场景,在明清瓷器人物故事画中颇为罕见,为此类题材增加了新的内容,亦有助于理解这一时期文学、戏曲在民间的传播与受容。文物背后的人间情感、离合悲欢等精彩细节,于此一器可见一斑。

---

[1] (明)安遇时编集,石雷校点:《百家公案》第五回,群众出版社,1999年,第11~15页。
[2] (清)省三子编辑:《跻春台》卷三《利卷》,《古本小说集成》编委会编:《古本小说集成》第一辑,上海古籍出版社,2017年。

后　记

这本《人间瓷话》的大部分内容，完成于2020～2022年间。写一本中国古陶瓷的科普作品，是我很久以来的愿望；《人间瓷话》这个书名，也是很多年前就想好的，它套用了我崇拜的王国维先生的名著《人间词话》（偶然发现《人间瓷话》曾被不止一次地用作书名，看来大家都喜欢这样偷懒地套用）。副标题作《中国古陶瓷的文化解读》，多少有些自不量力。中国古代陶瓷就像深邃广阔的海洋，这本小册子能从其中掬几朵浪花、拾几片贝壳，我就已经心满意足了。眼尖心细的读者会发现，这本书虽然披着科普的外衣，夹杂了些文学的调调，实际仍在兜售着考据。好在，这些考据使解读尽量避免了扭曲与荒诞。

1993年，我在权奎山先生指导下发掘江西丰城洪州窑址。出土的瓷器，清洗后摊在罗湖村委会的院子内，经历秋雨、寒霜、冬雪，它们沉默无声，与我相看不厌。闲暇时节，我常独自一人，到初冬枯水期的赣江河滩上捡拾瓷片，岸渚白沙，树木萧瑟，感受着寥廓广袤的天地，体味着阒无人迹的静寂。那时捡到的瓷片，也都默不作声。包括这本小书在内的30年来孤独的探索，都是对那些沉默不语的瓷器或瓷片的代言，希望这些"瓷话"还不至于是给读者带来负担的"痴话"。

本书的研究和出版得到吉林大学考古学院"十四五"标志性成果支持计划的资助，写作过程中得到了研究生张凯、杨梓丹、张欣怡、王安琪、刘锡甜的帮助，上海古籍出版社宋佳女士为编辑此书付出了不少辛劳，对此我致以深深的谢意。

彭善国

2024 年 9 月 15 日

图书在版编目(CIP)数据

人间瓷话：中国古陶瓷的文化解读 / 彭善国著.
上海：上海古籍出版社，2024.12. -- ISBN 978-7
-5732-1427-0

Ⅰ. K878.54

中国国家版本馆CIP数据核字第20243FT897号

人间瓷话
——中国古陶瓷的文化解读

彭善国 著

上海古籍出版社出版发行

（上海市闵行区号景路 159 弄 1-5 号 A 座 5F 邮政编码 201101）

（1）网址：www.guji.com.cn
（2）E-mail：guji1@guji.com.cn
（3）易文网网址：www.ewen.co

上海雅昌艺术印刷有限公司印刷

开本 890×1240 1/32 印张 7.875 插页 5 字数 196,000
2024 年 12 月第 1 版 2024 年 12 月第 1 次印刷
ISBN 978-7-5732-1427-0
K·3753 定价：88.00 元

如有质量问题，请与承印公司联系